中国社会科学院创新工程学术出版资助项目

国民党
新闻传播制度研究

向芬 著

中国社会科学出版社

图书在版编目（CIP）数据

国民党新闻传播制度研究/向芬著. —北京：中国社会科学出版社，2012.11
ISBN 978-7-5161-1731-6

Ⅰ.①国… Ⅱ.①向… Ⅲ.①中国国民党—新闻事业史 Ⅳ.①G219.29

中国版本图书馆 CIP 数据核字（2012）第 264760 号

出 版 人	赵剑英
责任编辑	李炳青
责任校对	韩海超
责任印制	张汉林

出 版	中国社会科学出版社
社 址	北京鼓楼西大街甲 158 号（邮编 100720）
网 址	http://www.csspw.cn
	中文域名：中国社科网 010-64070619
发 行 部	010-84083685
门 市 部	010-84029450
经 销	新华书店及其他书店
印 刷	北京市大兴区新魏印刷厂
装 订	廊坊市广阳区广增装订厂
版 次	2012 年 11 月第 1 版
印 次	2012 年 11 月第 1 次印刷
开 本	710×1000 1/16
印 张	16.5
插 页	2
字 数	286 千字
定 价	50.00 元

凡购买中国社会科学出版社图书，如有质量问题请与本社联系调换
电话：010-64009791

版权所有　侵权必究

序

  在厦门大学读书期间，因为厦门的地缘关系，笔者对海峡对岸的台湾一直给予较多的关注。在校时曾跟随导师许清茂做过台湾媒体的相关研究，之后，对于台湾问题一直有着比较浓厚的兴趣。选择做国民党新闻传播制度和思想研究，是希望在以往的学习和研究基础上，能够做一些更深入、更透彻的思考，以发掘现行传播制度下的传播现象与历史过往之间的联系。

  2007年，笔者非常幸运地得到了去台湾政治大学学术交流的机会，在台期间，亲身感受到台湾社会的现状和民众的想法。现在的台湾走过冲破威权的20世纪80年代，自由争到了，"总统"直选了，但仍有人以自由之名来摧毁文明标准。台湾政治的民主化，往往是政客成功整合了一部分人成为他们的工具，而把另一部分人视为仇敌。现在的台湾处于一个两极化的时代，不是同伴就是敌人，不是独派就是统派。作为工具性价值的民主的弊端开始显露——脱离人民主权和人权来断章取义地宣扬民主，其结果就是民主导致"大多数人的暴政"，即在民主体制中大多数人可能形成一个压制性的利益集团，从而剥夺和侵害少数人的人权。[①] 这一社会环境下的媒体同样出现了乱象，在这里可以借用托克维尔对美国民主的担忧，来理解喜欢套用美国模式的台湾的现状："当一个人或一个党在美国受到不公正的待遇时，你想他或它能向谁去诉苦呢？向舆论吗？但舆论是多数制造的。向立法机构吗？但立法机构代表多数，并盲目服从多数。向行政当局吗？但行政首长是由大多数选任的，是多数百依百顺的工具……

[①] 钱福臣：《宪政哲学问题要论》，法律出版社2006年版，第79页。

因此，不管你所告发的事情如何不正义和荒唐，你还得照样服从。"① 这些现象后面的制度背景值得去探索。

赴台交流时间虽然不长，但是，能够有一些感性直观的认识，对于做相关方面的研究不无裨益，同时，对于找寻资料和访问相关学者方面都有着得天独厚的便利。

值得一提的是，2006年6月1日，创刊79年的国民党党报《中央日报》暂时停刊，只余下网络电子报继续运作。《中央日报》与国民党有近80载的渊源，承载着对历史的见证，现在这份曾经权威和风光过的党报落得"党在报亡"的下场。从此，泛蓝阵营失去了重要的舆论阵地。

在国民党主政年代，所有第一手党政讯息，都是透过《中央日报》发布，连"总统"都帮它拍广告，新闻系学生想当记者的，第一志愿就是《中央日报》。《中央日报》停刊，令国民党失去了一个言论阵地。反观民进党夺得管治权后，一方面虽不断重申政治力退出媒体的基调，另一方面却不断地趁虚而入染指媒体，运用行政资源威迫利诱，直接或间接操控媒体，企图操控舆论。在此消彼长的情势下，泛蓝阵营一度在媒体言路上落入劣势。

《中央日报》经营管理分三个阶段：包括叶楚伧主持时期的传统型体制、程沧波主持时期到抗战胜利的社长负责制、抗战胜利后社长马星野提出实施的股份制企业化体制。党报企业化经营是大胆尝试和改革，《中央日报》在这方面开了先例。企业化经营成为改革动力，淡化党报色彩，增加了社会公众的接受程度。可是，背负着为党宣传的使命而无法以市场为导向去善尽媒体之职，令《中央日报》在多元的民主时代中被民众所漠视。尽管在2000年政党轮替后，该报已尝试改造，想摆脱以往只是"党的声音"的包袱，好能真正成为"民众的声音"。可惜积重难返，仍难逃最终关门的命运。②

《中央日报》的终结在国民党新闻传播史上是一个重大的标志性事件，预示了国民党党营新闻事业由盛而衰的过程。

---

① ［法］托克维尔著，董果良译：《论美国的民主》（上卷），商务印书馆1988年版，第290页。

② http://news3.xinhuanet.com/tai_gang_ao/2006-06/01/content_4630852.htm，新华网。

目 录

第一章 导论 …………………………………………………………（1）

第二章 军政时期国民党的新闻传播制度 ……………………………（7）
 第一节 舆论环境及国民党的新闻活动 …………………………（7）
  一 维新运动时期国民党的"设报馆"宣言 ………………（7）
  二 辛亥革命前后居于舆论主流的革命派报刊 ……………（9）
  三 新文化运动时期国民党的理论刊物 ……………………（13）
  四 大革命时期国民党新闻事业的发展 ……………………（16）
 第二节 国民党新闻传播制度及对新闻传播业的影响 …………（18）
  一 国民党初创时期宣传工作的逐步布局 …………………（18）
  二 国民党南京临时政府新闻传播制度的雏形 ……………（20）
  三 袁世凯政府的新闻管制对民国自由体制的破坏 ………（22）
  四 北洋军阀政府从再倡自由到新闻统制 …………………（25）
 第三节 国民党新闻传播制度变迁分析 …………………………（27）
  一 宪政主义思想对新闻传播制度变迁的推动与影响 ……（27）
  二 自由主义新闻观的萌芽与夭折 …………………………（31）
 第四节 对国民党新闻传播制度的评价 …………………………（36）
  一 从国民党政党组织形态观照新闻传播体制 ……………（36）
  二 孙中山的自由观和党报思想 ……………………………（39）
  三 国民党舆论宣传方法和取得的效果 ……………………（46）

第三章 训政时期国民党的新闻传播制度（上篇）……………………（51）
 第一节 舆论环境及新闻事业发展 ………………………………（52）

一　国民党"黄金十年"党营新闻网的形成 …………………… (52)
  二　战时新闻宣传与统制 ………………………………………… (61)
  三　战后新闻版图的重整与丧失 ………………………………… (67)
 第二节　国民党新闻传播制度及对新闻传播业的影响 ………… (74)
  一　法规的制定 …………………………………………………… (74)
  二　新闻管理策略 ………………………………………………… (84)
 第三节　国民党新闻传播制度变迁分析 …………………………… (96)
  一　因应国内局势变化而改变的国民党新闻传播制度 ………… (96)
  二　新闻传播制度变迁中集权独裁与民主自由的共处 ………… (98)
  三　宪政运动与新闻传播制度变迁路径 ……………………… (103)
 第四节　对国民党新闻传播制度的评价 ………………………… (106)
  一　党治下的新闻传播制度 …………………………………… (106)
  二　人治下的新闻传播制度 …………………………………… (112)
  三　法治虚位的新闻传播制度 ………………………………… (118)

第四章　训政时期国民党的新闻传播制度(下篇) ……………… (123)
 第一节　舆论环境及新闻事业发展 ……………………………… (124)
  一　国民党迁台后蒋介石统治期的新闻事业 ………………… (124)
  二　蒋经国时代的新闻事业 …………………………………… (129)
 第二节　国民党新闻传播制度及对新闻传播业的影响 ………… (132)
  一　报禁制度 …………………………………………………… (132)
  二　法律法规 …………………………………………………… (134)
  三　新闻传播主管单位 ………………………………………… (137)
  四　新闻管制 …………………………………………………… (142)
  五　新闻工作会谈 ……………………………………………… (145)
 第三节　国民党新闻传播制度变迁分析 ………………………… (147)
  一　国民党政权不断寻求"政权合法性"对新闻传播
　　 制度的影响 ………………………………………………… (147)
  二　务实主义的意识形态对新闻传播制度的影响 …………… (150)
  三　与台湾政治转型联动的新闻传播制度 …………………… (153)
 第四节　对国民党新闻传播制度的评价 ………………………… (160)

一　威权一党制下的新闻传播制度 …………………………………（160）
　二　政治强人领导下的新闻传播制度 ………………………………（166）

第五章　宪政时期国民党的新闻传播制度 ……………………………（172）
　第一节　舆论环境及新闻事业发展 ……………………………………（173）
　　一　李登辉时期的新闻传播事业 ……………………………………（173）
　　二　2000年后台湾的新闻传播事业 ………………………………（181）
　第二节　国民党新闻传播制度及对新闻传播业的影响 ………………（186）
　　一　有代表性的法规政策 ……………………………………………（186）
　　二　主管单位的变更 …………………………………………………（189）
　第三节　国民党新闻传播制度变迁分析 ………………………………（193）
　　一　宪政语境下新闻传播制度的变迁 ………………………………（194）
　　二　言论自由的制度空间 ……………………………………………（199）
　　三　执政党与在野党的政治角力 ……………………………………（203）
　第四节　对国民党新闻传播制度的评价 ………………………………（206）
　　一　政党政治下的新闻传播制度 ……………………………………（206）
　　二　认可市场机制的新闻传播制度 …………………………………（212）
　　三　对理想新闻传播制度的探索与追求 ……………………………（215）

第六章　结语 ……………………………………………………………（220）

附录 ………………………………………………………………………（224）

参考文献 ………………………………………………………………（232）

后记 ………………………………………………………………………（253）

第一章

导　论

在中国近现代政治舞台上，中国国民党扮演过重要角色。对国民党新闻传播的研究是随着它的建立而开始的，当时主要的研究者是国统区的学者，但这一时期的研究既不全面，也不系统。新中国成立至1978年以前，国内学术界对国民党新闻史的研究较少，20世纪80年代逐渐复苏，近年来开始走向深入。20世纪80年代，对国民党新闻史进行专门研究的不多，相关内容主要包含在一些中国新闻史的通史著作中。20世纪90年代以来，研究近现代特别是民国新闻史的论著日渐增多，如《中国国民党党报历史研究》（蔡铭泽）、《中国近代新闻法制史论》（马光仁）、《中国近代新闻法制史》（黄瑚）等。上述论著对国民党统治时期新闻媒体的沿革、内容、政策、法规等有较为清晰的论述，基本上描述和把握了其发展的脉络和特点。

近年来，这一领域研究出现了一些新成果，研究视野有了进一步的开拓与深化，论述的内容不再局限于对国民党新闻控制的控诉，而是越来越多地运用政治学、法学、社会学和历史学相结合的视角和方法，零星出现一些对新闻制度和新闻思想进行分析研究的文章，如《论抗日战争时期国民党人的新闻思想》（蔡铭泽）、《以上海为例探析战后国民党新闻统制制度的变化》（黄瑚、樊昊）。对于国民党迁台后的新闻传播史，大陆出版了《台湾新闻事业史》、《台湾电视发展史》、《20世纪中国新闻学与传播学》（台湾新闻传播事业卷）、《台湾电视文艺纵览》等专著。

但就笔者所见，以往对国民党的新闻传播的研究，在时段上大都以国民党1949年迁台为标志来划分，迁台前后出现明显的研究分野，两个时期分别有不同的学者予以关注，但很少出现研究交叉。所以，笔者认为将国民党大陆①统治时期和迁台后统治时期作为一个完整主体，纳入研究范围来做一些更深入的探讨是有必要的。

在研究内容上，以往的研究要么是对国民党新闻传播历史沿革的考察，要么是对某一类或某一时期新闻媒体的审视，或者是对国民党新闻传播法规政策等的论述，在论述中也会有一些环境背景、社会制度和文化思想方面的探讨，但笔者认为要从本质上认识国民党的新闻传播制度，需要从国民党统治时期的政治制度入手，从宪政的角度考察其建政三序的政治规划、三民主义的思想指导、五权宪法的设想与实践等，并由此来看国民党新闻统制制度的形成和发展、"三民主义新闻思想"的源流及演变等问题，为进一步研究提供一种新的思路和理论框架，而不是简单地从两党斗争的角度看待国民党的新闻传播史。就目前来看，专门针对国民党新闻传播体制和思想的研究尚存空白，这一专题的研究专著还未见到，相关的专题论文也不多，有待进一步深入研究。

现在有关国民党新闻史的史料已陆续整理出版，相关的研究论文和专著也在不断涌现，但相对而言，这一研究领域实际上还长期处于被忽视的状况。在台湾地区，新闻传播领域的研究更多的还是追随美国传播学发展的步伐，对于新闻史的研究本身就少，涉及国民党新闻传播制度和思想的研究，还是在20世纪70年代左右李瞻、曾虚白、赖光临等学者有所涉足，但他们这批学者在台湾当时的政治环境下所做的研究，难免带有较明显的倾向性，在谈及国民党新闻传播制度和新闻思想的时候，更多的是溢美之词。所以，系统客观地研究国民党新闻传播制度和新闻思想很有必要。对中国近现代新闻史上这一客观存在的历史现象的研究，将会丰富新闻史研究。

以往的研究初步建立了国民党新闻史的研究体系，在国民党新闻传播事业的沿革、特征、法规、政策等方面的论述较为充分，而对国民党新闻传播体制的结构内涵及运行机制、新闻制度与新闻思想之间的联系与互动则关注不够，应得到重视和加强。

新闻传播是一个具有强大影响的社会信息系统，任何一个国家和社会

---

① "中国大陆"，是相对于中国台湾地区（包括金门、马祖等岛屿）而言的，"中国大陆（或大陆）"与"台湾"为对应概念，"内地"与"香港、澳门"为对应概念。

都会把它纳入社会制度的轨道。因此，新闻传播也是一种制度化的传播，新闻传播是在特定的社会制度下进行的。一定的社会制度对新闻传播的影响与控制，表现为一定形态的传播制度。因此，传播制度也就是社会制度中对新闻传播活动直接或者间接地起着保障或制约、控制作用的部分。一个社会中的传播制度所体现的，实际上只不过是上升到统治地位的规范体系。① 在本书中，笔者主要考察的是政治法律制度对新闻传播制度的影响和制约。

如前所述，传播制度乃社会制度中的一环，极权主义制度的国家实行极权传播制度，资本主义制度的国家占主导地位的是资本自由主义传播制度，社会主义制度的国家实行的是社会主义传播制度。可见，一个国家的传播制度与其政治制度是对应的，是结合本国国情和条件而定的。

国民党统治时期是中国政治发展历程中的重要阶段，要考察其统治时期所实行的新闻传播制度的本质，必须弄清统治阶级治理国家的政治构架、政治文化和政治运行程序，它们具体反映在立法制度、行政制度、司法制度、政党制度及地方制度等各个方面。一种制度的产生、衍变、消失，都有它的历史缘由，从政治制度兴亡的缘由中可引出阐释新闻传播制度的东西，这是笔者考察政治制度对新闻传播制度影响和制约的最终目的。

要研究国民党统治时期的新闻传播制度，首先要涉及的问题就是历史分期问题。新闻史通史通常将近现代史划分为：民国初年的新闻事业（1911—1919年以前）、新民主主义时期的新闻事业（1919—1921年以前）、大革命时期的新闻事业（1921—1927年以前）、十年内战时期的新闻事业（1927—1937年以前）、抗日战争时期的新闻事业（1937—1945年以前）、人民解放战争时期的新闻事业（1945—1949年以前）、新中国成立后的新闻事业（1949年以后）。基于笔者考察国民党新闻传播制度的角度是从政治制度入手的，所以在分期上将针对国民党新闻事业发展的特征做出不同于新闻史通史的分期。

按照国民党历史发展的脉络，国民党总体上是以孙中山"革命程序论"（即军政—训政—宪政，又称建政三序或建国三程序）为理论基础来

---

① 张隆栋：《传播学教程》，中国人民大学出版社1999年版，第129—134页。

发展的。这一方面是为了增加其统治的合法性资源，借孙中山的招牌取得政治上的正统地位，获得更多的社会认同；另一方面则是因为近代以来中国借鉴西方国家的政治模式皆归失败，共产主义又被视为异端，孙中山"革命程序论"成为国民党进行政权建设的理论指导。① "革命程序论"是孙中山对中国革命和建设道路的系统构想。

早在辛亥革命以前，孙中山就萌发了将中国的革命和建设按一定程序与步骤逐步进行的思想。1905年，中国同盟会在日本东京成立，当时发表的《军政府宣言》中，孙中山首度提出将中国革命与建设程序划分为"军法之治"、"约法之治"、"宪法之治"三个阶段，并对各个阶段的任务做出这样的说明。"第一期为军政府督率国民扫除旧污之时代。第二期为军政府授地方自治权于人民，而总揽国事之时代。第三期为军政府解除权柄，宪法上国家机关分掌国事之时代。俾我国民循序以进，养成自由平等之资格，中华民国之根本胥于是乎在焉。"② 辛亥革命以后，孙中山吸取了革命由成功到失败的教训，又重新提出了"革命程序论"。1914年，他在《中华革命党总章》中将革命与建设程序确定为"军政时期"、"训政时期"、"宪政时期"三个阶段（见表1－1），以后这样的划分和各个阶段的名称就开始固定下来。在他的言论中，对三个阶段的提法有过局部变动，但大体上，军政、训政、宪政的概念却是前后相承、相互独立又相互关联的，以最终实现民主政治为旨归。

表1－1　　　　　　　　　　　建政三序

时期	军政时期	训政时期	宪政时期
法律	军法之治	约法之治	宪法之治
性质	以党救国	以党治国	以民治国
目的	夺取政权	巩固政权	实现理想
中心工作	1. 扫除革命障碍 2. 宣传革命主义 3. 促进国家统一	1. 训练人行使四权 2. 实行地方自治 3. 推行五大建设	1. 召开国民大会 2. 颁布宪法 3. 成立五权政府

---

① 王兆刚：《国民党训政体制研究》，中国社会科学出版社2004年版，第14页。
② 广东省社会科学院历史研究室、中国社会科学院近代史研究所中华民国研究室、中山大学历史系孙中山研究室：《孙中山全集》（第一卷），中华书局2006年版，第298页。

所以，为切合从政治思想史的视角入手来分析新闻传播制度，笔者相应地将国民党新闻事业分为三个时期来分析：第一，军政时期，自1905年到1928年；第二，训政时期，由1928年至1988年，分为大陆和台湾两大段，其中大陆阶段再按通史分作三期（以1937年和1945年来划分）；第三，宪政时期，1988年以来，本书主要探讨1988年至2000年这一时期的新闻传播制度，对2000年民进党上台和国民党2008年再度上台执政后的情况只做简要论述。

需要特别说明的是，笔者将训政时期的结束日期定在了1988年，而一般学者对于训政时期和宪政时期的划分是以1948年为界。笔者这样的划分是因为就本质而言，1948年至1988年以前国民党宣称的宪政并没有得到实行，并不是真正意义上的宪政。

1948年5月20日，蒋介石与李宗仁分别就任正副总统。蒋介石、孙科的国民政府正副主席职务同时解除，标志着国民政府的结束和行宪政府的成立。按照《中华民国宪法》、《宪政实施之准备程序》、《训政结束程序法》，新旧五院政府进行了交替。[①] 在此之前，蒋介石在1948年4月4日的国民党临时会议上还提出不愿意当总统。其实，蒋介石不当总统的原因是新宪法下的总统并无实际权力。张群等一批以政治行政见长的政学系首领就提出了一个方法，在"行宪国大"上提出一项关于宪法的临时条款，在"戡乱"的名义下授予总统以紧急处分权。于是拼凑771名代表联名提出《动员戡乱时期临时条款》，此后，国民党当局操纵"国民大会"又多次增加临时条款的内容，不断扩大总统实权。

《动员戡乱时期临时条款》规定，总统在"戡乱"时期，为应付重大事故，可不受宪法上所规定的来自法院的限制，宣布戒严，或发布紧急命令作出处置；授权总统设置动员"戡乱"机构，决定"戡乱"的大政方针不受宪法上关于立法程序的制约（这便使总统有了提出并决定国家纲领和政策的权力）；在"戡乱"时期，总统得连选连任，不受宪法关于连任一次的限制（蒋介石后来正是凭借这一条成为终身"总统"的）；"戡乱"时期的终止由总统宣告（这意味着上述扩大总统权力的临时条款只要总统不宣告其终止便可永久施行）。

[①] 徐矛：《中华民国政治制度史》，上海人民出版社1992年版，第365页。

国民党迁台后，为实行"反共复国"，继续实施戒严，台湾处于动员"戡乱"时期。直至20世纪80年代中后期，台湾面临严重的政治危机，1986年3月国民党十二届三中全会上由蒋经国提出台湾实行"宪政体制"改革。1987年7月15日，台湾当局解除戒严令，并决定自1988年1月1日起解除报禁，随后，1991年，台湾当局迫于岛内外形势，由李登辉宣布终止实施40多年的"动员戡乱时期"。

　　可见，1948年以后国民党宣布进入宪政时期，但直至20世纪80年代国民党的独裁统治都没有动摇过，其宪政只是他们装扮门面的工具。"他们一面谈宪政，一面却不给人民以丝毫的自由"。[①] 基于以上的情况，笔者的观点是将训政时期的结束点放在1988年，一方面这是对建政三序更为客观本质的认识，另一方面因为1988年正是国民党解除戒严、开放报禁的一个时间点，这样的一个时间点有利于本书分析论述的展开。

---

① 毛泽东：《毛泽东选集》（第2卷），人民出版社1991年版，第694页。

第二章

军政时期国民党的新闻传播制度

> 资产阶级革命例如十八世纪的革命,总是突飞猛进,接连不断地取得胜利的;革命的戏剧效果一个胜似一个,人和事物好像是被五彩缤纷的火光所照耀,每天都充满极乐狂欢;然而这种革命为时短暂,很快就达到自己的顶点,而社会在还未学会清醒地领略其疾风暴雨时期的成果之前,一直是沉溺于长期的酒醉状态。①
>
> ——马克思:《路易·波拿巴的雾月十八日》

军政时期是孙中山1905年提出的建立"民国"程序的第一阶段。他主张在军政时期施行军法,实行军事统治,既以兵力统一全国,又训练人民接受三民主义。待国家秩序完全安定后,就可停止军政,开始训政时期。但由于情势急剧变化,所谓军政时期只是国民党南京临时政府短暂执政时期,国民党在其余大部分时间内均未掌握国家政权。这一时期是各路利益集团争相谋求政治合法性的特殊阶段,晚清政府、国民党临时政府和北洋军阀政府执政期间的新闻传播制度也有所不同。为方便叙述,本书仍援引孙中山建政三序的说法,以"军政时期"来概览清末民初的新闻传播制度。

第一节 舆论环境及国民党的新闻活动

一 维新运动时期国民党的"设报馆"宣言

洋务运动的迷梦在1894年甲午战争中彻底破灭,国人开始意识到制

---

① 马克思:《马克思恩格斯全集》(第8卷),人民出版社1961年版,第125页。

度问题的重要性，维新运动应运而生，维新运动时期，在维新派的带动下形成了国人创办报刊的第一次高潮。维新运动时期的报刊不是单纯的报刊，不是为办报而办报，为新闻而新闻，而是同维新派的社会政治目标相联系的重要环节。据梁启超统计，甲午战争到辛亥革命期间，有章可查的社团就有160余家，这些社团不仅办学校以培养人才，同时还办学刊以宣传自己的主张，扩大影响。新派报纸的编辑既是这些学会的骨干，同时又是学堂的教师，学会为他们提供活动的平台，学堂为他们培养人才，报刊为他们制造舆论。①

此时的孙中山，也抱有维新派的改良思想，期望通过清政府实行自上而下的改革来挽救中国。为了证明这条道路是否可行，1894年1月，孙中山洋洋洒洒写就八千多字的《上李鸿章书》②，认为西方富强之本，不尽在于船坚炮利，而在于"人能尽其才，地能尽其利，物能尽其用，货能畅其流"。③ 6月，孙中山与陆皓东抵天津，带着郑观应、王韬等人写的介绍信，拜访直隶总督幕僚罗丰禄和徐秋畦。陈请书由罗丰禄转交给李鸿章，但时值中日甲午战争爆发前夕，李鸿章以"军务匆忙"为由未见孙中山，只回话说："打完仗以后再见吧。"④ 1897年初，孙中山在《伦敦蒙难记》一文中曾回忆他改良希望化为泡影，并由此走上革命道路的历程：

中国睡梦之深，至于此极，以维新之机苟非发之自上，殆无可望。此兴中会⑤之所由设也。此兴中会之所以偏重于请愿上书等方法，冀九重之或一垂听，政府之或一奋起也。且近年以来，北京当道

---

① 李彬：《中国新闻社会史（1815—2005）》，上海交通大学出版社2007年版，第61页。
② 孙中山投书李鸿章，未获接见。其文《上李傅相书》由《万国公报》月刊第六十九、七十册，以广东香山来稿的名义连载。
③ 广东省社会科学院历史研究室、中国社会科学院近代史研究所中华民国研究室、中山大学历史系孙中山研究室：《孙中山全集》（第一卷），中华书局2006年版，第8—18页。
④ 中国史学会主编：《辛亥革命》（一），上海人民出版社2000年版，第28页。
⑤ 1894年11月，近代中国第一个革命团体，亦即国民党的前身——兴中会成立于美国檀香山。学界一般都将国民党的历史从1894年起算，将兴中会和同盟会算作国民党前身，但也有学者认为兴中会、同盟会、国民党、中华革命党与后来的中国国民党没有衔接关系。本书采用前者的说法，将国民党的历史分为五个阶段：兴中会（1894年起算）、同盟会（1905年起算）、国民党（1912年起算）、中华革命党（1914年起算）、中国国民党（1919年起算），为方便叙述，本书有时将"国民党"作为统称，未作特别区分。

诸人与各国外交团触接较近，其于外国宪政当必略有所知。以是吾党党员本利国利民之诚意，会合全体，联名上书。时则日本正雄师进逼北京，在吾党固欲利用此时机；而在朝廷亦恐以惩治新党，失全国之心，遂寝阁不报。顾中日战事既息，和议告成，而朝廷则悍然下诏，不特对于上书请愿之人加以谴责，且谓此等陈请变法之条陈，以后概不得擅上云云。

吾党于是怃然长叹，知和平之法无可复施。然望治之心愈坚，要求之念愈切，积渐而知和平之手段不得不稍易以强迫……因此人民怨望之心愈推愈远，愈积愈深，多有慷慨自矢，徐图所以倾覆而变更之者。①

以孙中山为首的资产阶级革命派，在革命事业之初就重视革命宣传的重要作用。在香港兴中会章程中宣布："设报馆以开风气，立学校以育人材，兴大利以厚民生，除积弊以培国脉。列'报馆'为首项，以鼓吹革命，复兴中华。"② 但是宣传效果甚微，"劝者谆谆，听者藐藐"③。由于武装革命屡遭失败，关于设报馆一事，也始终无暇顾及。1899年秋，孙中山因受伦敦蒙难的启发，体会到报纸有左右社会的力量，④ 深切感受到革命进行必须设立宣传机构，于是派陈少白赴港筹办《中国日报》，此乃国民党专办报馆宣传之始。

二 辛亥革命前后居于舆论主流的革命派报刊

20世纪初，中国的形势发生了重大变化。1900年，八国联军侵占北京，迫使清政府签订了《辛丑条约》，中国沦为半封建半殖民地的国家，民众认为清政府的卖国投降政策是导致中国陷入水深火热的罪魁祸首，反清情绪高涨。内忧外患的清政府，不得不考虑实行"新政"——预备立宪，希望通过采取自上而下的改革措施巩固岌岌可危的政权统治。这一时

---

① 广东省社会科学院历史研究室、中国社会科学院近代史研究所中华民国研究室、中山大学历史系孙中山研究室：《孙中山全集》（第一卷），中华书局2006年版，第52页。
② 徐咏平：《革命报人别记》，台北正中书局1984年版，第318页。
③ 邹鲁：《中国国民党史稿》，中国出版集团东方出版中心2011年版，第369页。
④ 胡道静：《中国国民党党报溯源》，上海世界书局1946年版，第27—29页。

期，为配合立宪气氛，清政府对新闻报刊业的控制有所松绑，租界"治外法权"的特权也使得清政府监管难度增加，此外，革命风潮自海外向国内转移并席卷全国，因此，国内报刊的数量大增。据不完全统计，辛亥革命爆发前10年间，全国有将近1100多种报刊问世，1906年光绪皇帝下诏预备立宪，国内新创办的中文报刊第一次历史性地超过了百种，达113种，1911年武昌起义前后更是高达200余种。① 1912年，全国报纸陡增至500家，总销数达4200万份，这两个数字，均突破了历史的最高纪录。② 形成了国人办报的第二次高潮。

在这些新办的报刊中，多数是这一时期政治上非常活跃的改良派创办的。改良派除了利用原有的改良报刊《大公报》、《时报》、《时事新报》继续鼓吹立宪，又创办了一批新的报刊，具有代表性的有《政论》、《国风报》、《国民公报》等。改良派希望通过和平方式实现立宪政治，防止暴力革命。但随着一次次国会请愿运动的失败，特别是1910年10月第三次请愿失败后，改良派报刊转而抨击清政府，谴责清政府丧权辱国和借立宪之名行专制之实的行径。1911年，"皇族内阁"成立，改良派的幻想化为泡影，不少人深感失望。武昌起义后，各省立宪团体，遂脱离清政府，投向革命派阵营。

第二次办报高潮中居于舆论主流的是革命派，特别是以孙中山领导的革命派报刊更是独占鳌头。1900年兴中会第一份机关报《中国日报》在香港由陈少白创办，《中国日报》一般被视为国民党党报的始祖。"上海则有章太炎、吴稚晖、邹容等，借《苏报》以主张革命。邹容之《革命军》、章太炎之《驳康有为书》，尤为一时传诵。"③ 1903年震惊中外的"苏报案"，扩大了革命派在民众中的影响。

1905年，同盟会在东京成立，同盟会的机关报《民报》创刊，孙中山在《民报》发刊词中第一次系统阐发了"三民主义的立国思想"，他在后来所著的《建国方略》中盛赞《民报》："同盟会成立未久，发刊《民报》鼓吹三民主义。遂使革命思潮弥漫全国，自有杂志以来可谓成功最

---

① 方汉奇:《中国新闻传播史》，中国人民大学出版社2009年版，第115页。
② 方汉奇:《中国新闻事业通史》（第一卷），中国人民大学出版社2000年版，第1015页。
③ 广东省社会科学院历史研究室、中国社会科学院近代史研究所中华民国研究室、中山大学历史系孙中山研究室:《孙中山全集》（第七卷），中华书局2006年版，第64页。

著者。"① "《民报》成立,一方为同盟会之喉舌,以宣传主义;一方则力辟当时保皇党劝告开明专制、要求立宪之谬说。"② 1905 年至 1907 年间,在《民报》和康梁的《新民丛报》之间旷日持久、影响深远的报刊大论战中,革命派以成功告终。革命主义,如日中天。此时,留日学生总数达到 1.3 万人左右,很多留学生参加了同盟会,为了进一步扩大宣传阵地,同盟会成立的两三年间,留日学生的革命报刊犹如雨后春笋破土而出,总计不下三四十种。③ "由是各处支部,以同一目的,发行杂志、日报、书籍;且以小册秘密输送于内地,以传播思想。学校之内、市肆之间,争相传写,清廷虽有严禁,未如之何也。"④

资产阶级革命派在国内的宣传活动也更为活跃。在上海、武汉和广州等地,陆续涌现出一批宣传革命的报刊,其中比较著名的有《上海女报》、《神州日报》和"竖三民"报、《楚报》、《商务报》和《大江报》。革命派报刊的声名远播宣传了革命思想、推进了革命进程。

武昌起义后,孙中山倡导言论自由,社会上民主自由风气盛行,报界言论自由观念加深。1912 年,孙中山应上海日报公会之请,下令交通部核减新闻邮电费:"军兴以后,种种困难情形,请减轻邮电费以维报界等情前来。查报纸代表舆论,监督社会,厥功甚巨。此次民国开创,南北统一,尤赖报界同心协力,竭诚赞助,兹据呈称军兴以后困难情形,均属实况,若不设法维持,势将相继歇业。合将原呈发交该部,仰即酌核办理可也。"⑤ 据此,交通部将报界的电费,按照当时价目减轻四分之一,邮费减轻二分之一。

1912 年同盟会改组为国民党,国民党的机关报和国民党人经营的报刊活跃一时,遍布京津沪汉及各主要省会。在这样的政治氛围中,甚至袁世凯控制下的北京政府在民国初年的短时期里,都摆出遵奉言论自由、尊

---

① 广东省社会科学院历史研究室、中国社会科学院近代史研究所中华民国研究室、中山大学历史系孙中山研究室:《孙中山全集》(第六卷),中华书局 2006 年版,第 238 页。
② 广东省社会科学院历史研究室、中国社会科学院近代史研究所中华民国研究室、中山大学历史系孙中山研究室:《孙中山全集》(第七卷),中华书局 2006 年版,第 64 页。
③ 方汉奇:《中国新闻事业通史》(第一卷),中国人民大学出版社 2000 年版,第 837 页。
④ 广东省社会科学院历史研究室、中国社会科学院近代史研究所中华民国研究室、中山大学历史系孙中山研究室:《孙中山全集》(第七卷),中华书局 2006 年版,第 64 页。
⑤ 《临时政府公报》第 41 号,1912 年 3 月 17 日。

重报界的姿态。新闻界呈现一派繁荣景象，报纸和报人地位提高，他们可以批评官员，甚至可以点名骂大总统。在议会政治的驱动下，全国曾出现300多个政党，政党报纸也蜂拥而起。袁世凯窃权后，表面上信誓旦旦忠于共和，暗地里以极其狡猾的手段实行专制。他采用梁启超的建议，"暗中为舆论之主，而表面自居舆论之仆"，在大力扶植自己一派报纸的同时，对国民党一派报纸进行"阳示宽和，虚以虚荣及金钱笼络"，①时而由下属出面，动用军队、警察进行迫害。②

1913年初国会选举，国民党获得参众两院392个议席，成为国会中的多数党。根据《中华民国临时约法》规定，国民党将以多数党的地位组织责任内阁，代理理事长宋教仁准备出任内阁总理，从而成为总统袁世凯独揽大权的最大政敌。袁世凯利诱宋教仁，遭到拒绝。1913年3月20日，宋教仁在上海火车站遭袁世凯所派刺客枪击，22日逝世。袁世凯刺杀政治对手宋教仁，篡夺了民主革命的果实，从而宣告了议会政党政治试验的夭折；宣布国民党为"乱党"引起了国会危机，宣告中华民国政治体制的解体；作为终身大总统的袁世凯并不满足，还要彻底废除共和制，实行帝制。③

袁世凯非常重视控制舆论，1913年掀起整肃报界的浩劫——"癸丑报灾"，大规模镇压国民党报刊以及其他异己报刊，各地国民党报刊均以"乱党报纸"的罪名被查封。1914年，为使暴行合法化，袁世凯政府接连颁布了许多限制新闻出版自由的法令。袁世凯当权期间屡次发生报刊被封、报人遇害的事件，"癸丑报灾"后，到1913年底，全国继续出版的报纸只剩下139家，和民国元年的500家相比，锐减了361家。北京的上百家报纸只剩下20余家。④及至1916年6月，报纸总数始终维持在130—150家的低水平上。⑤

袁世凯政府"用军警围捕在京《国民日报》，搜索北京通讯社文件，

---

① 熊少豪：《五十年来北方报纸之事略》，见《中国近代报刊发展概况》，新华出版社1986年版，第435页。
② 方汉奇：《中国新闻事业通史》（第一卷），中国人民大学出版社2000年版，第1042页。
③ 杨光斌：《制度的形式与国家的兴衰》，北京大学出版社2005年版，第174页。
④ 方汉奇：《中国新闻事业通史》（第一卷），中国人民大学出版社2000年版，第1050页。
⑤ 同上书，第1057页。

停止《国光新闻》发行,解散省议会联合会等,皆本党(国民党)之宣传机关。此外则收买他党宣传机关,以抵御本党,终则凭金钱军队,摧残本党实力"。① 国民党"新闻团分子逃亡者半,遭显戮者半,京中言论界稍带国民党色彩之报纸从此无片影之留"。② 我国新闻事业随着民主革命的失败陷入低潮,更多的报纸加入到"莫谈国事"的队伍中去,报刊的中心从政治转向了商业,从而促进了商业报刊的发展。

国民党"及讨袁军事失败,而本党之宣传机关,封者封,停者停,莫能立足于国内矣。其所存之宣传机关,惟在海外而已"。在这种严峻的形势下,1914年7月孙中山重组中华革命党,并于5月在东京创办《民国》杂志,针对袁世凯残害党人的罪行,杂志特辟"党祸记"专栏,"凡记事、译述、通讯、杂著,无不本'革命'、'讨袁'之精神,从事宣传"。③ 这些报刊集中在日本东京和上海租界,代表性的有《甲寅》、《中华新报》、《民国》④、《民国日报》⑤ 等。以同盟会为基础改组而成的中华革命党,党员人数少,力量薄弱,又脱离群众。它在国内所办的报刊,发行出不了租界,销数很少,影响比不上进步党方面的报纸,虽始终坚持反袁,但反响甚微,没有起到反袁宣传的领导作用。

三 新文化运动时期国民党的理论刊物

民国成立后,军阀统治再度出现,两次复辟帝制的企图说明,只是移植法律和西方的政治制度来复兴中华是不能奏效的。一批先进知识分子认识到必须进行思想革命才能真正救国,一次空前的思想的大解放运动——新文化运动蓬勃发展起来。这个运动中的知识分子声称,不但要引进西方的科学技术、法律和政治制度,对中国的哲学、伦理、自然科学、社会理论和制度也要彻底重新审查。所提倡的不是半新半旧的改革或部分的革新,而是一个大规模的激烈的企图,要彻底推翻陈腐的旧传统,代之

---

① 邹鲁:《中国国民党史稿》,中国出版集团东方出版中心2011年版,第516页。
② 《北京新闻界之因果录》,1919年9月《民国日报》。
③ 徐咏平:《革命报人别记》,台北正中书局1984年版,第323页。
④ 《民国》杂志创刊于1914年5月,1914年7月,孙中山组建中华革命党后,该刊转为中华革命党的机关报。主编胡汉民。
⑤ 《民国日报》创刊于1916年1月,邵力子、叶楚伧主持报务,该报以讨袁为宗旨,是中华革命党在国内的主要言论阵地,中华革命党改称中国国民党后,转为国民党机关报。

以全新的文化。① 新文化运动时期，是中国近代史上一个思想空前活跃的黄金时代。

在那个"礼崩乐坏"的时代，各种外来文化和思潮纷纷涌入，刺激中国的思想文化界，海外归国留学生的改革热情使得社会思潮激荡。加之，此期国内军阀混战，国际上第一次世界大战战事正酣，各派政治力量无暇顾及新闻文化界，客观上为言论自由提供了活动空间。五四时期，近代报业迎来了一次大发展，胡适1922年断言："1919年至少创办了400种白话文期刊。"周策纵在《五四运动：现代中国的思想革命》中写道：

> 五四时期，即1917年到1921年间，全国新出的报刊有1000种以上……五四以后的报刊杂志在技术和内容上都有很大提高。出版物数量的迅速增长在中国历史上是空前的，所拥有的读者大众比以前大为增加，政府和公众对之也比任何时候都更为重视。②

五四运动时期，多数报刊、通讯社在反对帝国主义、反对军阀统治上保持空前一致，新闻界表现出新闻专业主义的进步精神；同时，新闻界的大力报道宣传，有力地促成了全国性的群众运动。

在新旧交替的历史时期，各派政治力量急剧分化，民主革命势力逐渐集中到孙中山高举的"国民革命"旗帜下，国民党人主办的政治机关报在五四时期发挥了重要作用。1916年，陈其美协助叶楚伧等在上海创办《民国日报》，以反袁护法为其主旨，宣传资产阶级法治思想，扫除封建专制思想，为五四新文化运动的产生和发展开辟了道路。1917年，俄国十月革命胜利，一段时间内，中国不仅左翼报刊，而且有不少右翼报刊都在宣传、介绍马克思学说、社会主义和十月革命。五四时期，《民国日报》也积极参加推动新文化运动，广泛宣传西方政治思想，包括马克思主义及其社会主义思想，这一任务主要由《觉悟》副刊承担。

第一次世界大战告终后，1919年中国作为战胜国在巴黎和会上和谈

---

① 周策纵：《五四运动：现代中国的思想革命》，江苏人民出版社1999年版，第2页。
② 李彬：《中国新闻社会史（1815—2005）》，上海交通大学出版社2007年版，第97页。

失败，最终触发了中国民众的反对情绪，五四运动爆发。五四运动爆发后，孙中山领导的国民党受到很大的鼓舞和启发，意识到组织化群众宣传的潜力，他在《致海外国民党同志函》中谈到了新文化运动和报刊宣传：

> 此种新文化运动，在我国今日，诚思想界空前之大变动。推其原始，不过由于出版界之一二觉悟者从事提倡，遂至舆论放大异彩，学潮弥漫全国，人皆激发天良，誓死为爱国之运动……吾党欲收革命之成功，必有赖于思想之变化，兵法"攻心"，语曰"革心"，皆此之故。故此种新文化运动，实为最有价值之事。最近本党同志，激扬新文化之波浪，灌输新思想之萌蘖，树立新事业之基础，描绘新计划之雏形，则由两大出版物，如《建设》杂志、《星期评论》等，已受社会欢迎。①

1919年，中华革命党改组为中国国民党。国民党的理论刊物《星期评论》、《觉悟》副刊和《建设》杂志相继创刊，以宣传社会建设，三个报刊都与五四新文化运动发生了积极的联系，宣传了各种政治思潮。"对于社会主义，戴传贤所主办之《星期评论》，尤为努力。"其时，孙中山"计划举办二事，以增宣传之力：一是设立英文报机关，二是创办最大最新式之印刷机关"。② 前者未能实现，孙中山"深感现在之痛苦，预测未来之需要，从速设立一大印刷机关，诚不可谓非急务矣"。③ 印刷机关最终得以成立，即上海民智书局。

翌年9月，孙中山召集各省国民党党员交换意见，改进党务，对于宣传工作，尤为积极进行。是时，国民党除将向来之通讯处扩大组织，改为"中国国民党本部公报处"，更由宣传部在上海设立宣传机关，其种类如下：

---

① 广东省社会科学院历史研究室、中国社会科学院近代史研究所中华民国研究室、中山大学历史系孙中山研究室：《孙中山全集》（第五卷），中华书局2006年版，第210页。
② 邹鲁：《中国国民党史稿》，中国出版集团东方出版中心2011年版，第546页。
③ 广东省社会科学院历史研究室、中国社会科学院近代史研究所中华民国研究室、中山大学历史系孙中山研究室：《孙中山全集》（第五卷），中华书局2006年版，第211页。

（1）国民阅书报社。

（2）《国民丛书》，月出一卷，定价小洋一角，同志各机关函索即送。

（3）《国民周刊》，每星期刊行一次。

（4）新闻记者演讲员养成所。①

四　大革命时期国民党新闻事业的发展

北洋军阀统治时期的割据与混战，使得他们对政治权力的控制和统合已经显得力不从心。除北洋军阀外，与其对峙的国民党广东国民政府的崛起，使整个中国的政治局面显得支离破碎，危机四伏。无论对北洋军阀政权来说，还是对奉行"以党治国"的国民党广东政权来说，彼此间的僵持与对抗，使谁都无法实现其"政治全能主义"的梦想，谁都无法有效控制思想文化界。

这种颇富戏剧性的局面客观上为中国报业提供了某种"自由"的可能。这一时期，中国报刊形成了几大板块，第一类是北洋军阀各派系所掌控和豢养的报刊，如段祺瑞掌握的《甲寅》，张宗昌掌握的《新鲁报》、《黄报》，孙传芳把持的《新申报》和吴佩孚把持的《上海报》等；第二类是形形色色的党派、政客创办的报刊，如国家主义派的《醒狮》、《国光》、《国魂》、《自强》等，研究系的北京《晨报》和上海的《时事新报》等；第三类是各地共产主义小组和中国共产党人创办和主持的报刊，如《向导》、《先驱》、《中国青年》、《劳动周刊》、《工人周刊》等；第四类是国民党创办和主持的报刊，如《政治周报》、《中国农民》、《中国军人》、《黄埔日刊》等；第五类是或多或少有着自由主义倾向的民营报刊，如影响较大的《京报》、《申报》、《新闻报》、《时报》、《大公报》、《庸报》等。②

---

①　邹鲁：《中国国民党史稿》，中国出版集团东方出版中心2011年版，第558页；徐咏平：《革命报人别记》，台北正中书局1984年版，第324页。

②　张育仁：《自由的历险》，云南人民出版社2002年版，第342—343页。

第一次国共合作前,国民党的宣传工作开始有所起色,但由于宣传思想认识不统一,有时国民党所出报刊甚至相互辩驳,造成了宣传工作的混乱。沿着五四时期的进步趋势,上海《民国日报》很快将宣传基调转移到"联俄联共"上来。由于《民国日报》在推动国共合作方面做出了大量的贡献,它的总编辑叶楚伧得到了孙中山的信任,在1924年1月召开的国民党"一大"上被选为中央执行委员,后来曾任国民党中央宣传部部长。①

1924年国共合作后,国民党的宣传机构逐步建立起来。首先在广州创办了《民国日报》,由国民党中央宣传部主持,起着国民党中央机关报的作用。同时,改组上海《民国日报》为国民党上海执行部的机关报,此外,国民党中央、省市各党部也都创办了报刊,另一个新气象就是创办了一批军人报刊。据《政治周报》第14期统计,至1926年6月,在国内不包括北京、广东,其他14个省市国民党出版的报刊有66种之多,形成了自同盟会以来国民党出版报刊的第二次高潮。国民党在加强报刊建设的同时,还着手建立通讯社,1924年4月1日,国民党中央通讯社正式发稿,逐渐发展为全国性的通讯社。②但是,1925年3月孙中山逝世后,国民党左派与右派的斗争不断升级,在五卅运动以后,特别是北伐战争以后,国民党报刊左派右派的斗争日趋激烈,不少宣传阵地为右派所占据,《民国日报》逐渐蜕化为国民党右派——西山会议派的机关报。1925年下半年,该报发表大量戴季陶等人的反共文章,登载西山会议派的文件,彻底走向了反苏、反共、对抗广州国民党中央的一面。

在这期间,北洋军阀对进步和异己新闻事业进行迫害和镇压,从中央到地方各级军阀都三令五申禁止进步报刊的革命宣传。1925年五卅惨案发生后,段祺瑞政府对新闻界进行的反帝爱国宣传十分恐慌,一次下令就查封了北京的19种报刊。北洋军阀还利用法律手段摧残报刊,对报刊的出版限制超过了袁氏《出版法》。

---

① 蔡铭泽:《中国国民党党报历史研究(1927—1949)》,团结出版社1998年版,第17页。
② 方汉奇:《中国新闻事业通史》,中国人民大学出版社1996年版,第161—163页。

第二节 国民党新闻传播制度
及对新闻传播业的影响

军政时期，国民党的前身中国同盟会在初期领导了中国反帝反封建的资产阶级民主革命运动，辛亥革命后成立南京临时政府，但革命的胜利果实被军阀篡夺。国民党在军政时期一直没能真正掌握实权，在其南京临时政府成立之初所制定的新闻法制和报业管理方面的方针政策并未得以实施。

一 国民党初创时期宣传工作的逐步布局

兴中会成立之时，在其章程里将"设报馆以开风气"[①] 设定为志向之一。其后在《中国同盟会总章》中规定中国同盟会下设的干事部分为总务部、交际部、政事部、理财部、文事部，其中文事部负责掌理一切文件和出版事项。[②] 1914 年，改称"中华革命党"之后，其本部的组织分为总务部、党务部、财政部、军事部和政治部，"传布宗旨"的宣传工作为党务部一项重要的职责。[③] 1919 年，在改用中国国民党名义之后，《中国国民党规约》中仍将"传布主义"作为党务部的职责明文规定下来。[④] 在1920 年修正后发布的《中国国民党总章》中，明确党组织本部下设四个部门——总务部、党务部、财政部和宣传部。[⑤] 宣传工作不再由党务部代行，而是将宣传部作为一个独立的组织部门专事宣传。在其后的《国民党规约》中详细罗列了宣传部之职务：一是书报编纂及译述事项；二是

[①] 广东省社会科学院历史研究室、中国社会科学院近代史研究所中华民国研究室、中山大学历史系孙中山研究室：《孙中山全集》（第一卷），中华书局 2006 年版，第 22 页。
[②] 广东省社会科学院历史研究室、中国社会科学院近代史研究所中华民国研究室、中山大学历史系孙中山研究室：《孙中山全集》（第二卷），中华书局 2006 年版，第 162 页。
[③] 广东省社会科学院历史研究室、中国社会科学院近代史研究所中华民国研究室、中山大学历史系孙中山研究室：《孙中山全集》（第三卷），中华书局 2006 年版，第 99 页。
[④] 广东省社会科学院历史研究室、中国社会科学院近代史研究所中华民国研究室、中山大学历史系孙中山研究室：《孙中山全集》（第五卷），中华书局 2006 年版，第 129 页。
[⑤] 同上书，第 402 页。

演讲事项；三是教育事项。① 1923年1月，根据公布的《中国国民党总章》，扩大国民党本部组织机构，总理之下设参赞、参议若干名；本部机关扩为总务、党务、财务、宣传、交际五部，同年1月21日，孙中山任命五部正副部长，其中宣传部正副部长为叶楚伧、茅祖权。

1924年1月20日在广州召开的第一次全国党代表大会，决定设立中央宣传部，负责党内宣传、文宣及对外发言的工作。推选戴传贤、汪兆铭为宣传部长，指定戴传贤、胡汉民、叶楚伧、李守常、冯自由、黄咏台、黄右公、刘成禺、白云梯九人为出版及宣传问题审查员。宣传部设有周刊，日报则有《上海民国日报》、《广州民国日报》，由党出资办的杂志，为北京的《新民国》、上海的《新建设》。北京的《民生周刊》，为党员所办，受党津贴，并随时随事负责演说传单的印制与发放。② 除各地原有宣传机关及各党报益致力宣传外，当时宣传部之工作，有如下列各事：（一）调查及检查党内外日报期刊；（二）办中央通讯社；（三）著述各种宣传文字；（四）印刷事项；（五）汇集《广东公报》、《广州市政公报》、《警政周刊》、《民报》、《民国杂志》、《建设》，以便择集印成革命丛书；（六）编纂本党及国外革命史；（七）演讲；（八）办理国民党讲习所等。③ 自此，中国国民党的宣传及公关手法逐渐朝向制度化迈进。④

此外，国民党"各部尚有各部之宣传，各党部有各党部之宣传，各党员有各党员之宣传"。⑤ 在中央党部之下，分别设省及特别市党部、县市党部、区党部及区分部，均负有不同的任务。省及特别党部与新闻有关的机构包括：党报、通讯社、邮电检查所、无线电收音室、新闻检查所等，而在县及区级的党部上，主要的工作包括对出版机关的指导，以及宣传刊物的编撰事项。⑥

---

① 广东省社会科学院历史研究室、中国社会科学院近代史研究所中华民国研究室、中山大学历史系孙中山研究室：《孙中山全集》（第五卷），中华书局2006年版，第414页。
② 邹鲁：《中国国民党史稿》，中国出版集团东方出版中心2011年版，第293、318、325页。
③ 同上书，第573页。
④ 郭达鸿：《中国国民党公众关系政策与执行（民国三十九年—民国七十八年）》，台北东海大学公共行政研究所硕士论文，1991年。
⑤ 邹鲁：《中国国民党史稿》，中国出版集团东方出版中心2011年版，第573页。
⑥ Lee-hsia Hsu Ting, *Government Control of the Press in Modern China 1900—1949*, Harvard University Press, 1974, p.65.

1925年10月毛泽东受命代表汪精卫管理中央宣传部，国民党宣传工作进入最积极的阶段，他领导该部长达8个月。毛泽东上任后进行了很多创新性的工作，规范宣传程序、邀请共产党人和国民党人共同监督宣传工作，以便使各级国民党的宣传服从命令和纪律。1926年5月，为了服从二届二中全会关于将共产党员逐出中央机关高级职位的决议，毛泽东辞去宣传部的职务。[1] 虽然他在25日提出辞职，并在28日获得批准离开宣传部，但他所创立的一系列举措被保留下来。[2]

二　国民党南京临时政府新闻传播制度的雏形

（一）中国建立新闻自由体制的标志

南京临时政府根据自由、平等和主权在民的原则，宣布人民享有选举、参政等公权和居住、言论、出版、集会、结社、信仰等私权，下令废止清政府颁布的法律法规。1912年3月11日，孙中山以临时大总统的名义正式颁布具有宪法性质的《中华民国临时约法》，规定了中华民国主权属于国民全体，中华民国人民一律平等，无种族、阶级、宗教之区别。第二章第六条特别规定：人民有言论、著作、刊行及集会、结社之自由。这些自由权利，只有在"有认为增进公益、维持治安、或非常紧急必要时，得以法律限制之"。《中华民国临时约法》是中国第一部资产阶级宪法性文件，约法以国家根本大法的形式将民主原则规定下来，人民的基本权利也以根本大法的形式规定下来。

（二）报律之争

新生政权无时不面对旧势力的反扑。为了巩固既有的胜利，新生政权甚至会使用暴力手段对付旧有势力的反攻。革命政府对代表清政府发言的报刊进行清理，将财产没收，主办人逮捕入狱；对一些有时发表错误消息或言论的非敌对报纸，革命政府对其加以整顿，勒令更正，并对报人给予警告或罚款处分。

---

[1] 国民党中央宣传部此期的领导人与在任时间分别是：戴季陶和彭素民（约5个月），刘庐隐（6个星期），陈扬煊（代表汪精卫6个月），汪精卫（分为几个时期的8个月），毛泽东（8个月）。

[2] 王润泽：《北洋政府时期的新闻业及其现代化》，中国人民大学出版社2010年版，第72页。

1912年3月4日，南京临时政府内务部通电全国新闻界："查满清行用之报律，军兴以来，未经民国政府明白宣示，自无继续之效力。"[①] 但前清的《著作权章程》，临时政府认为"查前清著作权律，尚无与民国国体抵触之条。自应暂行援照办理"。[②] 即日，南京临时政府内务部颁布了《民国暂行报律》三章，在通告中说明了制定该律的理由，称："民国完全统一，前清政府颁布一切法令，非经民国政府声明继续有效者，应失其效力。""而民国报律，又未遽行编定颁布。兹特定暂行报律三章，即希报界各社一律遵守。"[③]《民国暂行报律》的具体内容是：

（一）新闻杂志已出版及今后出版者，其发行及编辑人姓名，须向本部呈明注册，或就近地方高级官厅呈明，咨部注册。兹定自令到之日起，截至阳历四月初一日止，在此期限内，其已出版之新闻、杂志各社，须将本社发行及编辑人姓名呈明注册。其以后出版者，须于发行前呈明注册；否则不准其发行。（二）流言煽惑，关于共和国体有破坏弊害者，除停止其出版外，其发行人、编辑人并坐以应得之罪。（三）调查失实，污毁个人名誉者，被污毁人得要求其更正。要求更正而不履行时，经被污毁人提起诉讼，得酌量科罚。[④]

报律制定后，南京临时政府力图建立以法治报的制度，建设较为完备的新闻法制体系。但其内务部所制定的《民国暂行报律》公布后，却遭到了全国新闻界的一致反对。中国报界俱进会致电孙中山临时大总统称：

接内务部电，详定暂行报律三章。今统一政府未立，民选国会未开，内务部擅定报律，侵夺立法之权。且云煽惑关于共和国体，有破坏弊害者，坐以应得一罪。政府丧权失利，报纸监督并非破坏共和。

---

① 复旦大学新闻系新闻史教研室编：《中国新闻史文集》，上海人民出版社1987年版，第88页。
② 《临时政府公报》第49号，1912年3月27日。
③ 复旦大学新闻系新闻史教研室编：《中国新闻史文集》，上海人民出版社1987年版，第88页。
④ 《临时政府公报》第30号，1912年3月6日。

> 今杀人行劫之律未定，而先定报律，是欲袭满清专制之故智，钳制舆论，报界全体万难承认，除通电各埠外，请转饬知照。①

就《民国暂行报律》本身而言，报律只有三条，只有禁止事项、惩罚事宜的条款，既没有法律的基本结构，又没有具体事项和保障性的规定，无法称之为完全意义上的法律，充其量也只是一个简单的行政法令而已。将《民国暂行报律》仅作法令来看，三条内容并无不当，均是内务部职权范围内的工作，但程序上有些问题，必然招致多家报纸的坚决反对。

孙中山接到中国报界俱进会的抗议电后，考虑到新闻界对《民国暂行报律》有意见不是个别现象，为巩固新生政权，稳定社会局势，于3月9日明令内务部撤销报律三章：

> 该部所布暂行报律，虽出补偏救弊之苦心，实昧先后缓急之要序，使议者疑满清钳制舆论之恶政，复见于今，甚无谓也。又，民国一切法律，皆当由参议院议决宣布，乃为有效。该部所布暂行报律，既未经参议院议决，自无法律之效力，不得以"暂行"二字，谓可从权办理……民国此后应否设置报律，及如何订立之处，当俟国民议会决议……②

民国初创，这一时期对新闻出版自由的认识尚未达成统一，报律之争后面隐藏的是更为深刻的政治背景，法制建设有一个逐步完善的过程，但由于袁世凯的篡夺，南京临时政府完善报律、制定细则的机会也同时丧失了。

三 袁世凯政府的新闻管制对民国自由体制的破坏

（一）法律、训令和通告多管齐下的新闻管制

由于民主共和的观念逐渐深入人心，袁世凯上台后，在形式上依然维

---

① 《申报》，1912年3月6日。
② 复旦大学新闻系新闻史教研室编：《中国新闻史文集》，上海人民出版社1987年版，第89页。

护新闻法制体系。除了在《中华民国约法》上规定"中华国民有集会结社之自由,非依法不受限制","中华国民有言论著作及刊行之自由,非依法不受限制"等外,还制定了一系列新闻法律法规,主要有《报纸条例》、《出版法》、《新闻电报章程》等。

1914年4月制定的《报纸条例》,不仅把《大清报律》的许多条款照搬过来,还从日本《新闻纸法》抄录了许多内容。条例对报纸的注册条件和手续、禁载规定、失实报道的处置及对违规者的处罚做了新的规定。6月24日,袁世凯政府发布了《陆军部解释"报纸条例"第十条第四款军事秘密之范围》,之后又补充了《报纸条例未判案件包括于检厅侦查内函》、《报纸侮辱公署依刑律处断电》等规定,使得报纸禁载内容更为广泛,对违者处罚更加严厉。1914年12月4日颁布了《出版法》,对一些出版基本知识加以规定,并主要制定了禁载内容和处罚规定。1915年2月5日颁布了《新闻电报章程》,要点是:"电报局由电线传递刊登报纸之新闻消息,准作为新闻电报,减价纳费。"但报馆要享有这一待遇,必须禀请交通部,批准后发给执照,访员在电报局发新闻电报时,须缴验执照,新闻电报中不得有私事性质的文句,不得夹杂商业广告或消息,且电报只限发给本报使用,违者将吊销执照。1915年7月10日,袁世凯政府颁布了《修正报纸条例》,对罚金处分的日期、缴费方法、警察官署的职权范围做了补充。

袁世凯政府的其他法律法规中也有关于新闻出版的规定。1912年12月15日公布的《戒严法》第十四条规定,在戒严区内,军事长官有权"停止新闻杂志图书告白等之认为与时机有妨害者","检阅邮信电报","停止结社集会"等,并"因其执行所生之损害,不得要求赔偿"。[1] 1914年,袁世凯政府颁布了第一个涉及无线电事业的法规《电信条例》,规定不准私设无线电台,私自收发电报,无线电器属于军用品,私人不得买卖。

除了正式的法律法规,袁世凯政府还用命令、通告和训令等方式来管制新闻界。这些文书的出台和实施全凭长官的意志行事。袁世凯经常亲自下命令不许报纸刊载某些消息,如1915年3月,国内许多报纸就日本强

---

[1] 戈公振:《中国报学史》,中国新闻出版社1985年版,第256页。

迫中方接受"二十一条"进行声讨，日方因此要求袁政府对报界进行压制，袁世凯下令不准各地报纸"用过激之论，损害中日邦交"。9月，袁世凯策划登基称帝，报界以讨论国体问题加以抨击，袁世凯发布禁止报纸刊载议论国体问题的电令："凡政界军界文电关于议论国体事件，应由内务部通告各报馆一概不准登载。"① 中央政府对各地报纸下达指令干预报界自由，政府军队也有权对报纸发号施令，地方政府也上行下效随意处置新闻报刊。

（二）软硬兼施的新闻管理

袁世凯上台后，特别是二次革命后制造了"癸丑报灾"，对反袁的异己报刊进行大面积的清理和查封。对这些报刊的查封往往未经法律程序，只是一张军令，或派军警抓人、捣毁、封报。

袁世凯政府实施严格的新闻检查制度。1913年3月20日，袁世凯政府陆军部致函内务部，传达"外交、军事秘密事件，一律不准登载"的指示，并宣布自次日起陆军部将派人对各报所刊新闻，实行预检，有擅自刊载者，将军法处置。刺杀宋教仁案发生后，全国各报纷纷载文谴责，国民党报纸更是将矛头直指袁世凯，将袁世凯视为"全国人民之公敌"，呼吁全国人民奋起讨袁。但是袁世凯政府通过新闻检查，几乎将北京有关宋教仁案的报纸消息和评论全部扣检。一些报纸采用了号外、传单的形式报告相关案情，同样遭到了袁政府的查禁。袁世凯政府实行的事先检查，从中央到地方都没有明确的检查标准，完全由检查人员的好恶决定，这给报业管理带来了混乱。

袁世凯政府对政党报刊及其他反袁报刊实行禁售禁邮。1913年11月5日，袁世凯政府交通部对所属邮政部门，发出训令宣布："嗣后再有以国民党名义发布印刷品者，应一律拿办，勿稍宽纵。""一、凡封面题有国民党字样之寄件，一体扣留，送交地方官检查；二、凡戒严地之地方官派员到局检查寄件，即应遵照办理；三、凡属地方官指名停寄某报，亦应遵办；四、所有反对中央传单及一切印刷、抄写等件，停止寄递。"② 1915年1月，袁世凯政府通令各省市地方政府，派员进驻当地邮局，检

---

① 方汉奇：《中国新闻事业编年史》（上），福建人民出版社2000年版，第779页。
② 《湖南公报》，1913年11月10日。

查来往邮件，凡发现国民党报刊及其反袁报刊和印刷物品，一律扣压没收。

袁世凯政府还以津贴和贿赂的方式收买报刊。1912年章太炎创办的《大共和日报》为袁世凯收买，与孙中山分道扬镳的章太炎与立宪党人以及旧官僚一起，专与孙中山和同盟会作对。在孙中山与袁世凯移交大总统职位的斗争中，《大共和日报》宣传中国"非袁不可"，否定南京临时政府的合法性，为袁世凯篡权制造舆论。1913年7月8日至10日，《申报》刊出《湖南公款滥费之调查》，揭发了接受袁世凯政府津贴的近36家报刊。

四　北洋军阀政府从再倡自由到新闻统制

北洋军阀集团把持政局期间，北京政府更迭频繁，府院之争、张勋复辟、护法运动、直皖战争、直奉战争、曹锟贿选、"三·一八"惨案等事件构成了纷繁复杂的北洋军阀统治时期的图景。

1916年袁世凯死后，黎元洪继任大总统，刚刚上台的黎元洪为暂时缓和国内矛盾，顺应民主共和的政治趋势，立即宣布恢复《中华民国临时约法》，恢复国会，废止袁世凯时期的一些法规条例，如1916年6月17日，黎元洪命令各省取消报纸保证金制；6月21日，通饬全国停止函件检查制；7月6日内务部一次解除了上海五家报纸的禁令，咨文内称："现在时局正宜宣达民意，提携舆论，所有上海《民国日报》、《中华新报》、《民信日报》，应即准予解禁，至上海《民意报》并未经本部查禁，与《共和新报》事同一律，自可自由行销。"[①]

但政府对新闻界的这种宽松态度很快结束，1917年开始新闻界又笼罩在白色恐怖之中。袁世凯时期制定的与新闻事业相关的法律法规大多被沿用，如《出版法》、《戒严法》、《治安警察条例》、《预戒条例》、《陆军刑事条例》等。其中《陆军刑事条例》于1918年4月和1921年8月被两次修正，1925年10月9日被改编为《陆军刑律》公布实施，其中有关新闻的内容有："意图使军队暴动而煽惑之者……控报军情或伪造关于军事

---

① 《新闻报》，1916年7月7日。

上之命令者即处死刑",预谋者"处以三等至五等有期徒刑"。①

1918年10月,北洋军阀政府召开内阁会议,通过法制局起草的新《报纸条例》。1919年10月25日,北洋军阀政府颁布了《管理印刷营业规则》,规定印刷业实行许可证制和稿件检查制。1924年8月,颁布了《装用广播无线电接收机暂行规则》,这是中国第一个关于无线电广播事业的法规,法规主要包括申请领取执照、装置地点、收听内容、收费问题及违规处罚等方面。1925年4月,京师警察厅发布了《管理新闻营业规则》,该规则遭到新闻界反对,于1926年2月修改为《修正管理新闻营业条例》。

北洋军阀时期混战不已,各地军阀相对独立,各军阀也相应制定了地方法规与措施来管制新闻事业。1918年1月广东的《广东暂行报纸条例》就是一项比较完备的地方新闻法规,1919年8月上海淞沪警察厅发布了《上海取缔印刷所办法》,类似的法规还有江苏的《江苏省检查电报规则》、广东省的《广东暂行检查邮政条例》等。

北洋军阀政府还实行新闻检查制度。1917年5月26日,北京京师警察厅宣布即日起实行邮电检查,重点是对新闻电讯的检查。1918年8月,北洋军阀中央政府设立了新闻检查局。1919年5月25日,北京京师警察厅开始每晚派人到国民公报馆和晨报馆检查所有新闻稿件。

五四时期思想文化界受到外来文化和思潮的巨大冲击,北洋军阀将鼓吹"过激主义"的印刷品、学生运动、社会革命党等视为异端,加紧防范。1920年2月,北洋军阀政府国务院通电全国称:"近日过激主义正在萌芽,往往发现各方面印刷品,深恐谬说相传,蔓延日广,拟仍将各地邮电派员检查,以弭乱源,经函商陆军部准复以如何办理,由部酌核等因,查检邮电以戒严为施行根据,应由陆军部主持。"② 1920年7月11日,京师警察厅对新闻界下达布告称:"近来时局倥偬,谣诼繁兴,凡服务新闻界者自当格外审慎,以持公平之论调记载正确之事实,庶不至妨碍时局,摇动人心。"③ 各地军阀政府均发布相关通告、训令及布告等,对"别有

---

① 西北政法学院法制史教研室编:《中国近代法制史资料选辑》(第二辑),1985年,第253页。

② 《申报》,1920年2月24日。

③ 方汉奇:《中国新闻事业编年史》(上),福建人民出版社2000年版,第905页。

用心的煽惑者"依"法"究惩。

除了法律法规限制和新闻检查之外，北洋军阀还网罗报界以控制舆论阵地。他们依旧沿用袁世凯政府收买报人报纸、以宣传费的名义发放津贴的方法，各军阀也直接出资办报以掌握发言权，军阀穷兵黩武的性质使他们在对待报刊报人的时候更加野蛮和残酷。查封报刊是北洋军阀们最常用的手段，进步革命报刊、共产党、国民党及其他政党的报刊都被查封过。

但同时，军阀们所造成的国家混乱和分裂局面，为思想的多元化和对传统思想的攻击提供了绝好的机会。1923年，孙中山曾在上海中国国民党改进大会的演讲上说："现在比以前自由很多，从前是不准革命党随处昌言的，现在尽可随便传布。"① 可见，北洋军阀时期，当时真正困难的是批评某个具体的军阀，而宣传苏俄和社会主义、批评政府内外政策的言论非常普遍，北洋政府的所在地北京更是言论的主要阵地。

第三节　国民党新闻传播制度变迁分析

一　宪政主义思想对新闻传播制度变迁的推动与影响

军政时期报业衰荣与宪政思想在中国实践潮起潮落的轨迹不谋而合。无论旧政府改革还是新政府上台，初期为了收买人心，迎合宪政舆论，都会摆出民主自由的姿态为各种意见大开方便之门，甚至宣扬要用法治精神来替代专制主义，但随着封建势力的破坏，执政者又都选择重走专制路，对异己报刊和反对言论采取果决的压制措施。

（一）宪政思想的流布与实践

20世纪初的中国，革命是贯穿其中的一个鲜明主题。民主共和的信念和宪政未熟的果实，根发于社会的激荡和冲突之中。1905年《民报》和《新民丛报》双方摆下阵势，要为中国的前途进行理论上的决战。这场论战其论旨以建立一个什么样的国家为核心，涉及与中国宪政有关的理论和时间。革命派和立宪派双方都顺应了世界宪政民主的趋势，将西方宪政作为观察中国政治和社会的不二法门。他们具有共同的理论旨趣：无论

---

① 广东省社会科学院历史研究室、中国社会科学院近代史研究所中华民国研究室、中山大学历史系孙中山研究室：《孙中山全集》（第七卷），中华书局2006年版，第7页。

君主宪政还是民主共和都被视为救国复兴的工具,他们对宪政的苛求和戊戌时期的改革先驱一样,均出于对救亡图存、独立强盛的焦灼。

但"革命党人重视的是要赢得这场辩论……(他们)打赢了意识形态的一场小遭遇战,却丢掉了争取对新中国的领导权。后来,当清廷已倒而排满思想已达目的时,他们就再也没有什么东西可以提供给国家了"。① 南京临时政府成立后,国民党曾力图建立以法治报的制度,建设较为完备的新闻法制体系。只是由于政权的丧失,国民党的美好愿景也同时化为泡影。

以孙中山为代表的革命党人自觉退让,企图以国民政府的巨大利益换取袁世凯"永不使君主政体再行于中国"的承诺。共和革命悄无声息地结束了,临时大总统既已易人,宪政进程便急转直下。袁世凯策划的"宋教仁案"昭示了国民党宪政的彻底破灭。与此相对应的是,袁世凯政府抛却民主共和的外衣,对新闻界实行严格的新闻管制。袁氏病殁,帝制取消,再造共和重新提上日程。"民主共和的国家组织、社会制度、伦理观念,和君主专制的国家组织、社会制度、伦理观念全然相反,一个是重在平等精神,一个是重在尊卑阶级,万万不能调和的。"② 只是,孙中山激进而充满矛盾的宪政方案最终无法在中国实现,靠枪杆子说话的武夫将宪政作为谋取政权的外衣,武夫干政将刚刚诞生的宪政制度扼杀在摇篮中,中国进入一个黑暗的时代。

此时,一群青年知识分子重拾先驱宪政救国的理想,担起了救赎宪政的历史责任,这便是五四时期的知识青年用"科学民主"之火焚烧传统的价值信仰,为中国宪政寻求新的出路。新文化运动的发生预示新一轮宪政思潮的到来,辛亥革命后的黑暗现实直接成为五四人反省的起点。新文化运动是对洋务运动、戊戌维新与辛亥革命半个世纪以来文化传统批判的继续与超越。五四人在科学的召唤下,也期望中国能够弃绝儒家传统,建立一种以人的自主性为主的西方式立宪制度。

在新文化运动时期的政坛上,袁世凯于1916年称帝失败,被其解散

---

① [美]费正清、刘广京编:《剑桥中国晚清史》(下卷),中国社会科学出版社1993年版,第573页。

② 陈独秀:《旧思想与国体问题》,《新青年》1917年5月1日第3卷第3号。

的第一届国会得以重开。正当大家庆幸中华民国又回到了民主共和的体制时，张勋发动了复辟，国会再度解散，共和体制又一次面临考验。这一时期的北洋军阀掌权者都试图控制新闻传播业，新闻界时常笼罩在白色恐怖之中。但在国家实力和政治团结处于最低谷的割据时期，中央政府和各省军阀都无力有效地控制新闻报刊、出版业和思想文化界的其他组织，反倒使得北洋军阀统治时期的中国思想活跃、文化成就处于高峰。

俄国十月革命和五四运动的爆发，使得两次护法失败的孙中山对军阀政客的本质有了清晰的认识，对约法和议会斗争等和平方式不再心存幻想。1921年，孙中山在广州建立了与北京政府对立的革命政府，1922年起孙中山决定接受共产国际和中国共产党的帮助，着手对中国国民党进行改组，以建立一个强有力的革命政党。他认为俄国革命的胜利一在于以主义治国，二是将党放在国上。1924年4月12日，孙中山公布了《国民政府建国大纲》，确定了在"国民党之本体不变，主义不变，政纲之原则不变"[①]的前提下，学习苏俄的建党经验，以三民主义、五权宪法来建设中华民国。并进一步设想借鉴俄共建国治国的方法，用革命政党夺取政权、掌握政权和建设政权。

孙中山逝世后，国共联盟内部矛盾激化，国民党右派刺杀了坚决执行孙中山三大政策的国民党左派领袖廖仲恺，国民党内部斗争激烈。自诩继承纯正三民主义的"戴季陶主义"出笼，糅合了部分法西斯主义的戴季陶主义是国民党新右派思想，这一思想将孙中山的"以党治国"思想篡改为"一党专制"的治国政治体制，训政时期国民党的新闻传播制度正是受此影响而形成并发展起来的。

（二）宪政主义影响下新闻法治的进步与倒退

清政府宣布实行预备立宪之后，新闻法制建设的进展比较快。因为法制是宪政的前提和基础，宪法规定了"臣民言论、著作、出版及集会、结社等自由"，其他报刊法规则对如何合法办报、违法处罚、从业人员管理和政府新闻检查做出了更为详细的规定。这些法律法规将西方的"法理"作为它的合法性依据，然而在涉及皇帝与议会的关系、皇帝与大臣的关系、皇帝与司法的关系等根本问题上，世人看到的是非宪政意义上的

[①] 《中国国民党周刊》，1924年3月30日第14期。

宪政，清廷仍想保住满人统治者的特权，无论下多大决心改制变法，都是希望满族王朝的统治不致因立宪而大权旁落。报界希望通过报律来保障新闻出版以及言论自由，《大公报》载文称：

> 文明国民皆有三大自由：一言论自由，二出版自由，三集会自由。朝廷给国民三大自由者，乃得为文明之国，否则为野蛮专制……而至今日优胜劣败强存弱亡之世界，而我中国犹以专制之政钳抑国民。学界有犯禁之书，而出版不自由。团体有解散之令，而集会不自由。又每出新例，禁阅报纸，则言论亦不自由。是文明国民之三大自由，我国民皆无之……报纸为维国政，保国权之机关，朝廷既欲改行宪政，尤当急予以自由之权，以为实行宪政之导线。吾于是乎说言论自由，而更廷劲企踵，以期实得享受此三大自由。[1]

但君主官僚制的阻挠将政府立法与行政管理偏离宪政的轨道，报界始终无法摆脱残暴的"官治"。报律出台后，报界所渴望的新闻自由并没有多大改善，甚至所受的限制和迫害更甚，报界因此不断向政府发出批评和抗议。

南京临时政府力图以法治报，立法保障人民的言论出版自由，对于报界取消《民国暂行报律》的合理性建议也予以采纳，显示出政府尊重民意、自由民主的风范。只是南京临时政府的昙花一现，导致宪政理想和法治设计付诸东流。及至袁世凯和北洋军阀统治时期，黩武主义的盛行使法治完全沦为反动统治的工具，虽有新的法律不断出台，但暴力迫害、新闻检查、收买贿赂等将法治置于专制统治的淫威之下。

法治精神是人类理性的一种体现形式。它不是天然地存在于人类理性中的，法律的权威性，只有长期地、反复地和从无知走向有知地教育和学习，最后才能获得与形成。可见，法治精神并非一朝一夕可以形成，与一个国家的教育和传统有着莫大关系。民国初年人治主义对法治精神的反扑，就源于"我们压根儿就没有法治的传统（只有人治与刑罚的传统），

---

[1] 方汉奇：《中国新闻事业编年史》（上），福建人民出版社2000年版，第352—353页。

这是我们的根本问题所在"。① 虽然各种自由的必然总汇——新闻出版、言论、结社、集会、教育和宗教等自由，都穿上宪法制服而成为不可侵犯的了，这些自由中的每一种都被宣布为公民的绝对权利，然而总是要加上一个附带条件，说明它只有在不受"他人的同等权利和公共安全"或"法律"限制时才是无限制的，而这些法律正是要使各种个人自由彼此之间以及同公共安全协调起来。例如，清廷报律中关于"诋毁宫廷"、"妄议朝政"的禁载规定；南京临时政府《中华民国临时约法》规定对于人民的自由权利，只有在"有认为增进公益、维持治安，或非常紧急必要时，得以法律限制之"。这些法律法规在一般词句中标榜自由，在附带条件中废除自由。所以，当"自由"这个名字表面上备受尊重时，立法者对它的真正实现设下了种种"合法"的障碍，这种自由往往在现实存在中被彻底限制，但它在法律上的存在仍然是完整无损、不可侵犯的。

清政府和袁世凯及北洋政府出台的大多数法律法规，单从形式上看，似乎是在实行法制治国的方针，但就本质而言，仍然无法摆脱封建专制的内容。这些法律法规没能真正保护个人和团体的权利，也缺乏对政府权力机构的监督体系，不符合公平正义的法治理念，借用罗尔斯《正义论》中的话说："正义是社会制度的首要价值，正像真理是思想体系的首要价值一样。一种理论，无论它多么精致和简洁，只要它不真实，就必须加以拒绝和修正。同样，某种法律和制度，不管它们如何有效率和有条理，只要它们不正义，就必须加以改造或废除。"②

二 自由主义新闻观的萌芽与夭折

（一）自由主义报刊理论在中国的践行

自由主义理论其发端可追溯至17世纪末期，而真正牢固奠定其思想和政治哲学地位，却是在18世纪中叶。这一理论大规模地付诸社会实践，特别是全面普及西方的政治制度和报刊实践中则是在18世纪末19世纪初。这一理论的产生和发展是与西方自由资本主义的产生和发展同步的，

---

① 林毓生：《中国传统的创造性转化》，生活·读书·新知三联书店1998年版，第93—94页。

② ［美］约翰·罗尔斯著，何怀宏等译：《正义论》，中国社会科学出版社1988年版，第1—2页。

资产阶级为了从教会和封建王权者手中夺取权力,要求享有言论出版自由,反对政府对自由的粗暴干涉。① 自由主义理论最初导源于英美资产阶级革命家和思想家弥尔顿、洛克、孟德斯鸠、杰弗逊等发起的自由主义运动以及法国的启蒙运动。弥尔顿认为:"言论出版自由是一切自由中最重要的自由。""实行许可和查禁制,那就是伤害了它。"②

自由资本主义时期的西方政党报刊,运用启蒙思想家民主、自由、平等的自由主义理念,在削弱和打击封建王权统治时,起到了推进文明进程的作用。但在资产阶级夺取政权后相当长的时间内,政党报刊成为政党相互争权夺利、攻击谩骂的"表达自由"的阵地,政党操纵下的党报甚至蜕变为打压政治对手的工具。这种走向自由反面的局面直至大众报刊的出现,才有所改善。19世纪那些被称为廉价报纸的大众化报刊,宣称自己不属于任何党派,具有独立的品格和意志,代表公众利益,是自由主义报刊理论的真正行动者。

西方自由主义报刊理论传入中国,有赖传教士报刊和商业报刊的推助。清末,在维新运动的带动下形成了第一次国人办报高潮,西方自由主义思潮则因西学东渐得以在中国部分官绅和知识分子中传布开来,康有为、梁启超、谭嗣同及严复等都是自由主义思想的鼓吹者和传播者。

清末民初,中国政党报刊几乎循着西方政党报刊的演进轨迹走过一段极其相似的道路。各政党将办报作为组建政党的舆论准备,组党以后报刊充当舆论宣传工具,这样的办报思想维新派如是,孙中山领导的革命派也有类似的主张。当两派论战到达势不两立之时,他们对自由主义信念的坚守却是一样的。梁启超渴望在司法独立的宪政背景下,有一大批能极力保持言论独立精神的民间报刊出现;孙中山在民国伊始就颁布宪法性质的《中华民国临时约法》保障"人民言论、著作、刊行及集会、结社之自由"。

(二)自由主义新闻观的蔓延

1912年3月,南京临时政府内务部越权发布《民国暂行报律》激起

---

① 张育仁:《自由的历险——中国自由主义新闻思想史》,云南人民出版社2003年版,第20—21页。

② [英]约翰·弥尔顿:《论出版自由》,商务印书馆1959年版,第8页。

全国舆论界的愤怒声讨。全国报刊联名致电孙中山并通电全国要求取消这一报律,以维护言论出版自由。这一反抗最终以胜利告终,预示着言论自由理念的深入人心。

在咸与革命的政治背景下,形形色色的报刊都一致赞美共和、提倡民主自由。报人和报纸的社会地位空前提高,各种报业团体纷纷成立,并代表报界就报律、邮电费、报人报纸权益等问题与当局频繁交涉。一时间,自由主义做派风靡报界。只是以袁世凯为首的专制主义者,没有耐心扮演"暗中为舆论之主,而表面自居舆论之仆"的角色,强行颁布《报纸条例》和《出版法》等对异己报刊进行残酷的钳制和镇压。

五四时期以胡适为代表的中国自由主义者始终坚信理性的力量:"在暴力的时代主张丢弃暴力,在欺诈的时代执著于对善良意志的信仰,在一个混乱的世界中固执地赞颂着理性高于一切。"[①] 胡适的自由主义对宪政的执著和信念仍代表着中国宪政的一种理想形态。在当时的军阀统治下,胡适认为谈政治等于与虎谋皮,参与政治意味着要从事武夫们的肮脏勾当。1922年胡适在《努力周报》第二期上发表了《我们的政治主张》,对中国军阀政治提出解决方案,这个主张一方面渴望一个能"充分容纳个人自由,爱护个性发展"的"宪政的公开的政府"出现;另一方面又希望这样的政府由一些"优秀分子"组成,实行"有计划的政治"。也就是说,他认为好政府绝不是无所作为的政府,而是一个既能尊重保障个人价值,又能根据它要实现的社会目标制定政策,并以高效率来贯彻的政府,这样的政府必定是一个强力政府。因为胡适对中国生存危机的忧虑和对民族复兴的关切,他怀着既要求实现宪政民主,又要求一个强力政府的双重期待,因而其主张本身自相矛盾。

五四的启蒙思想家胡适、陈独秀、蔡元培、李大钊等,力图从人格塑造、人性批判、语体革命、美术音乐革命到婚姻家庭革命等意识形态各个层面上进行价值重建,而其中新闻传播思想体系的建立所带来的自由主义气候具有颠覆性的深刻社会意义。

《新青年》的出现则是中国自由主义运动发展史上的一个重大里程

---

① [美]格里德著,鲁奇译:《胡适与中国的文艺复兴》,江苏人民出版社1995年版,第270页。

碑，它以狂飙突进的面目成为思想批判的重型武器，在谈到个人自由与国家自由关系时，它主张："我有手足，自谋温饱；我有口舌，自陈好恶；我有心思，自崇所信；决不任他人之越俎，亦不应主我而奴他。盖自认为有独立之人格以上，一切操行，一切权利，一切信仰，惟有听命各自固有之智能，断无盲从隶属他人之理。"① 随着胡适等人的加入，《新青年》由自发的蜕变为自觉的自由主义杂志。胡适对自己期待的文明局面做出这样的描绘："养成一种欢迎新思想的习惯，使新知识、新思想可以源源不断地来；极力提倡思想自由和言论自由，养成一种自由的空气，布下新思想的种子。"这一观点反映出其思想自由和言论自由的理想。

自由主义者争取自由权利的斗争，至1920年8月达到了第一个高峰，8月1日，胡适联合蒋梦麟、陶孟和、张慰慈、李大钊等人在《晨报》上发表了著名的《争自由宣言》，这是中国现代自由主义的第一次政治联合行动。宣言中，他们公开谴责北洋军阀控制的极权政府颁布的《治安警察条例》，要求废止这个以限制国民言论出版、集会结社自由的条例，并遵循《人身保护法》，保障公民合法权益。宣言指出：

> 我们本不愿意谈实际的政治，但是实际的政治，却没有一时一刻不来妨害我们。自辛亥革命直到现在，已经有九个年头。这九年在假共和政治之下，经验了种种不自由的痛苦。便是政局变迁，这党把那党赶掉，然全国不自由的痛苦仍同从前一样。政治逼迫我们到这样无路可走的时候，我们便不得不起一种彻底的觉悟，认定政治如果不由人民发动，断不会有真共和实现。但是如果想使政治由人民发动，不得不先有养成国人思想自由批判的真精神的空气。我们相信人类自由的历史，没有一国不是人民费去一滴一滴的血汗换来的。没有肯为自由而战的人民，决不会有真正的自由出现。这几年来军阀政党胆敢这样横行，便是国民缺乏自由思想自由评判的真精神的表现。我们现在认定，有几种基本的最小限度的自由，是人民和社会生存的命脉，故

---

① 陈独秀：《敬告青年》，《青年杂志》1915年9月15日创刊号。

把它郑重提出,请我全国同胞起来力争。①

其后,《新青年》在陈独秀和李大钊的主持下激进主义热情高涨,趋于革命化政治化,推崇苏俄式社会主义理念。后来,自由主义阵营明显分化为新自由主义者、激进自由主义(社会主义者)、社会民主主义(第三条道路),这一分化显示出新一代启蒙思想家在现代化方向选择上产生尖锐分歧,预示着价值重建运动的悲剧解体在所难免。与社会主义在中国社会底层赢得普遍欢迎相比,自由主义更适合作为知识分子的精神旗帜,自由主义的新闻观在社会现实中必然处于曲高和寡的尴尬境地。

(三)自由主义报业在黩武主义下的偷生

五四时期同时也是军阀混战时期,黩武主义在中国的土地上横冲直撞,思想界自由主义的光芒总是阴郁地闪现在文化专制现实之中,"理性总是要退却的;它总是很少得到重视的。就像北极之光,它照亮了广袤的地域,但它自己却只能存在短暂的一瞬。理性是最后的努力,进步几乎难以抵达的顶峰:因此它又是强大的,但它抵抗不住拳头"。② 这是对五四时期中国自由主义命运的真实写照。

北洋军阀末期爆发的国民革命催生了1925年的"五卅运动"及国民会议运动,式微的中国自由主义再次勃兴。为解决中国的体制危机,孙中山号召组织和平的民众团体直接选举代表参政,"直接民权"成为中国民众的信念,成为政治动员最为有效的指南,成为自由主义者的行动指南。而对于当时活跃于民间的自由主义报业,"直接民权"成为他们快速发展实业的普适性价值准则。史量才的《申报》在国民会议运动后成为全国最有影响力的民营大报,发行量是以前的三倍。《大公报》、《世界晚报》紧追其后,成为民众喜欢的报纸。虽然,北洋武夫们的拳头从没有停止过,野蛮严厉的管制,其间邵飘萍、林白水相继遇难,但总体来说,在受到声势浩大的国民会议运动影响的地区,在北洋政府、广东国民政府和各地方军阀政府相互牵制的时期,政治全能主义无法施展统治淫威,民间自

---

① 胡适:《争自由的宣言》,《东方杂志》1920年第17卷第16号。
② 亚历山大·赫尔岑:《往事与思考》,转引自[美]格里德著,鲁奇译《胡适与中国的文艺复兴》,江苏人民出版社1995年版,第5页。

由主义报业得以"自由"偷生一段时间。

第四节　对国民党新闻传播制度的评价

军政时期国民党还未实质性地掌握国家政权，进行政党建设并进一步谋求政治合法性是军政时期的现实目标，"在军政时期，一切制度悉隶于军政之下。政府一面用兵力以扫除国内之障碍，一面宣传主义以开化全国之人心，而促进国家之统一"。① 正因为如此，军政时期国民党并没有形成系统的新闻传播制度，国民党人在这一阶段所做的工作更多的是理论构建和框架设想。

一　从国民党政党组织形态观照新闻传播体制

中国政党的萌芽，始于1894年孙中山在檀香山创立的兴中会（1894—1905）。1905年，孙中山在日本东京创立中国同盟会（1905—1912），同盟会有纲领、有组织、有入会条件和手续，初步具有了现代意义上的政党特征。只是自同盟会以来，国民党即是一个组织松懈、纪律欠严的组织，胡汉民谓之"疏阔简易"。辛亥革命后，革命党人更多迷失革命宗旨，纪律约束荡然无存。② 此后，同盟会在民国初年演变为国民党（1912—1914），后来又演变为中华革命党（1914—1919）和中国国民党（1919—），现代政党的特征日益发育。1924年，孙中山"以俄为师"，对中国国民党进行改组，国民党的组织形态臻于完备。直至1927年，蒋介石发动"四一二"政变，国民党的性质发生重大变化。

在联俄方面，1923年1月26日发表的《孙文越飞联合宣言》往往被作为国民党与苏俄联盟关系正式确立的标志，马林曾与孙中山讨论怎样改组国民党以推进政治宣传等问题。③ 1923年7月底，俄共中央政治局派遣鲍罗廷前往中国，担任孙中山政治顾问。几乎同时，1923年8月，孙中

---

①　广东省社会科学院历史研究室、中国社会科学院近代史研究所中华民国研究室、中山大学历史系孙中山研究室：《孙中山全集》（第九卷），中华书局2006年版，第127页。
②　王奇生：《党员、党权与党争》，华文出版社2011年版，第2页。
③　马林：《我对孙中山的印象》，见中共中央党史研究室编《共产国际、联共（布）与中国革命文献资料选辑（1917—1925）》，北京图书馆出版社1997年版，第248页。

山派遣蒋介石率代表团访俄。孙中山在与苏俄的接触过程中，苏俄提醒孙中山不要醉心于单纯的武装革命，而应该注意健全党的组织和重视思想政治宣传工作。[①] 1923年，孙中山《在上海中国国民党改进大会的演说》中认为国民党的党务不振的原因，主要是宣传不力，"党的进行，当以宣传为重。宣传的结果，便是要招致许多好人来和本党做事。宣传的效力，大抵比军队还大"。而"俄国五六年来，革命成功，也就是宣传得力"。所以，孙中山认为"我们能够宣传，使中国四万万人的心都倾向我党，那便是大成功了"。[②]

1924年国民党第一次全国代表大会的召开，是国民党历史上的一大转折点。这主要表现在两个方面：一是列宁主义政党的组织模式之引入；二是"以党建国"、"以党治国"的"党治"理论成为定制。1924年以后，国民党由一个区域性的执政党逐渐发展为一个全国性的执政党。[③]

俄共顾问来华、国民党代表团访俄以及一大的召开，都标志着国民党"联俄"与"师俄"的开始。[④] 国民党的新闻活动有了由乱（无组织中心）到治的重大变化——中宣部成立、中央级媒体出现、新闻传播管理制度化。

这一阶段，国民党宣传部名义上是负责检查和纠正党内出版物，但该部发出的大部分命令都是依从孙中山个人意见，"承认宣传管制的必要性，与意识形态倾向甚至党内干部宗派联系都没有什么关系。革命纪律的诉求，只是确保孙中山个人不受轻慢"。[⑤] 这在一定程度上体现出，宣传部的工作重点在于"党制国家需要一个单一的权威声音"，以求努力实现宣传和意见的统一。

1925年毛泽东出任宣传部代理部长后，开始系统清查党内出版物，

---

① 王奇生：《党员、党权与党争》，华文出版社2011年版，第7页。
② 广东省社会科学院历史研究室、中国社会科学院近代史研究所中华民国研究室、中山大学历史系孙中山研究室：《孙中山全集》（第七卷），中华书局2006年版，第6—7页。
③ 王奇生：《党员、党权与党争》自序，华文出版社2011年版，第2页。
④ 1922年12月30日，由俄罗斯、乌克兰、白俄罗斯和外高加索联邦共同组成的苏维埃社会主义共和国联盟（简称苏联）正式成立。在1923年，孙中山仍用"俄国"来称呼"苏联"，笔者在此也沿用此称谓。
⑤ ［美］费约翰著，李恭忠、李里峰等译：《唤醒中国》，生活·读书·新知三联书店2004年版，第403页。

对反对国民党"二大"政策和闹独立的刊物进行批评指责。他还向国民党各部发出命令：个人和组织在公众场合发布的一切宣传材料，都要送交中央宣传部检查。① 宣传部开始主动承担起指导和规范全国范围内国民党各机构和个人创办的报纸、期刊的任务，甚至传单、海报、学校和演出团体也在其管辖范围之内。"通过发展常规程序来汇报和监控党务活动，该部迅速发展为国民运动中最有力量的机构之一。"②

随着国共矛盾的升级，1926年毛泽东请辞宣传代理部长一职，顾孟余接任宣传部代理部长一职。6月，宣传部提出改组宣传委员会，推何香凝、甘乃光、谭延闿、邓演达和顾孟余五同志为委员。宣传部组织变更和人员调整后，其组织结构如下（见图2-1）：

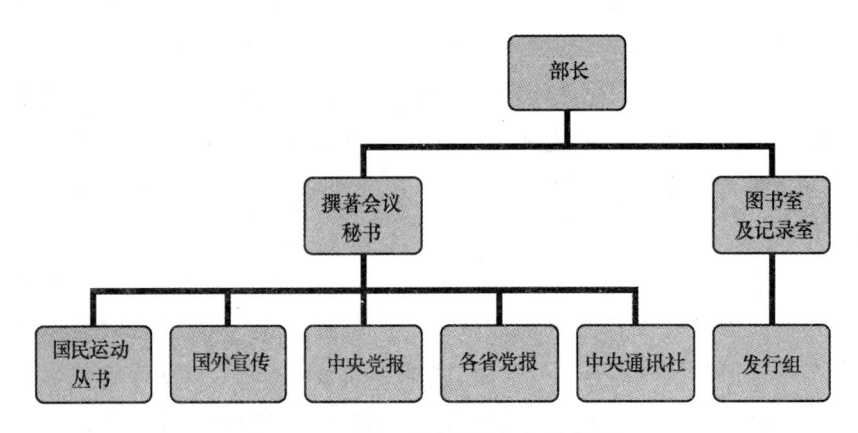

图2-1 国民党中宣部组织结构图

其人员设置如下：

> 部长：部长室添设秘书一人，其职权依旧；撰著会议：由部长聘请或委任若干人组织之，会员无定额，盖不支薪；中央通讯社：添设编辑一人，其余仍旧；广州国民日报：依旧；对外宣传组：主任一

---

① 参见《宣传部工作报告》，台北国民党党史会，1926年5月19日。转引自[美]费约翰著，李恭忠、李里峰等译《唤醒中国》，生活·读书·新知三联书店2004年版，第359—360页。

② [美]费约翰著，李恭忠、李里峰等译：《唤醒中国》，生活·读书·新知三联书店2004年版，第359—360页。

人，助理一人；图书室及记录室：干事一人，助理一人；发行组：干事一人。①

至此，国民党宣传部建立起比较规范的组织体系。1928年的再次改组基本是以此为框架确定下来的。②

二 孙中山的自由观和党报思想

（一）孙中山的自由观与新闻传播思想

孙中山历来重视思想启蒙，近代中国所面临的救亡图存和民族复兴问题，促使他对政治革命产生了急功近利的实用心态。1906年当孙中山讲到共和革命时认为共和革命是为国民争自由。《中华民国临时约法》中规定人民享有"言论、著作、刊行及集会、结社之自由"，因此，新闻宣传自由作为国民之自由，是实现民主政治的基础。

孙中山后来对自己原已明晰的自由主义含义产生了怀疑。他断言：中国正因为一贯"人人有自由，人人都把自己的自由扩充到很大，所以成了一片散沙"。自由太多，便没有团体主义，没有抵抗力，所以民族、国家遭受外来的欺辱。欧洲因为自由要革命，"中国人自由太多，所以中国要革命"。孙中山宣称："中国用不着自由！"中国所需要的，是"国家自由"，而非个人自由，为了使国家得到完全自由，个人的自由非但不能扩大，还需严加限制，要大家牺牲自由。"在今天自由这个名词，究竟怎么样应用呢？如果用到个人，就成一片散沙，万不可再用到个人上去，要用到国家上去。个人不可太过自由，国家要得完全自由。到了国家能够行动自由，中国便是强盛的国家。"③

孙中山更多地关注到自由的消极面，常把自由比为"离心力"、"一片散沙"、"放荡不羁"，他所诠释的自由已经完全偏离了自由主义的轨

---

① 中国第二历史档案馆编：《中国国民党中央执行委员会常务委员会会议记录二》，第321页。

② 王润泽：《北洋政府时期的新闻业及其现代化》，中国人民大学出版社2010年版，第78页。

③ 广东省社会科学院历史研究室、中国社会科学院近代史研究所中华民国研究室、中山大学历史系孙中山研究室：《孙中山全集》（第九卷），中华书局2006年版，第281—283页；《孙中山全集》（第八卷），第267页。

道,他也全然忘记自由主义通常采用渐进和平的方式,而不是激进革命的方式。孙中山如此解释的"自由"成为日后国民党政治全能主义的理论出处。李泽厚这样评述革命党人:

> 如何在更深远的含义和内容上,从经济、政治、军事、文化各个方面实行资产阶级民主,以真正战胜封建主义,革命派始终没有充分的思想武装和舆论准备……思想启蒙工作,革命派本来就做得很少,也不重视。如何在政治上真正实现民主共和,在经济上搞富强建设,在文化上宣传自由平等,革命前大多是空话,并没有生根;革命后很快就被纵横捭阖的帝王权术(如袁世凯)和杀人如草的血腥镇压所淹没了。报馆被大批封闭,结社被公开禁止……哪里有什么起码的资产阶级人权、民主、平等自由。而这一点,无论从经济基础、上层建筑或意识形态来说,又是有其深渊(远)原因的。[①]

孙中山对自由的历史体察和认识是存在问题的。对个性的尊重、言论和行为选择的权利是自由的核心,自由主义的国家观在本质上反对打着国家独立自由的旗号对个人自由实行垄断和剥夺,没有权力强迫个人去牺牲自由。救国于危难的焚急,造成了孙中山认知和感情的偏激,他想用国家自由作为照亮暗途的工具。在他看来,报纸作为革命宣传的工具,不是服务于"个人的平等自由"的,而是必须无条件服务于"团体的平等自由",这个团体就是"党"。孙中山对自由主义思想的迷失促使他用"党的思想"指导个人如何"正确认识"平等自由、个人自由与国家自由的关系。他在《革命成功个人不能有自由,团体要有自由》的演讲中说:"……中国现在革命,都是争个人的平等、自由,不是争团体的平等、自由,所以每次革命,总是失败……大家要希望革命成功,便先要牺牲个人的自由,个人的平等,把个人的自由、平等都贡献到革命党内来。"在《建国方略》中孙中山以第一次世界大战国家的战时状况对军政做出如是推理:"譬如今次之世界大战争,凡参加此战争之国,无论共和、君主,皆一律停止宪政,行军政;向来人民之行动自由、言论自由、集会自由皆剥夺之,甚且饮食营业

[①] 李泽厚:《中国近代思想史论》,天津社会科学院出版社2004年版,第285页。

皆归政府支配，而举国无有异议，且献其身命为国家作牺牲，以其目的在战胜而图存之。人之已行宪政犹且停之，况我宪政尚未发生，方欲由革命之战争以求之，岂可于开战之初即实行宪政耶？此诚幼稚无伦之思想也。"①个人的自由在国家自由面前已经显得微不足道了。

孙中山的自由观本质上还是中国传统思想，是用规范化的集体人格取代个体人格，这在很大程度上很容易成为限制自由的依据。孙中山对自由观诠释的变化，反映出他政治思想的变化。孙中山的政治理念在民初服膺于英美式的政党政治，在袁世凯暗杀了主张议会政治最力的宋教仁之后，孙中山目睹政党政治的无望，其思想发生重大变化，逐渐转变为一党专政的思想，明确提出"主义治国"、"党在国上"。"党报思想"就是在此基础上产生并逐步完善的。

孙中山的政治思想落实在三民主义、五权宪法、建政三序上，是一种中外结合再加以发展的集合物，其中有中国传统文化影响，也有对西方共和民主及苏俄集权的效法。当然也存在"不中不西，学英美不到家，学苏俄也不到家"的毛病，这是国民党组织动员能力远不如中国共产党的重要原因。以后，国民党党报的三种体制既非英美也非苏俄、允许民营传媒的存在又背离了苏俄经验。孙中山思想被日后国民党人看作政治合法性的来源，并进一步强化其"独占性、排他性、统一性、支配性"②，形成一党独尊的专制政治。由此而生的国民党新闻传播思想，则更加侧重报刊的喉舌作用和宣传主义的政治功能。

（二）孙中山的党报思想

国民党人历来直接称自己的党报为机关报，孙中山对《民报》的期许就是尽"先知先觉之天职"、"阐扬三民主义"、"灌输于人心"，《民报》也认为自己就是"革命的喉舌"，是"宣传主义的木铎"。③党报是政党舆论宣传的工具，是宣传党义的传声筒，是革命活动的联络枢纽。

1. 党报是革命的喉舌。

孙中山热衷创办"党报"，鼓吹"党报思想"，他是中国新闻思想史

---

① 广东省社会科学院历史研究室、中国社会科学院近代史研究所中华民国研究室、中山大学历史系孙中山研究室：《孙中山全集》（第六卷），中华书局2006年版，第210页。
② 《国民革命与中国国民党》（上编），戴季陶办事处1925年编印，《导言》，第3页。
③ 胡汉民：《民报之六大主义》，《民报》第3期。

上最早提出报纸应当充任"党的喉舌"的革命家。在《民报》发刊词中，孙中山认为："惟夫一群之中，有少数最良之心理能策之群而进之，使最宜之法治适应于吾群，吾群之进步适应于世界，此先知先觉之天职，而吾《民报》所为作也。抑非常革新之学说，其理想输灌于人心而化为常识，则其去实行也近。吾于《民报》之出世觇之。"① 1912年，孙中山在《民立报》茶话会上说："此次革命事业，数十年间屡仆屡起，而卒睹成于今日者，实报纸鼓吹之力。报纸所以能居鼓吹之地位者，因能以一种之理想普及于人人之心中。其初虽有不正当之舆论淆惑是非，而报馆记者卒抱定真理，一往不渝，并牺牲一切精神、地位、财产、名誉，使吾所抱之真理屹不为动，作中流之砥柱。久而久之，人人之心均倾向于此正确之真理，虽有其他言论，亦与之同化。惟知报纸有此等力量，则此后建设，关于政见政论，仍当独抱一真理，出全力以赴之，此所望于社中诸君子者也。"②他在"致武汉报界联合会函"中称："此次民国成立，舆论之势力与军队之势力相辅而行，故曾不数月，遂竟全功。我报界诸公鼓吹宣导于前，尤望指引维持于后。"③

2. 党报是筹资和联络枢纽。

党员的自由捐助是国民党的主要经费来源，其中尤以海外华人的个人捐助最为突出。实际上，海外华侨的捐款一直是兴中会成立后国民党人最为稳定的主要来源。在辛亥革命时期，华侨踊跃捐款，为实现推翻封建帝制，建立民国做出了重大贡献。孙中山领导发动的历次武装起义，"都是靠华侨在经济上给以支持的"。④

报刊在国民党海外筹资和联络中起到了不可小觑的作用，以旧金山《少年中国报》为例。1909年11月孙中山第三次来到美国，12月在纽约成立中国同盟会分会，1910年2月在旧金山成立中国同盟会分会，8月出版《少年中国报》。此后，同盟会在美国许多城市相继建立分会，旧金山

---

① 广东省社会科学院历史研究室、中国社会科学院近代史研究所中华民国研究室、中山大学历史系孙中山研究室：《孙中山全集》（第一卷），中华书局2006年版，第289页。
② 广东省社会科学院历史研究室、中国社会科学院近代史研究所中华民国研究室、中山大学历史系孙中山研究室：《孙中山全集》（第二卷），中华书局2006年版，第337页。
③ 同上书，第336页。
④ 吴玉章：《辛亥革命》，人民出版社1978年版，第7页。

同盟会也就成为美国同盟会总部,并通过《少年中国报》等主要华文报纸,发动广大华侨募集革命经费支持中国革命。

1916年孙中山就曾多次致电旧金山《少年中国报》商讨募资购机事宜,3月21日孙中山电称:"请将存款尽买百马力以上适军用之飞机十数台,速付来。并着能飞之同志及林森、邓家彦等回来。"① 四日后,复电称:"电悉。机价太贵,可否改买百六马力之加的士机?价约美金万元,因机以多为妙。债券已托日本丸带。"② 当购机事宜联络基本妥当时,孙中山再次致电:"飞机寄时用Osaki Ukitern名义,并电告船只。如有款,请多购百五以上马力发动机寄东,装机体较廉。美、加同志曾习军操决心效力者,请资遣先来东。"③ 时值护国运动期间,孙中山紧急致电:"时事日非,袁党以假独立抵制民党,文非亲入内地,恐吾党不能造大势力,故决议廿七回国。飞机及各同志速回。如有余款,望速汇应急。"④ 可见,海外华人捐款捐物支持国民党革命事业,报刊是他们重要的动员和联络枢纽。

但是,一直以来"为革命故",国民党海外报刊党务与报务权限不分,且党务优先于报务,使得罅隙有时难免产生。1917年6月16日孙中山就此致电旧金山《少年中国报》股东:"迭接各同志来函,言报事与党事时有风潮发生,深以为念。推原其故,皆缘报务与党务权限不分,是以纷扰日甚。兹特函达贵报股东先生,如关于少年报事,用人行政应由股东主持,不得牵入党中事务。如有党员无理取闹,将股东资本收归党办,务请拒绝,或诉之法律可也。"⑤ 可见,孙中山同时也意识到报馆的商业性,在1920年《致海外国民党同志函》中他指出设立印刷机关"仿有限公司办法,可谓本党之一营利机关"。⑥

---

① 广东省社会科学院历史研究室、中国社会科学院近代史研究所中华民国研究室、中山大学历史系孙中山研究室:《孙中山全集》(第三卷),中华书局2006年版,第252页。
② 同上书,第254页。
③ 同上书,第267页。
④ 同上书,第276页。
⑤ 广东省社会科学院历史研究室、中国社会科学院近代史研究所中华民国研究室、中山大学历史系孙中山研究室:《孙中山全集》(第四卷),中华书局2006年版,第105页。
⑥ 广东省社会科学院历史研究室、中国社会科学院近代史研究所中华民国研究室、中山大学历史系孙中山研究室:《孙中山全集》(第五卷),中华书局2006年版,第211页。

3. 党报是宣传主义的木铎。

国民党 1919 年改组后，深受俄共的影响，更加重视党报的宣传功能，孙中山在《宣传造成群力》中强调："这次国民党改组，变更奋斗的方法，注重宣传，不注重军事。""革命成功极快的方法，宣传要用九成，武力只可用一成。我们国民党这几年用武力的奋斗太多，宣传的奋斗太少。此次改组，注意宣传的奋斗，便是挽救从前的弊端。"①

宣传就是劝人，宣传功夫就是以党治国的第一步，采用的方式就是自上而下的宣传灌输机制。孙中山在广州中国国民党恳亲大会上演说："如果一个人能够宣传十个人，在一年之后便可以得三百万人的同志，在三年之后便可以得一千五百万人的同志。有了一千五百万人的同志，就是广东的人心有了一半来归化本党；到了广东的人心有一半归化本党，本党便可实行以党制粤。再用一千五百万做基本，推广到各省去宣传，一传十，十传百，百传千，不到三五年，便可以传到四万万。到了四万万人都受过了本党的宣传，四万万人的心理便要归化本党；到了四万万人的心理都归化本党，本党便可实行以党治国。"②

孙中山认为宣传党义就是为了壮大党的实力和影响力。他一再强调"诸君从今以后，便要尽力去宣传，介绍国人加入本党。在一年之中，不要做很多的事，只要一个人感化十个人，介绍十个人入党。我想一个人介绍十个人，不是难事。再过一年二年以后，便是以十传百，百传千，推广到全国，那就是全国的人心完全被本党所感化。到了全国的人心都归化于本党，就是本党的革命大功告成。"③

党报是体现舆论一致的典范。1912 年 4 月 27 日孙中山在《对粤报记者的演说》中指出："近观上海各报，言论不能一致。今回粤省，见各报之言论益紊，不按公理，攻击政府。不知一般人民重视报纸，每谓报纸经载，必有其事，以致人心惶惶，不能统一……报纸在专制时代，则利用攻击，以政府非人民之政府；报纸在共和时代，则不利攻击，以政府乃人民

---

① 广东省社会科学院历史研究室、中国社会科学院近代史研究所中华民国研究室、中山大学历史系孙中山研究室：《孙中山全集》（第八卷），中华书局 2006 年版，第 568 页。
② 同上书，第 285 页。
③ 同上书，第 286 页。

之政府也。"① 孙中山在广州报界欢迎会的演说中表示："舆论为事实之母，报业诸君又为舆论之母，望诸君今日认定宗旨，造成健全一致之言论。"② 用"正确之真理"去"同化""不正当之舆论"是党报责无旁贷的任务。党报能同化的一律予以同化；不能同化的，则必须剥夺其言论自由的权利，"凡卖国罔民以效忠于帝国主义及军阀者，无论其为团体或为个人，皆不得享有此等自由及权利"。

4. 重视宣传人才。

孙中山认为新闻就是宣传，新闻记者就是党义宣传工作者。孙中山在上海新闻记者招待会上说："今天在这地同诸君讲话，是用人民的资格，是处于国民的地位。你们报界诸君，在野指导社会，也是一样。诸君都是先觉先知，应当以先知觉后知，以先觉觉后觉，尽自己的能力为国民的向导。"③ 他更多的强调新闻记者教育国民，信奉党义的宣传作用。"普通人要学习，便是因为不知。先觉先知的人要他们知，便应该去教，教便是宣传。一传十，十传百，百传千，久而久之，便可传到四万万。如果四万万都明白了我们的主义，他们便欢迎我们去建设中华民国。要做到这样的伟大事业，只有本党才有这个力量。因为本党是有主义的，别党没有主义，所以他们便做不到。"④ 孙中山希望新闻记者训导国民，与其训政思想也是不谋而合的："诸君要注意宣传，教本党以外的人都明白本党的主义，欢迎本党的主义，然后本党施行主义便无阻力，便无反抗。要劝世人都明白本党主义，都来倾向本党，便要诸君自己先明白三民主义，五权宪法，知道怎么样来宣传。"⑤

孙中山重视宣传人才的专业化，主张办宣传学校："到了知道怎么样去宣传，那便是宣传人才。要有很多的宣传人才，非要办一个宣传学校，慢慢地养成不可。依我看，诸君今天开这样的盛会，要有好成绩，最要紧

---

① 广东省社会科学院历史研究室、中国社会科学院近代史研究所中华民国研究室、中山大学历史系孙中山研究室：《孙中山全集》（第二卷），中华书局2006年版，第348页。

② 同上书，第356页。

③ 广东省社会科学院历史研究室、中国社会科学院近代史研究所中华民国研究室、中山大学历史系孙中山研究室：《孙中山全集》（第十一卷），中华书局2006年版，第332页。

④ 广东省社会科学院历史研究室、中国社会科学院近代史研究所中华民国研究室、中山大学历史系孙中山研究室：《孙中山全集》（第八卷），中华书局2006年版，第572页。

⑤ 同上书，第284页。

的事是先办一个宣传学校，养成这种人才。如果这种学校办成了，我在每星期之中，也可以抽出多少时间到学校来演讲，担任教师的责任。"[1]

长期以来，孙中山密切保持与报界的联系，深谙与媒体的交往之道，经常召开记者招待会与报界沟通。特别是国民党改组后，孙中山更是在多个场合一再强调报刊舆论的重要性，认为"舆论之力较武力为大，武力始之，舆论完成之"。[2] 1922年他在招待上海报界时，言谈中表明自己倚重报界以及对新闻记者的殷切期望："报界诸君责任尤重，诸君能尽责，民国才有希望。""民意建国，全恃诸君。"[3]

三 国民党舆论宣传方法和取得的效果

宣传工作是国民党极为重要的工作项目。从建党到建国的过程中，透过不同报刊的创设达到建立与联系组织、宣传意识形态的目的。对该党而言，宣传工作是主义的实施，是一切社会活动的先导。因此，如何透过报刊的建立与控制来传播和贯彻方针政策，一直是国民党重视的工作。

孙中山强调新闻宣传方法。他认为国民党作为革命党，革命胜利旋得旋失，革命主义不能实现，最大的原因是国民党"专靠兵力，宣传不力"。"自辛亥革命至国民党改组之时，宣传事业几乎停顿。即革命未成功以前，吾等非不从事于宣传，但当时宣传方法，皆是个人的宣传，既无组织，又无系统，故收效仍小，故可谓之'人自为战'的宣传。"[4] 为改变各自为战的局面，孙中山后来在谈及如何宣传时，曾有过较为系统的总结。

他认为，首先，端正宣传态度，用至诚之心来进行宣传。1924年在广州国民党讲习所开学典礼的演说："各位同志在讲习所要学宣传的方法，第一个条件，便要有诚心。要诚心为革命来奋斗，诚心为主义来宣

---

[1] 广东省社会科学院历史研究室、中国社会科学院近代史研究所中华民国研究室、中山大学历史系孙中山研究室：《孙中山全集》（第八卷），中华书局2006年版，第284页。
[2] 广东省社会科学院历史研究室、中国社会科学院近代史研究所中华民国研究室、中山大学历史系孙中山研究室：《孙中山全集》（第六卷），中华书局2006年版，第530—531页。
[3] 同上书，第531页。
[4] 广东省社会科学院历史研究室、中国社会科学院近代史研究所中华民国研究室、中山大学历史系孙中山研究室：《孙中山全集》（第八卷），中华书局2006年版，第436页。

传。要以宣传为终身极大的事业,存'至诚'的心思。"① "要担负这个责任,须拿'至诚'作基本,有了'至诚'作基本,便是有了宣传材料,便是得到宣传的能力;假若没有'至诚',就是有高深的学问,雄辩的口才,永久还是没有成功的希望。" "能有诚心,便容易感人;能感化人,才可以把我们的主义宣传到民众,令民众心悦诚服。"②

其次,亲近和联系群众,把握群众心理。"大家到乡村去宣传,有什么办法可以讲明白三民主义,令一般农民都觉悟呢?要一般农民都容易觉悟,便先要讲农民本体的利益。讲农民本体的利益,农民才注意。如果开口就讲国家大事,无知识的农民怎么能够起感觉呢?先要讲农民本体有什么利益,国家有什么利益,农民负起责任来把国家整顿好了,国家对于农民又有什么利益,然后农民才容易感觉,才有兴味来管国事。"③

最后,舆论战要有计划,有目标。1923年孙中山招待上海报界,劝各报鼓吹裁兵,他说"诸君去年至今,笔墨上用力不少,然或不免于浪战。盖作战须有计划,攻击必有目标"。"所以鄙人今晚奉邀诸君,即在提此作战计划与目标,希望诸君费三个月之精神,每日特辟一版之篇幅,专作裁兵之鼓吹,或以言论,或以图画。万一此两者资料均缺乏,则即满纸全印'裁兵'两字亦可。先从上海做起,使上海市民,人人了解,人人主张,则推而至于全国,其事至易。"④

第一次全国代表大会是国民党宣传工作的一个转折点,国民党人对过往舆论宣传自我评估:"吾党对于宣传事业,向无组织,从事于宣传者,仅为个人之自由活动,于全党无与也。此次改组以后,应以全力作有系统之宣传组织,使凡属于吾党之宣传机构,在一指导之下,指导群众。""本党总理素来注意宣传事业,近年来尤甚,但本党之宣传事业,实在尚不能满人民之要求,因为向来没有一定的办法,尤其是缺乏经济的办法,所以对外毫无成绩可言,对内得了几种教训。"他们总结了四种教训作为

---

① 广东省社会科学院历史研究室、中国社会科学院近代史研究所中华民国研究室、中山大学历史系孙中山研究室:《孙中山全集》(第十卷),中华书局2006年版,第351页。
② 同上书,第352页。
③ 同上书,第555页。
④ 广东省社会科学院历史研究室、中国社会科学院近代史研究所中华民国研究室、中山大学历史系孙中山研究室:《孙中山全集》(第七卷),中华书局2006年版,第46—48页。

未来宣传的原则：

  一、宣传出版品虽宜散漫于各地，其中材料则宜集中于一处，如邮政总局之与分局然，否则既不能考查宣传之成绩，又不能知其宣传之内容，年来失败此为一因。

  二、宣传材料不应尽为空言，而应付以事实，现时的宣传只能使人知道，而不能使人目击，不仅应附以事实，还应该进一层制造事实，是以一炸弹击杀民贼，即为一轰烈的宣传。又如本党纪律凡不遵守者即惩戒之，将其结果宣传出来，即其效果必比从前更大。

  三、宣传事业不能完全为主观，应稍参以客观的。如以三民主义作传本是应该的，但人民究竟接受与否？应该先研究一下。现执一乡人问其知有国民党否？必答以不知，执一市人问虽知之，然若问其国民党之主义何在？则只能答以反对曹锟；但反对曹锟于其身若无任何切实关系，故国民党于彼亦觉无切实之关系。若国民党于乡间办学校，使乡人子弟贫苦者皆得入学，则乡人皆知有国民党矣！一二年后再使之读三民主义之书，则从之者众，而对于本党主义亦多能明了，故宣传材料不应纯粹为主观，应先参以客观，则其效更大。

  四、宣传事业不单是宣传机构的责任，是全党党员的责任，机关只是一个总局，而分负其责的还是党员。①

  国民党人在宣传活动中重视报刊作为政治斗争和宣传党义的作用，报纸的新闻报道并不占主导，报纸上理论宣传的文章占据着重要版面。"孙中山的《建国方略》，国民党中央或地方的重要文告，胡汉民、戴季陶等人的长篇大论，都是首先通过报纸发布的……但是，一旦失去了这种背景，理论宣传也就变成了空洞的说教，报纸也就容易失去其本性而不为读者所接受，甚至招致读者怨恨。这就是后来国民党党报连篇累牍的政治喧嚣，而遭到人民群众唾弃的原因所在。"②

---

  ① 中国国民党中央委员会党史委员会：《革命文献》（第七十六辑），中央文物供应社1978年版，第13页。

  ② 蔡铭泽：《中国国民党党报历史研究（1927—1949）》，团结出版社1998年版，第25页。

不仅如此，为了达到宣传的目的，国民党人还会故意制造假新闻，并高唱"革命造谣论"。国民党人以激进革命、军事冒险的方式登上政治舞台，缺乏深厚的民众基础，在面对政敌的攻讦和围剿下，为保全自身，造就声势，利用民众，迷惑敌人，假新闻层出不穷，对此他们还有自己"英雄处事"的原则："目的贵坚，手段贵活，目的贵一，手段贵多，有一百目的，不妨有百手段，又不妨百变其手段。"① 这一革命造谣有理的不良传统在以后的国民党党报发展中一直如影相随，乃至有恶性循环的趋势。

国共合作后，孙中山在致海内外同志训词中谈道："有好造谣生事者，谓本党改组后，已变为共产党。"② 孙中山坚信三民主义的唯一正确性，他曾反复强调民生主义就是共产主义，他小觑了共产党的"新青年"。共产党在意识形态宣传方面使得国民党相形见绌，一位国民党青年感慨地说："我们这几年所看见的刊物是些什么？我们谁都不能否认是《向导》、《中国青年》、《少年先锋》……然而这些刊物只是为共产主义而宣传。"③

国共合作后的貌合神离，加上国民党内部的左右之争，使得国民党在舆论宣传方面难以控制。1924年，崔文成所著《中国国民革命与无产阶级》一文，所说无产阶级若参加国民革命运动，可有下列几条好处，其第二条云："无产阶级，若参加国民革命运动，可以实际上感受到资产阶级之不彻底，猛勇的要求无产阶级革命。"邹鲁批判道："此种宣传何能出诸本党党员之口，乃崔党员竟作此文，且硬要揭布于本党上海《民国日报》之附刊《觉悟》，本年四月二十三日刊行，是不仅本党党员自毁本党，且欲以《民国日报》为共产党宣传机关矣。④""此等宣传实于本党不利，党团行于内，言论发于外，本党根本未有不动摇者矣。"⑤

共产党方面，主要领导人物陈独秀、瞿秋白等人，都将大量精力注于理论宣传。而国民党内，胡汉民因政治上失势处于边缘化的状态，自孙

---

① 《民立报》，1912年3月26日。
② 广东省社会科学院历史研究室、中国社会科学院近代史研究所中华民国研究室、中山大学历史系孙中山研究室：《孙中山全集》（第九卷），中华书局2006年版，第541页。
③ 格乎：《一封信》，《现代青年》第69期，1927年4月4日。
④ 邹鲁：《中国国民党史稿》，中国出版集团东方出版中心2011年版，第331页。
⑤ 同上书，第332页。

中山去世后,只有戴季陶一人公开著书立说,试图与共产党在意识形态上对垒,但很快便偃旗息鼓。孙中山逝世后,共产党即刻着手布置宣传"孙中山的三民主义",并采取积极的解释三民主义的态度。共产党着重宣传"孙中山的革命策略,如联俄、联共、拥护工农利益的民生主义"等,[①]反客为主地占据了国民党的思想舆论阵地。而国民党党员受到中共的影响,对三民主义的态度反倒变成不敢提或者是不屑提。

孙中山"三民主义就是社会主义,就是共产主义"一说,在共产党意识形态的强势宣导下,使得本来就一时冲动、信仰模糊的国民党青年莫衷一是,甚至改宗转党。可见,在实际运作层面,国民党无法抵抗共产党意识形态的影响和渗透,不得不慨叹"本党(国民党)宣传功夫不如共产党,(是)很可虑的"。[②]

总体来说,这一时期国民党的新闻传播在政治上受国民党政治思想和路线的影响,宣传工作并不是该党工作的重心;在组织上宣传部前期职能的不完善和不成熟,致使对国民党报刊的管理不力;加之国民党内派系矛盾和国共之争的影响,党报政治立场和办报思想并不稳定,宣传内容受办报者个人思想影响甚大,报刊宣传往往呈现出随意性和不确定性的倾向,甚至在资金上也无完全保证。[③]

[①]《中央关于国民军中工作方针的决议》(1926年11月3日),《中共中央第一次国内革命战争时期统一战线文件选编》,第280页。

[②]《对青年军人所说的一席话》,《清党实录》,第468页。转引自王奇生《党员、党权与党争》,华文出版社2010年版,第71页。

[③] 王润泽:《北洋政府时期的新闻业及其现代化》,中国人民大学出版社2010年版,第94—95页。

第三章

训政时期国民党的
新闻传播制度（上篇）

> 今日正是大火的时候，我们骨头烧成灰终究是中国人，实在不忍袖手旁观。我们明知小小的翅膀上滴下的水点未必能救火，我们不过尽我们的一点微弱的力量，减少良心上的一点谴责而已。
>
> ——胡适：《人权论集·序》

随着北伐的节节胜利，依靠军事力量及英美帝国主义和江浙资产阶级财团的支持，蒋介石抛开武汉国民政府和国民党中央，在南京建立了国民政府及南京国民党中央。在政治上打出父孙中山的"训政"旗号，打算"以党治国"。在思想上以"三民主义"为尊，在群众里致力发展组织，不允许其他党派的合法存在，并要求国民必须服从国民党的领导。在训政体制下，国民党确立了一党专制制度，并逐渐向蒋介石的个人独裁演变，从而形成高度集权局面。通过专制主义政权，执政者实行对社会的严密控制，新政权的建立从一开始就带有非民主的色彩，中华民国仍是一块徒具虚名的空招牌。

本书将国民党大陆训政时期做出如下划分——训政前期，即1928年底东北易帜到1937年七七事变；抗战时期，即1937年至1945年；战后时期，即1945年抗战结束至1949年国民党丧失大陆政权。训政前期是国民党较有雄心实现宪政理想的时期，国民党进行了较大规模的国家建设，这一时期被有些学者称为"黄金十年"；抗战时期则是中国存亡在此一举的生死关头，民族意识和战时体制的凝聚使得联合抗日、争取外援成为当务之急；战后国民党面临政治版图的重整，卷入政权争夺的旋涡之中，并最终无力挽回对大陆政权的主导地位。

第一节 舆论环境及新闻事业发展

一 国民党"黄金十年"党营新闻网的形成

1927年，蒋介石领导的国民政府在南京举行成立典礼，宣布国民党中央政治会议关于定都南京宣言和国民政府宣言。从此，开始了以蒋介石为首的国民党新右派在大陆22年的统治。1928年12月29日，张学良通电全国，宣布东北"遵守三民主义，服从国民政府，改旗易帜"。至此，国民党政府形式上统一了全国。

1928年8月8日，国民党召开二届五中全会，向全国宣布军政时期结束，训政时期开始。10月3日，国民党中央第172次常务会议，通过了胡汉民起草的《中华民国训政纲领》，成为国民党实行训政的基本依据。1929年3月，国民党"三大"决议正式宣布军政时期结束，训政开始，并借口以"总理遗教"为"训政时期中华民国最高之根本法"，规定"中国国民党独负权责，教导国民，扶植中华民国之政权、治权"，[①] 确立了国民党一党专政的政治制度。1930年10月3日，蒋介石致国民党中央电中直言不讳："本党遵奉总理遗教，实施建国程序，暂定一党专政之制。"

国民党的新闻事业正是在专制主义原则下，形成了以《中央日报》、中央通讯社和中央广播电台为主干、从中央到地方的党营新闻事业网。

（一）党报系统的扩展与军报系统的崛起

国民党承认的《中央日报》1928年2月创办于上海（北伐时期创办于武汉的《中央日报》被视为"非法"）。6月，国民党中央常委第144次会议通过并颁布了《设置党报条例》、《指导党报条例》、《补助党报条例》三个条例，[②] 作为党报设置和管理的依据，以"发扬本党主义使民众了解本党政策纲领及领导舆论"及"指导本党舆论统一宣传"。党报的管

---

① 荣孟源：《中国国民党历次代表大会及中央全会资料》（上册），光明日报出版社1986年版，第653—656页。

② 方汉奇：《中国新闻事业通史》，中国人民大学出版社1996年版，第352页。

理考核由中央宣传部特设"指导党报委员会"负责,党报享有津贴及采访消息的特别便利,也有接受中央及各级宣传部的指导和审查,宣传党的主张和政策以及辟除纠正一切反动误谬的主义和政策的义务。①

《中央日报》社长由当时中央宣传部部长叶楚伧兼任,副社长则是由副部长邵元冲兼任。社长不过问业务,由总编辑和总经理负责实际工作。一直到程沧波接任后,才改为真正意义上的社长制。在程沧波"经理部要充分营业化,编辑部要充分学术化,整个事业当然要制度化效率化"的口号下,着手对《中央日报》进行整顿。②程沧波重视言论,曾亲自撰写过许多社评,在广告发行方面也做出过一些改进和努力,以期报纸经济上的独立。《中央日报》虽然直接向中央宣传部的"指导党报委员会"负责,但报社行政相对独立对业务开展颇有好处。③在人事上也做出了重新安排,除了通讯员之外,全部改为专任,更奠定了进一步发展的根基。④

此外,全国各地也创办了不少党报,逐渐形成了党报网。各地党报可分为两类:一类是地区性的重要报纸,归国民党中央宣传部直接管辖;另一类是由地方党部管辖的报纸。⑤ 1929年先后创刊和改组了《华北日报》、《武汉日报》,稍后加入中央直辖党报行列的有《广州中山日报》、《东方日报》、《西京日报》以及英文《北平导报》。⑥后一类报纸大都由国民党省、市、县各级党部所办,这些报纸几乎都采用"民国日报"的统一名称,如《天津民国日报》、《山东民国日报》、《河南民国日报》、《杭州民国日报》等。1932年,《中央日报》创办了《中央夜报》和《中央时事周报》两种增刊。1937年6月,《中央日报》发行第一个国内分版庐山版,抗战爆发后又发行过长沙版和昆明版。

1934年1月,第四届中央执行委员会第四次全体会议发表决议:今

---

① 《设置党报条例》、《指导党报条例》,《中央党务月刊》1928年12月第3期,第8—9页。
② 程沧波:《七年的经验》,转引自程其恒编《记者经验谈》,台北天地出版社1944年版,第56页。
③ 曾虚白:《中国新闻史》,台北三民书局1984年版,第370页。
④ 《中国国民党年鉴》(1934),宣传,(丁)三四。
⑤ 方汉奇:《中国新闻事业通史》,中国人民大学出版社1996年版,第359页。
⑥ 李瞻:《中国新闻史》,台北学生书局1979年版,第321、328—329页。

后关于新闻方面,应集中经费于少数报纸,培成有力量之言论中心。① 中央直辖党报在国民党的拨款援助下,对设备、人员和新闻内容进行充实。但这些党报为了政治上的宣传需要,新闻来源多半来自单一渠道"中央社",多数党报无法摆脱文书性过重的影子,显得呆板单调,加之对外总是为国民党的政策辩护,引起了思想界的对立和新闻界的不平。千报一面的党报虽然数量较多,但读者并不爱读,影响力很有限。这也使得党报所在的政治中心南京并不是舆论中心,舆论集散地始终还是在《大公报》、《益世报》所处的京津及上海一带。

党报创办之初,不重营业,全靠党部津贴支撑。1933年以后,党报的营业情况有所好转,如《中央日报》中央津贴为八千元,营业收入为一万五千元,扣除两万一千多元的支出,还略有盈余,但不难看出中央津贴仍为党报重要经济来源。就发行量而言,1937年,国民党党报约有23万份的销路,约占全国报纸发行量的6.6%。② 《中央日报》此时已销往全国各地,政府单位订的居多。

军报的创立也是值得注意的。第一家军报是1932年诞生于南昌的《扫荡日报》,正如曾任社长的黄少谷所说:"扫荡报在中国反共战争中产生,也是为反共战争而产生。"③ "南昌在战争期间,曾扮演国民党主要司令部所在地,最主要的报纸为《扫荡日报》,其它党报仅居次要地位。"④ 其后的《扫荡旬刊》、《扫荡画报》及扫荡丛书的发行,使军报体系渐趋完整。⑤ 1935年,《扫荡日报》结束南昌时代,迁往汉口,5月1日,《扫荡日报》更名为《扫荡报》在汉口复刊。武汉《扫荡报》在办报方针上作了调整和变动,由"攘外必先安内"的强调改为宣传"国家民族利益高于一切"、"建国必先建军"、"集中力量必须统一意志"的口号。《扫荡报》在军事报道方面有着得天独厚的条件,凭借军内普遍健全的通讯网和先进的通讯设备,新闻报道相对及时迅速,武汉时期的《扫荡报》

---

① 中国国民党中央委员会党史委员会:《革命文献》(第79辑),中央文物供应社1979年版,第321页。
② 伍尔岗·莫尔著,韦正光译:《现代中国报业史》,影印本,第51—52页。
③ 台湾中华文化基金会:《扫荡二十年》,1978年版,第14页。
④ 伍尔岗·莫尔著,韦正光译:《现代中国报业史》,影印本,第51页。
⑤ 戴丰:《扫荡报小史》,见李瞻《中国新闻史》,台北学生书局1979年版,第422页。

销量直线上升，发展成为全国性的大报。①《扫荡报》的反共立场得到国民党蒋介石的有力支持，《扫荡报》的崛起为国民党增添了一个忠实有力的宣传工具。

除了运用党军系统报纸控制舆论外，国民党还不忘笼络民营报纸，以扩大党国影响力。国民党中央宣传部的新闻科常和各报联络，以茶话会形式与各报记者共同研究有关时事的各项问题。② 津贴也是收买民营报纸的重要手段，享受津贴的党内和党外报纸一唱一和，造舆论宣传之势。对待《大公报》这样的行业翘楚，当局更是礼遇备至。1929年，蒋介石宣布自1930年元旦放宽新闻检查，希望各报就党务、政治、军事、财政、外交、司法诸端，真确报道，电文的称谓部分是"大公报并转全国各报馆钧鉴"，足见当局对《大公报》的重视。③

（二）中央通讯社的建立

1924年4月1日，国民党中央通讯社在广州成立。中央执行委员会第29号通报在宣布中央社成立时说：

> 本委员会为求新闻确实、宣传普及起见，将由宣传部组织中央通讯社。凡关于中央及各地党务消息，暨社会、经济、政治、外交、教育、军事以及东西各国最新之要闻，足供我国建设之参考者，靡不为精确之调查，以介绍于国人……定于四月一日开始发稿……本会规定各地党部及党员，均有供给新闻资料之义务。④

初建的中央通讯社并不受到重视，其规模较小，采编人员少，每天只能发稿一次，发稿内容多为军事新闻。1925年，国民政府在广州成立后，国民党中央党部及国民政府的重要文告与消息都交中央通讯社编发，发稿次数增加到每日二至三次。北伐战争中，中央通讯社派出了随军记者，战

---

① 方汉奇：《中国新闻事业通史》，中国人民大学出版社1996年版，第384页。
② 方鹏程：《中央社六十年》，中央社六十周年社庆筹备委员会1984年版，第2页，（丁）三七。
③ 张炽章：《季鸾文存》，见吴相湘编《中国现代史料丛书》（第二辑），台北文星书店1962年版，第2页。
④ 思圣：《中央社创办史征》，《中央日报》1963年4月1日第8版。

讯备受各报关注，中央通讯社的影响由广州扩展到各省。宁汉分流后，中央通讯社在中央宣传部部长胡汉民的策划下于南京改组。1927年7月16日发布的国民政府通令中称：

> 鉴于国内缺乏中央通讯机关，特筹设中央通讯社，现经筹备就绪，于六月十六日正式发稿……该社既为中央通讯机关，于党国要政，以及各方面消息，不但具有迅速宣传之能，且负有精密审查之责，兼得致贯彻统一之功……该社于新闻工作上，本质有别者所可比拟。凡我国内军政各机关，所有新闻，自当专门供给该社……为此通令国内军政各机关，以后所有新闻消息，务赶先尽量供给该社，不得延缓简略。①

此时的中央通讯社由尹述贤出任主任。稿源主要有下列五类：一是胡汉民、吴稚晖、刘庐隐、陈布雷的时事撰述；二是中央党部和国民会议录；三是以南京市为中心，外勤记者采访的各类新闻及综合编稿；四是各省市的消息及湖南省政府秘书处的秘书电讯；五是中宣部的译稿。社内虽然有两部收音机，收听外国通讯社的广播，但不抄发电稿，仍以中央常会以及中央政治会议的新闻为主，且多为公报性质。②

1928年中央通讯社已经开始收取稿费，每月向各省市报馆收取补助费50元。扣掉免费的直属分设、中宣部直辖党报、海外党部等订户，每月只有500元的稿费，所以中央通讯社的经费大半仍需党部补贴。③

1931年10月，中央通讯社先后跟路透社、美联社、哈瓦斯社和塔斯社签订新闻交换条约，收回各通讯社在中国发行中文通讯稿的权利。但当时中央通讯社并没有足够的设施与配备传递交换得来的新闻，更无法翻译外国通讯社的外文电讯为中文再供应各地的报纸。所谓的收回，大概仅是法理上的权益，而未进入实际的作业阶段。④

---

① 思圣：《中央社创办史征》，《中央日报》1963年4月1日第8版。
② 王凌霄：《中国国民党新闻政策之研究（1928—1945）》，台北近代中国出版社1996年版，第81页。
③ 国民党中央党史编纂委员会：《中国国民党年鉴》，1929年，第993页。
④ 冯志翔：《萧同兹传》，台北传记文学出版社1975年版，第155页。

第三章 训政时期国民党的新闻传播制度(上篇)

1932年，国民党当局开始认识到国际宣传的重要性，将中央通讯社和《中央日报》一同改组，由萧同兹出任社长。萧同兹向国民党中央提出了三项要求：

> 一是要使本社成为一个社会事业，必须机构独立，对外不用"中国国民党中央执行委员会宣传部"的帽子；二是自设无线电台，建立大都市通讯网；三是在不违背国法和党纪的原则下，能有处理新闻的自由。①

三项要求获得同意，中央通讯社进行了人事改组，采取社长制，下设编辑、采访、事务三组。萧同兹走马上任后，着手进行两个以电讯建设为中心的《全国七大都市电讯网计划》和《十年发展计划》，使中央通讯社在短时间内脱胎换骨。1933年11月后，中央通讯社的采访触角伸向了国外，筹设了东京分社。增发英文稿件是萧同兹致力的又一重点，通过《北平天津时报》和《华北星报》两家英文报发稿，以突破外国各大通讯社的垄断局面。1934年南京总社成立英文编辑部，并在筹备就绪后利用社里的无线电向上海、北平、天津发稿。

随着中央通讯社的逐渐完善，收回外国通讯社的发稿权渐成事实。原先在南京创立的哈瓦斯社，在与中央通讯社签订交换新闻的合约之后，便将分社取消，并且将该社的外文电讯交由中央通讯社发布。到抗战爆发之前，合众社、路透社等通讯社都将发稿权交给中央通讯社。② 原先在国际电讯中所冠有的"路透社某某日伦敦电"、"哈瓦斯社某某日巴黎电"，自此都改为"中央社某某日伦敦路透电"、"中央社某某日巴黎哈瓦斯电"。中央通讯社获得了过滤外国通讯的权力，使得来自国外的谣传或歪曲报道鲜现报端。

中央通讯社在萧同兹的领导下面目一新，同时也因此得到了国民党党政机关的通力支持。中央通讯社的经费有时来自中央党部，有时是教育

---

① 萧同兹：《中央社二十周年纪念会讲词》，见萧同兹文化基金会筹备委员会编《在兹集》，1974年，第267页。
② 赵君豪：《中国近代之报业》，沈云龙编：《近代中国史料丛刊续编》(第九十六辑)，台北文海出版社1974—1982年版，第79页。

部，有时是财政部，有时又是蒋介石行营。特别计划更是由蒋介石亲批核发。① 其通讯设备常常来自军委会、行辕等军事单位的拨给。② 在党政合一的训政体制下，这样的情况显得自然合理，中央执行委员会通过的"中央通讯社组织章程"第四条就规定：本社经费以电讯稿收入充之，不足时由中央执行委员会给予津贴。③ 除了经费和设备支持外，国民党当局的重要文件、决策以及蒋介石发布的重要文告，全部交由中央通讯社发布，这更突显了它的信息权威地位。

（三）中央广播系统的发展

1927年在北伐中，陈果夫请示蒋介石从黄埔军校中选30名学生接受短波无线电机制造与营业的训练。这是国民党及国民革命军应用短波无线电作通讯与宣传的开始。④ 1928年2月，中国国民党举行第二届执行委员会第四次全体会议，陈果夫、叶楚伧、戴季陶等中央委员，在会中商决设无线电台，以利宣传。⑤ 同年8月1日，定名为"中国国民党中央执行委员会广播无线电台"（简称中央广播电台）的宣传机构正式开始播音，呼号XKM。起初的"中央广播电台"每天上午及晚间播出，节目以重要报告和宣传大纲为主，辅以音乐节目。上午新闻来自国内各大报，晚间新闻采自中央通讯社。宣传大纲则是由中央宣传部交办。⑥ 同年11月，为配合全国统一无线电呼号，更改为XG2。⑦

1929年1月起，国民党当局在筹办过程中开始招收和训练收音员的计划，收音员的招训分为两批，第一批派驻各省市，第二批60名则全部派充到江苏省。⑧ 收音员的工作一是将收音情况汇报给中央广播电台，并且训练当地人员以扩充收音地点。二是负责收听夜间新闻及演讲，加以记

---

① 冯志翔：《萧同兹传》，台北传记文学出版社1975年版，第19页。
② 许焕隆：《中国现代新闻史简编》，河南人民出版社1988年版，第423页。
③ 《中央通讯社组织规程》，《中央党务月刊》1933年第56期，第1341页。
④ 吴相湘：《陈果夫的一生》，台北传记文学出版社1980年版，第10页。
⑤ "中国广播公司"研究发展考训委员会编：《中国广播公司大事记》，台北空中杂志社1978年版，第1页。
⑥ 吴道一：《中广四十年》，"中国广播公司"1968年版，第20—21页。
⑦ 赵玉明：《中国现代广播简史》，中国广播电视出版社1987年版，第18页。
⑧ 《中央广播无线电台训练收音员计划》，《中央党务月刊》1930年第8期，计划页第5页。

第三章 训政时期国民党的新闻传播制度(上篇) 59

录,再送交当地报馆刊登。① 中央广播电台为此开辟了"慢报新闻"的时段,播音语调缓慢,并且反复讲解供收音员抄收。这在当时通讯不发达的情况下,对传播官方消息、贯彻政令有相当大的贡献。②

此时的中央广播电台,虽然号称中央台,但其接收的重心仅在东南一带,电波所及范围毕竟有限,因此在中央广播电台开播不久便有了创建新台的提议。1929年1月第二届执行委员会第198次常会,通过扩充电力的计划,仍然由陈果夫、叶楚伧负责。一座"东亚第一,世界第三"的75千瓦强力中波广播机在南京落成,开播之后播音范围遍及陕西、甘肃、四川、青海等偏远省份。夜间播出时,因干扰较少,最远可传送至缅甸、印度等地。③ 此外,相关的配合措施还有收音机的普及和收音员的扩大设置,电台的节目时间也延长到每天约11个小时。1933年中央广播电台引用《申报》电讯"目击国军某旅行经某地"的数字未曾删除,引起军事委员会南昌行营的指责。自此以后,电台新闻全部采用中央通讯社稿件,并且再经中央秘书处或中央宣传部部长审核签名。有时为了转呈的关系,甚至会耽误播出时间。除了军事动态之外,有关抗日反共的新闻,也颇多讳言。④

中央广播电台发展出一套"曲线抗日"的宣传方式。常采用借古讽今的历史题材宣传抗日,有效避免"有碍国交"的危险。如广播剧《西施》,以发扬民族精神、鞭挞"现有罪恶"为主题,获得听众热烈的反响。在《童言无忌》的儿童节目中,也屡屡播出救亡歌曲,鼓励民气。⑤

为了应付日趋复杂的电台事务,"中央广播电台"后改组为"中央广播无线电台管理处",使之拥有指导审核训练各地收音工作以及规划设计各地分台的权力。⑥ 1936年,因各地分台渐多,为肩负统筹管理之责,再改组为"中央广播事业管理处"。这种"处台合一"的体制相当稳定,一

---

① 吴道一:《中广四十年》,"中国广播公司"1968年版,第17—18页。
② 汪学启、是韩生:《第四战线:国民党中央广播电台掇实》,中国文史出版社1988年版,第8页。
③ 《中国国民党年鉴》,宣传,(丁),1934年,第139页。
④ 吴道一:《中广四十年》,"中国广播公司"1968年版,第36页。
⑤ 汪学启、是韩生:《国民党中央广播电台史实简编》(1928—1949),中国社会科学院新闻所编,《新闻研究资料》(第41辑)1988年版,第100—102页。
⑥ 《中央广播无线电台管理处组织条例》,《中央党务月刊》第49期,法规页第392—397页。

直维持到 1949 年国民党从大陆撤退。①

西安事变爆发，西安台台长王劲同情张学良、杨虎城的兵谏行动，西安台成为张杨的喉舌，对外广播，夜静之时，可传至京沪。② 于是中央广播事业管理处急电济南、汉口、开封三地更改频率，极力干扰。又将南京台 200 瓦特机拆下，运往洛阳，建成临时电台，针对西安台播送杂音。③《西行漫记》中这样写道："西安整日广播，一再声明不向政府军进攻，解释他们的行动，呼吁各方要有理智和要求和平；但是南京强有力的广播电台进行震耳的干扰，淹没了他们说的每一句话。在中国，独裁政权对于一切公共言论工具的令人吃惊的威力，从来没有这样有力地表现过。"④

国民党政府电台初具体系之后，开始整理各地的民营电台，将其纳入国民党的宣传体系。国民党采取两元制的电台管理措施：政府台的管理大致归管理处，民营台则受辖于交通部。交通部出台《限制民营电台暂行办法》和《民营广播电台暂行取缔规则》两组法规，清理各地的无线电台，同时限制外人设立电台与无线电的自由输入。⑤ 国民党中执委也决议，凡电力满一百瓦特的公民营电台，均须转播中央广播电台的中央纪念周报告及重要新闻两节目，以广宣传。⑥

为了统合相关单位管理的权限，"中央广播事业指导委员会"成立，陈果夫任主任委员，由中央广播事业管理处、中央宣传部、中央文化事业计划委员会、军事委员会、交通部、内政部、外交部、教育部各推代表组织而成。负责承办"广播网之计划与统制事项、广播电台之筹设与取缔事项、广播事业法规之订定事项"等业务。⑦ 中央广播事业指导委员会 1936 年制定公布了《指导全国广播电台播送节目办法》，这个办法集中体

---

① 当代中国广播电视编辑部选编：《中国的广播电台》，北京广播学院出版社 1987 年版，第 318 页。

② 汪学启、是韩生：《第四战线：国民党中央广播电台掇实》，中国文史出版社 1988 年版，第 60—61 页。

③ 吴道一：《中广四十年》，"中国广播公司" 1968 年版，第 72 页。

④ [美] 埃德加·斯诺著，董乐山译：《西行漫记》，外语教学与研究出版社 2006 年版，第 658 页。

⑤ 《中央广播无线电台管理处组织条例》，《中央党务月刊》1932 年第 49 期，法规页第 323 页。

⑥ 《函国民政府》，《中央党务月刊》1933 年第 56 期，公文页第 1332 页。

⑦ 《中央广播事业指导委员会组织大纲》1936 年第 91 期，法规方案第 175 页。

现了以往的联播与取缔法规，并加上了更为清楚的规定，辅以《节目内容审查标准》及处分方法，形成了国民党统治大陆时期的广播法规体系。

抗战爆发后，国民党对广播事业的管理渐趋紧缩。1937年3月通过的《广播教育实施办法》中不但禁止私人设立电台，还要求严格审核广播材料，广播用语以国语为准，同时广播人员还需接受思想训练。①

二　战时新闻宣传与统制

1937年7月抗日战争全面爆发，国民党当局调整新闻政策，积极进行战时新闻宣传。同年年底，南京、上海先后失守，武汉成为国统区的新闻活动中心，许多新闻机构从沿海城市迁往武汉。1938年10月武汉三镇沦陷后，重庆成为国统区的政治中心，同时成为新闻中心。在重庆、成都、昆明、桂林等后方重要城市，新闻事业比战前更为发达。国民党当局在这一时期实行新闻统制，一方面扩张自己的新闻阵地，《中央日报》、《扫荡报》等在多处出分版，中央通讯社和广播电台在党营招牌下得以形成新闻垄断局面；另一方面强化新闻检查制度，压制不同政见的报刊。1943年后逐步发展起来的国统区民主运动，推动了新闻事业的变化与进步。② 综观战时国民党的新闻事业，在战时体制的凝聚下，实力反倒超过战前，影响力渗透到战前未及的西南后方，一时间，形成官方新闻独霸之势。

（一）战时对内的舆论宣传

抗战时期的新闻战线，仍以报纸为主体。党报系统在时局艰难的情况下却蓬勃发展，进一步联合民营报纸扩展宣传。居于辅助地位的通讯社和广播网也因其党营媒体的优势得以进展。

1937年12月13日，南京陷落。《中央日报》出版最后一期报纸后，由西迁至长沙的人员，衔接南京版出刊。③ 迁移到重庆的《中央日报》于1938年9月1日正式复刊，部分西迁的器材辗转运至昆明和邵阳。于是除重庆总社之外，又拥有两个分社，并且在大后方开展西南五省发行网扩

---

① 《广播教育实施办法》，《中央党务月刊》1937年第104期，法规方案第146—148页。
② 方汉奇：《中国新闻事业通史》，中国人民大学出版社1996年版，第628页。
③ 党营文化事业专辑编纂委员会编：《中央日报》，中国国民党中央委员会文化工作会1972年版，第8—9页。

展计划。① 稍后,《中央日报》在南宁、贵阳、成都、屯溪及福州拥有五个分版,② 完成了报系的初步整顿。

《中央日报》的社论经常成为全国瞩目的焦点。其社论由"中央党报社论委员会"负责撰写,再由中央通讯社电台播发,各地分社收译刊登,以统一宣传口径。社论委员会由潘公展、甘乃光、程沧波组成,被视为国民党最高的言论机关,享有免受战时新闻检查局检扣的特权。相传蒋介石的指示常透过陈布雷转达给该委员会。③

地方党报分为中央宣传部所主办的各地《中央日报》、各省三民主义青年团所刊行的《青年日报》、各省政府和党部所支持的《国民日报》三个系统。④ 地方党报享有主管党部分发的津贴,物质基础相比一些民营报纸为佳。经费充足的党报在抗战时期数量空前扩展,但其阅报对象常为党员及公务人员,加上多为赠阅,在民众中的影响力并未明显增加。蒋介石在对中央政治学校新闻系毕业生训话时,曾经毫不客气地批评道:"现在我们中央以及地方各级党部对于新闻事业莫不尽量协助,量力津贴。但是我们对于发行的刊物不能尽量推销、对于发行运销没有切实的办法,所以虽然增加了很多的经费,而不能收到相当的效果……就是我们新闻机构的腐败,一般党员不能尽到自己的责任,只知道靠自己的机关,靠自己的党,而对于业务如何推动,如何发展,不去研究,不去计划,所以我们一般新闻机构废弛懈怠,而我们一般新闻记者也为人所轻视。"⑤

抗战时期由军事委员会政治部主办的《扫荡报》,其声势超过战前。在黄少谷的主持下,战时新闻最具特色,军事评论权威,常被路透社转引,更拥有全国最多的战地记者。⑥ 军报系统的体系在1938年形成:行辕所在地设大型军报《扫荡报》,各战区设中型军报《阵中日报》,各集团军及各军师政治部办小型简报《扫荡简报》。指导管理之责由军委会政

---

① 《〈中央日报〉丰盈的一甲子》,见胡有瑞主编《六十年来的〈中央日报〉》,中央日报社1988年版,第23页。
② 党营文化事业专辑编纂委员会编:《中央日报》,中国国民党中央委员会文化工作会1972年版,第10页。
③ 《党报社论委员会所作社论,应免于检扣》,《新检通讯》1930年第3期,第262页。
④ 袁昶超:《中国报业小史》,新闻天地社1957年版,第67页。
⑤ 蒋中正:《怎样做一个现代新闻记者》,《新闻学季刊》1930年第1卷第3期,第5页。
⑥ 朱文新:《重庆十报论》,《战时记者》1930年第3卷第2、3、4期合刊,第37页。

治部中的部报委员会负责。①

党报和军报在战时几乎占了全国报业的 2/3 以上。1943 年，根据统计，党办报纸在中央省市县合计有 400 家，军队政治部办报约 270 家，私人办报约 300 家。② 国民党当局对一般民营报纸的统合也比战前积极。由于时局变化、物价飞涨，民营报纸的生存更为艰难，加上新闻发布权在中央社控制之中，各民营报刊内容大同小异，由此引发各报联合出版的呼声。时任国民政府主席的林森就认为："各报合并虽然限制了各报自由的发展，然而却可使新闻事业走上机体发展的道路，这不但不妨碍新闻事业的发展，而且使新闻事业有计划的发展起来。"因此他主张政府办的报纸先合并，私人的报纸再透过资本和人才合作的方法合并。③

1939 年 5 月 4 日的重庆大轰炸中，迁至重庆的《中央日报》、《扫荡报》、《时事新报》和《大公报》等主要报纸或多或少受到影响。为了继续出刊，在蒋介石和中央宣传部的策划下，包含《新华日报》在内的十家报纸便决议成立联合版。④ 5 月 6 日，《重庆各报联合版》第 1 号出版时的发刊词是："敌人对我们的各种残酷手段，我们的回答是加紧我们的组织，我们要拿组织的力量，去粉碎敌人的一切阴谋诡计。"十家报刊成立了联合委员会，以程沧波总负责。各报经理组成经理委员会，由黄天鹏为主任委员；各报编辑部组成编撰委员会，由王芸生为主任委员；还组成了一个迁移委员会，由崔唯吾为主任委员。这三个委员会，分别处理各项具体工作。⑤ 但由于政治立场、经济状况等方面的缘故致使联合版内部不统一，联合版支撑了 99 天就停刊了。

国民党对民营报刊《大公报》的扶持在 1940 年后更为有力。中央宣传部为了培养《大公报》成为舆论权威，曾经制定了党报不争新闻的方针。1941 年，支持国民党的张季鸾逝世，随后由态度"左"倾的王芸生

---

① 杨先凯：《概述中国军报之奋斗及其成长》，见中华文化基金会《扫荡二十年》，1978 年，第 405 页。
② 中国国民党中央执行委员会宣传部编：《抗战六年之党务》，1943 年，第 10—11 页。
③ 《林主席对新闻工作人员的指示》，《新闻战线》1942 年第 2 卷第 2、3 期合刊，第 1—2 页。
④ 《重庆各报发行联合版之经过》，《新闻学季刊》1940 年 5 月第 1 卷第 2 期，第 12 页。
⑤ 方汉奇：《中国新闻事业通史》，中国人民大学出版社 1996 年版，第 652 页。

接手,《大公报》与国民党的关系逐渐恶化,陈布雷虽然曲意笼络,[①] 但终究分道扬镳,曾经受到当局厚爱的民营报纸,其特权也随之消失。

中央通讯社得益于国民党当局的刻意扶持,形成了支配全国报业的强大力量。全国各报使用中央通讯社的稿件可以享受种种便利,比如在1939年后,中央通讯社为配合乡村及战地新闻的需要,设计了一种简明新闻,不但是明码,可以免费抄收,如果报社规模太小,没有收报机,还可委托各地党政军事机关或部队电台代为收转。[②] 而刊登非中央通讯社的新闻,则必须通过新闻检查单位的严格检查。中央通讯社在重庆立足之后,分社在各地逐渐开设,几乎遍及全国未沦陷区域。中央通讯社采访范围拓宽,对全国各报的影响力和权威感加深。在战时"各社(指国外各大通讯社)如有消息都交给中央社发表,中央社则在收稿之后,便加选择,如果不可以发表的便扣留住了,因此新闻的来源,可以控制在党的手里,我们这种间接的统制新闻手段,虽英美各国也是不及的"。[③] 国民党中央宣传部秘书许孝炎的这段话道破了中央通讯社在战时的特殊任务。

广播电台由于机器拆迁运输不易,所以在西迁之时以免资敌常将其破坏。广播事业虽未中断,但损失不小,广播中心移到重庆后,发射功率从战前75千瓦锐减到10千瓦。[④] 在政府拨款和英美各国的援助下,1944年国民党所办的广播电台有23座,声势超过战前。西迁重庆后的中央广播电台建成了广播大楼,并建起电波研究所和收音站,抄收国内外广播以供军政机关参考。国外广播正式开办起来,有对欧洲、北美、苏联东部与我国东北部、日本、华南与东南亚、苏联等6套广播节目,每天播音十多个小时。重庆时期的广播宣传,既有主张团结抗日、共御外侮的积极内容,也有鼓吹曲线救国、反共反人民的消极内容。这两方面宣传内容的比重,随着国内外政治、军事斗争形式的发展各有所侧重。[⑤]

[①] 陈训慈:《先兄畏垒杂忆》,见浙江省政协文史资料研究委员会编《从名记者到幕僚长——陈布雷》,浙江人民出版社1988年版,第18页。

[②] 《中央社广播新闻》,《战时记者》1939年8月第12期,第11页。

[③] 许孝炎:《本党的宣传机构及其运用》,《新闻学季刊》1941年11月第2卷第1期,第4页。

[④] 赵玉明:《中国现代广播简史》,中国广播电视出版社1987年版,第41页。

[⑤] 方汉奇:《中国新闻事业通史》,中国人民大学出版社1996年版,第708—709页。

(二) 对国际宣传的重视

1939年1月在国民党第五次中央执行委员会第五次全体会议中，中央宣传部提出《改进国际宣传实施方案》，内容涉及：1. 国际宣传应由中央宣传部领导，以专其责；2. 中央宣传部应参酌需要，在驻外各使馆推荐专员从事文化宣传事宜，一方面承中央宣传部之命令，指挥当地宣传工作之活动，一方面与我外交人员之活动作密切之配合；3. 中央宣传部应促中央通讯社，先在英美两国设置特派员，以期早日树立国外通讯网之基础。①

在战前国民党中央宣传部下就有国际宣传处的设置，但是和战时国际宣传处只是名称相同，人事组织并无承袭关系。在战争初期筹组国际宣传处的是董显光、曾虚白、魏景蒙等人为其班底。国际宣传处最早是军事单位，属于国防最高会议负责宣传的第五部，部长陈公博，副部长有负责国内宣传的谷正纲和负责国际宣传的董显光、曾虚白为国际宣传部的处长。国民政府西迁后有一次大规模的改组，由于取消了国防最高会议，国际宣传处恢复与中央宣传部的隶属关系，但是人事仍承袭第五部，经费也从军费项下拨出，并仍受蒋介石直接管辖，中央宣传部部长无权干涉。这也是在抗战期间国民党换了十位中宣部部长，但是副部长始终由董显光担任的原因。②

国际宣传处下设六科四室，分别是英文编撰科、外事科、对敌科、摄影科、广播科和总务科，以及秘书室、新闻检查室、资料室和日本研究室。③曾虚白形容国际宣传处"非党非政，亦党亦政，名义上无所归属，实际上确是由军事委员会委员长直接指导的机构"。④

国际宣传处在战时环境下宣传工作颇为有效。在惨绝人寰的南京大屠杀发生后，国际宣传处立刻请当时在南京的英国《曼彻斯特报导报》记者田伯烈和美国教授史迈士撰写《日军暴行纪实》和《南京战祸写真》

---

① 中国国民党党史委员会编：《革命文献》（第79辑），中央文物供应社1979年版，第468页。
② 曾虚白：《曾虚白自传》（上），台北联经出版事业公司1988年版，第192—193页。
③ 沈剑虹：《国际宣传处——一个很特殊的机构》，见沈剑虹《半生忧患》，台北联经出版事业公司1989年版，第75页。
④ 曾虚白：《抗战国宣三大将》，见曾虚白《旧酿新焙》，台北文史哲出版社1978年版，第179页。

两书。这种中国人自己不出面，而以津贴等方式聘请"了解我抗战真相与政策的国际友人做我们的代言人"①的曲线宣传方式，是国民党的国际宣传处在战时最常使用的技巧之一。

召开记者会也是当时国际宣传处的工作方法之一。记者会逐渐制度化，1939年3月之后，每周在国际宣传处召开记者会一次，由军令部、外交部、党政首长、名流出席报告。积极联络外国记者也是国际宣传处的工作重点，早期是设法说服外籍记者前往重庆采访，稍后则更致力于邀请外国重要报人访华。在海外设置宣传据点也是国际宣传处的重点之一，联络内外、传递资讯的要务就落在国际广播电台的身上。1940年，在蒋介石的指示下，负责国际宣传的短波台从中央广播电台分出，交由国际宣传处管辖，国际宣传处将其改为"中国之声"（简称 VOC）。不过这次变动维持不到半年，国际宣传处就把短波电台交还给中央广播事业管理处，机件维护和日常行政工作也同时移交。但是播音内容，仍是由国际宣传处播音科负责。②

对于战时的国际宣传，国人对它的批评多半集中在经费、人才不足以及事权不够统一上。在外国记者眼中，战时国际宣传处的弊病在其宣传方法上，曾在国际宣传处任职的白修德就批评国际宣传处提供的公报中尽是倭寇之类的字眼，对中国的失败避重就轻，获胜则大肆夸张。往往一场小胜，在公报上却动辄宣传为压倒性的胜利。③

为训练国际宣传人才，1943年10月，重庆新闻学院成立，隶属中央政治学校，院长、副院长由董显光和曾虚白担任。这个学院相当于一般大学的研究所，招收大学毕业生。师资主要包括董显光从美国哥伦比亚大学新闻学院邀请的美籍教授。教学内容以传统的新闻学为主，报刊编辑等实务工作为辅。在校学习一年，实习半年，大部分学生结业后选择了国际宣传处、中央广播电台或战时新闻检查局实习。第一期学生毕业离校时，抗战即将结束，绝大多数毕业生都留在国际宣传处工作。④ 其中10人被派

---

① 曾虚白：《曾虚白自传》（上），台北联经出版事业公司1988年版，第192—193页。
② 中国国民党党史会藏：《中央宣传部国际宣传处工作概要》（1938—1941），油印本，播二。
③ Theodore H. White, *In Search of History: A Personal Adventure*, New York Harper & Row, Publishers, 1978, p. 77.
④ 葛思恩：《回忆重庆新闻学院》，见中国社会科学院新闻研究所编《新闻研究资料》（第9辑），新华出版社1981年版，第154页。

往哥伦比亚大学新闻学院留学。1945年，招考了第二期学生30人，抗战胜利后学院停办。

三 战后新闻版图的重整与丧失

抗日战争结束后，为维持党营新闻事业的垄断地位，国民党迅速将西迁的党营新闻体系东移，并开始接收沦陷区敌伪的新闻机构，改组《申报》、《新闻报》等民营报刊，并实行党报的企业化经营管理。随着全面内战的来临，国民党在经济上和宣传上均陷入危机，政权岌岌可危。国民党统治的崩溃，最终导致其党营新闻事业在大陆消失。

（一）新闻事业的接收与复员

1945年秋至1946年是报业的恢复时期，根据内政部1946年的统计，全国报纸已登记的有984家。因战争摧残及战后国民党的接收，全国报社的总家数并没有超过战前。就全国总体来说，分布的情况已不相同，西南后方省份的报纸增加，收复区的报纸家数却减少。数量减少的多是民营报纸，官方报纸反因接收而大幅增加。[①]

报业在1947年进入飞跃发展阶段。根据1947年8月底的统计，全国报社登记的家数已迅速增至1781家，盛况空前，至1948年国共内战白热化后才衰退下来。[②]

上海是中国新闻事业起步最早，也是最为发达的地区，商业报纸云集，新闻自由相对开放，战前即是国民党新闻势力较不及的区域。战时上海报纸随政府迁入内地的不多，大部分仍离不开地缘关系，留在原地继续出版。战后国民党乃以附逆等罪名将之大肆接收，逐步在上海建立起新的新闻据点。

战后国民党在上海的新闻机构，最先成立的是中央通讯社上海分社。1945年8月21日，冯有真以国民党东南战区战地宣传员兼中央通讯社上海分社主任的身份，接管了汪伪政权的中央电讯社上海分社，将其改组为中央通讯社上海分社。中央通讯社上海分社建立后，国民党系统的报纸也

[①] 沈旭步：《广东报坛十四年》，见李瞻编《中国新闻史》，台湾学生书局1979年版，第514页。

[②] 曾虚白：《中国新闻史》，台湾政治大学新闻研究所1966年版，第452—455页。

迅速建立起来，并有很大的发展，其中最主要的是上海《中央日报》的创立。该报 1945 年 8 月 30 日正式出版，乃是接收日伪时代《新中国报》旧址出版的。《民国日报》战后亦在上海复刊，厂房设备接收自日伪《中华日报》。国民党军方报纸于 1946 年元旦出版《和平日报》上海版（该报前身为《扫荡报》），该报接收的是日伪《大陆新报》的设备。国民党三青团上海支部在 1945 年 8 月 23 日复刊的《正言报》，接收的是日伪时期上海《平报》。① 其他接收的报纸还有外交部控制的英文《自由论坛报》，1946 年 5 月从重庆迁往上海，是接收英文《泰晤士报》而来；财政部控制的《金融日报》1946 年 12 月于上海出版；另外还有 CC 系的《中美日报》、《新夜报》、《大晚报》、《时事新报》等。② 借用接收的日伪报纸的资源，国民党的新闻实力大为拓展，特别是《中央日报》及《和平日报》因着国民党军的背景，实力相当雄厚。

战后中央通讯社 1947 年到达全盛时期。由南京总社直辖国内分社、通讯员办事处共 52 个单位，国外分支机构共 25 个单位，海内外中央通讯社员工共 2653 人。战后中央通讯社分支机构之所以能急剧增加，一方面是恢复战前原已设置的分社，另一方面则是接收日本同盟社与汪伪政权的通讯机构使然。③ 中央广播电台方面也是如此，战后不仅沦陷区原有的电台全部恢复，还接收了日伪设立的电台，总计全国有广播电台 41 处，大小广播机 81 座，广播总电力达 42 万余千瓦，是其广播事业设备最充沛的时段。④

战后国民党相当重视共产党的壮大问题。为了做好反共宣传，在新闻资源有限的情况下，反共有时还比除伪更加重要。在国民党河北省党部 1946 年度的宣传工作计划里，对汉奸、伪军的宣传基本态度是："目前表面不作任何刺激，听候中央依法处理"，处理的步调是缓慢的，但对共产党的态度则严肃许多，"辟斥奸党污蔑本党对敌伪汉奸合流的谬论，对奸党破坏交通，阻扰复员，危害人民，及其他种种罪刑，站在人民的观点，作彻底

---

① 《抗战胜利后伪中宣部接管汪伪报纸、杂志、通讯社的情况报告及汪伪新闻报停止代印汪伪报纸的文字》，第 4—15 页，申报新闻报档案，上档馆藏，档号：Q430：1—266。
② 马光仁：《上海新闻史》，复旦大学出版社 1996 年版，第 995—997 页。
③ 冯志翔：《萧同兹传》，台北市新闻记者公会 1974 年版，第 225—226 页。
④ 张道藩：《陈果夫先生与中国广播事业》，见《陈果夫先生百岁诞辰纪念集》，国民党党史委员会 1991 年版，第 278 页。

的攻击"。①

（二）改组《申报》、《新闻报》

为了扩展宣传，国民党除了以接收支持复员外，还加强了对商业报刊的控制。历史悠久、发行面广的《申报》和《新闻报》成为其首要对象。

战时国民党未能直接控制留沪发展的《申报》和《新闻报》，在沪发展期间它们与日伪政府多少有些关系，战后国民党重新回到上海，将其以附逆罪名没收。国民党针对《申报》和《新闻报》进行了专案处理，拟定《管理申报新闻报办法》，决定二报的特殊处理方式：

1. 保留申报新闻报两报名称，以利宣传；

2. 申报新闻报暂时在宣传部管理下恢复出版；

3. 由宣传部各遴选适当人员11—15人，分别组织申报新闻报报务管理委员会，负责接管经营并筹划各该报改组事宜。各该会为两报管理期中最高权力机关，对宣传部负责；

4. 在申报新闻报管理期间，两报股东之股权应暂时停止行使。旧有董事会亦应撤销并停止股票过户，俟清查后再定办法；

5. 对申报新闻报附逆应负责任股东之股票，由各该报报务管理委员会查明，呈请政府依法处理；

6. 前项清查工作完成后，即召开股东大会，选举董事，成立董事会，正式改组两报，报务管理委员会即时即行撤销；

7. 申报新闻报未附逆之员工应尽先录用，以示奖勉。②

负责接管的报务管理委员会是国民党遴选成立的，《申报》方面的委员是：主任委员潘公展，副主任委员李惟果，委员有吴绍树、冯有真、陈景韩、钱永铭、潘公弼、马星野、陈训畬、陈克成等，共11人。③ 中宣

---

① 《河北省党部宣传要点第一次至第五次》，1946年2月25日，铅排本，国民党党史会藏，档号：6.2/68/3—3。

② 《管理申报新闻报办法》，1945年9月19日，重庆，钢笔原件，国民党党史会藏，档号：6.3/19.10—2。

③ 马光仁：《战后国民党对申、新两报的控制》，《新闻研究资料》（第33辑），中国社会科学出版社1985年版，第158页。

部部长吴国桢、副部长许孝炎1945年9月19日联名写报告给陈布雷，报告中说：

> 总裁对于《申报》之处置曾迭有指示，主张加以管制与改组。对于《新闻报》则无特殊指示，惟就两报之附逆情形而言，中央处置办法似宜一致而不宜有所轩轾。盖自上海沦陷后，《新闻报》继续出版，首先接受日军新闻检查所之检查，《申报》则一度停刊迁汉口香港出版，惟自旧租界为敌侵占后，两报即同时公开附逆，《新闻报》稍知羞愧，不敢发表社论，而《申报》则变为敌海军机关报，其馆中负责人勾结陈逆彬和代主笔政，对于政府及领袖极尽侮辱诋毁之能事，沪上一般读者莫不气愤填膺，认该报所犯罪恶在《新闻报》之上，故两报附逆之先后与方式虽各不同，其罪则一，似宜受同样处分，足以昭公允。[①]

蒋介石很快批准了该报告，并派潘公展、程沧波分别接管《申报》和《新闻报》。为进一步改组商业报纸，使之成为国民党得力的宣传工具，1946年3月9日当局拟定《国民党改组申报新闻报办法》，从三个方面着手改组[②]：

第一，用收购原有股份加入官股的办法，使商业报纸民营特性名存实亡。以《申报》为例，1946年《申报》改组后股东股份，史家的总股数由10000股减至5300股，占总股份的35%，其他股东如陈布雷、潘公展、程沧波、陈训畬、陶希圣等多为国民党要人，官股总额达到51%。[③]

第二，通过改选董事会，使新股东占董事会的多数。董事会是报馆最高权力机构，《申报》在董事会改选后，由杜月笙任董事长，史咏庚为副董事长，常务董事为陈布雷、潘公展、陈景韩等人。[④]

---

① 《上海申报新闻报附逆之处理问题》，重庆，1945年9月19日，毛笔原件，国民党党史会藏，档号6.3/19.10—1。
② 《申报新闻报改组办法及人员名单》，潘公展致陈布雷函，1946年3月19日，毛笔原件，军管会新闻出版署档案，上档馆藏，档号：Q431：76。
③ 《上海各报动态，各报负责人及编辑采访名单，申报驻外人员通讯录》，京中一览，1946年9月，铅排本，申报新闻报档案，上档馆藏，档号：Q430：1—13。
④ 《申报新闻报改组办法及人员名单》，1946年，毛笔原件，军管会新闻出版署档案，上档馆藏，档号：Q431：76。

第三，由国民党派驻高层管理人员。战后申、新二报的主办人由史家变成了国民党成员。曾虚白在《中国新闻史》中将战后国民党报分为中央直接主办、地方党部主办、军队主办与国民党同志主办四类，《申报》和《新闻报》则属于最后一类，"此类报纸虽然并非正式党报，但或因主持人是国民党重要干部，或则原为商营，战时被敌伪劫持，胜利后由国民党投资改组取得经营权。故其言论立场，与政府较为接近，而其在社会的影响力，尚较正式党报为大"。① 改组后《申报》和《新闻报》从旁宣传的定位，从1946年5月《申报》制定编辑方针第一点即可说明："以民营报纸立场，为国家尽宣传之责，纪事报道，悉秉此旨。"②

（三）企业化经营管理

国民党报系日益膨胀的发行使得国民党宣传经费庞大，为了减轻党的负担，党报企业化经营的构想应运而生。企业化经营前的党报，政治宣传重于新闻报道，读者面窄，报纸打不开销路，发行和广告收入难以应付办报开销，党部的经费援助是党报重要的经济来源。企业化的构想在战时就开始酝酿，抗战结束前夕党报企业化的构想已成定案。1945年5月17日国民党第六次全国代表大会通过关于宣传问题之决议案，第二项第四点即表示要"实行党报企业化，以巩固本党新闻事业之基础"。③ 6月，召开党报会议，决定各报一律改变组织设立中国报业公司，为党营报纸之总机构。④ 战后党报企业化进入具体程序，经过一年多的立法讨论后开始实施。国民党六届三中全会检讨二中全会决议之工作报告时，中宣部即表示："各报之企业化计划，亦已大致就绪，一俟董监事产生，资金增定，即可正式改组为成立公司。"⑤ 1947年初国民党实行党报企业化，各地《中央日报》先后成立董监事会。南京《中央日报》首先完成改组，5月

---

① 曾虚白：《中国新闻史》（下册），台湾政治大学新闻研究所1966年版，第460—461页。
② 马光仁：《战后国民党对申、新两报的控制》，《新闻研究资料》（第33辑），中国社会科学出版社1985年版，第162页。
③ 《河北半月刊》第1期，1946年2月16日，铅排本，第35—36页，国民党党史会藏，档号：6.2/68.3—13。
④ 《该部42、45、46年度工作检讨和政绩比较表》，钢笔原件，第35页，国民党中央宣传部档案，第二档案馆藏，档号：718：123。
⑤ 《六届三中全会中央宣传部工作报告》，南京，1947年，毛笔原件，国民党党史会藏，档号：6.2/62.4。

30 日召开第一届第一次股东大会,通过《南京中央日报社有限公司章程》。① 其他二十余家地方党报也陆续改组。

国民党党报企业化经营改造,一方面是为减少党部经费的负担,另一方面是通过改变靠党养报的现状来改善党报形象,同时也是为了适应战后所谓的"宪政体制"。但是,党报为党宣传的目标未变,单纯组织形式的转变并没有实质性意义。总体来说,战后党报的企业化经营是一种自上而下的人为改制,宣示意味大于改制实质。

国民党中央通讯社和中央广播电台的企业化改制由于经营成本较高,比党报实施起来更困难,基本没有具体成果。"中央社改组的重大困难,在稿费收入太微,业务开支太大,经营来源无着,事业无法独立。"② 由于入不敷出,中央通讯社又走回原来党部补助的老路,言论依旧受到限制。

中央广播电台企业化的阻力更大,1945 年 6 月 7 日陈果夫将对党营广播事业的企业化提出的《对于广播事业前途之意见》上呈给蒋介石,表示党营事业划归政府的原则已为定见,但广播一项性质特殊,与其他党营事业不同,必须特别予以考虑。他从党势推测、经济情况、历史观点、国际联络、政治部门、广播前途等方面详细论述,认为广播事业不应划归政府,"宜专设独立部门,或仍隶本党,或以特种广播公司性质,密属于党,作为民营,均由政府按供应节目之性质分担,补给经费,专给特权,俾资发展。俟其本身能媲美于列强,再议更张"。③ 1945 年 6 月 20 日,中央宣传部在中央党部会议上审核《宣传部改隶行政院实施办法草案》,对陈果夫所提的广播隶属问题做出决定,依旧将广播事业划归行政院宣传部直辖,经费列入国家总预算,并由宣传部设广播事业管理会负责设计指导。④ 陈果夫在 1946 年 2 月又联合孔祥熙、居正等人,向国防最高委员

---

① 《南京中央日报社股份有限公司章程》,1947 年 5 月 30 日通过,铅排本,国民党党史会藏,档号:546/62.1。

② 萧同兹:《追念陈布雷先生》,见中华文化出版事业委员会《新闻学论集》,1955 年,第 214 页。

③ 《对于广播事业前途之意见》,重庆,1945 年 6 月 7 日,毛笔原件,国民党党史会藏,档号:6.3/5.6—2。

④ 《宣传部改隶行政院实施办法要点》,重庆,1945 年 6 月 22 日,毛笔抄件,国民党党史会藏,档号:6.3/5.6—1。

会建议改组中央党部广播事业处为中国广播股份有限公司,①这项提议最终得到各方同意。1947年1月中央党部广播事业处改组为中国广播股份有限公司,行政院与之订约,委托代办传布政令的工作,期限五年,政府每月补助国币20亿元（约美元20万）。公司成立后董事长戴季陶因病未到职,一切业务仍由原中央党部广播事业处人员负责,②企业化改制形同虚设。

（四）大陆新闻版图的丧失

战后中国爆发金融危机,经济不景气,工商业广告预算减少,报馆广告生意缺乏,加之纸荒严重,报社常多卖多赔。通货膨胀困扰着战后中国,为了控制物价,1948年下半年,国民党当局实行了实施币制改革,涨价风在币制改革时短暂停歇,但不久即告失败。同时国民党、军事上的节节败退,也使得国民党新闻体系随着国民党大陆政权的丧失而分解。

1949年4月,国民党政府撤离南京前往广州,中央宣传部也随之南迁,撤迁途中折损不少,宣传部经费、人才一再流失,工作人员连电讯总台在内不到20人,比起战时在重庆的300人,战后复员的100多人,减少幅度十分惊人。不仅中央宣传部南迁,1948年底,党营新闻机构和京沪地区的多家报纸为保留实力亦开始做迁地出版的准备:

> 最近时局紧张,据说京沪多家报社亦在纷纷迁地出版,上海中央日报筹备迁广州,南京中央日报迁台北,中央通讯社总社迁广州,人员器材分广州、重庆、台北三地疏散,京沪二地和平日报分迁衡阳、台湾,益世报迁台湾,东南日报迁台北,英文大陆报迁广州,北平、广州二地之新民报及天津、上海二地之大公报决定不动。③

东北、华北的党报大都在1948年底告终,华南、西南的党报则多在

---

① 《中国广播股份有限公司条例案》,1946年2月,钢笔原件,国防最高委员会档案,国民党党史会藏,档号:003/3721。
② 吴道一:《培植中国广播事业之果公》,见陈果夫先生百年诞辰纪念会筹备会编《陈果夫先生百年诞辰纪念集》,国民党党史委员会1991年版,第296—298页。
③ 《上海各报动态、各报负责人及编辑采访名单,申报驻外人员通讯录》,上海各报动态,1948年12月20日,申报新闻报档案,上档馆藏,档号:Q430:1—13。

1949年底结束，最后只剩南京《中央日报》前往台北，福州《中央日报》转至台南发展为《中华日报》。①

中央通讯社总社1949年1月下旬随国民党政府迁至广州，南京改为办事处。国共和谈破裂后，4月23日国民党军队撤离南京，南京办事处的人员发完最后的稿件飞往上海。同年5—10月，中央通讯社各地分社人员陆续向广州集中，或撤往台湾，7月总社在台北成立办事处。10月广州分社部分员工前往台湾，部分随国民党政府迁至重庆。11月下旬重庆分社的员工部分迁往台湾，部分又随国民党政府前往成都。12月国民党政府迁至台北，中央通讯社12月底在台北建立。②

中央广播电台由于器材设备搬迁不易，撤退的过程中损失较大。随着国民党在北方的战事失利，1948年11月15日中央广播事业管理处处长吴道一致函相关单位，询问南京总台先行撤退的可能，并请当局给予紧急拨款支持。11月23日，财政部回函认为总台撤退"恐摇动人心，似应密商陈果老及吴秘书长伺候总裁指示办理"。因时局危急，蒋介石12月18日批准了拆迁案，并表示"移置重庆部分，不如移置台北为宜"。③ 随着国民党大陆版图的失陷，部分地方电台投共，辗转迁移的最终被共产党接管或因战地的丧失而消失。

第二节 国民党新闻传播制度及对新闻传播业的影响

一 法规的制定

（一）国民党"黄金十年"的新闻法规

国民党建立南京国民政府后，为巩固统治，加强对新闻舆论的控制，对党内新闻媒体的建设和控制予以较高重视。为有效指导党报工作，1928年6月起，国民党中央常委会陆续制定了《设置党报条例》、《指导党报

---

① 徐咏平：《中央党报发展史略》，《革命报人别记》，台北正中书局1973年版，第324—341页。
② "中央通讯社"编：《中央社六十年》，1984年，第74—75页。
③ 《中央广播事业管理处加强戡乱宣传及广播机件迁往台湾预算》，1948年11月15日、11月23日、12月18日，第217—219页。

条例》、《补助党报条例》。《设置党报条例》界定党报是"中央及各级宣传部设置的日报杂志,酌量津贴本党党员所主办之日报杂志"。条例规定报纸的主管和总编辑由中央或所属党部委派,报社的组织大纲、工作计划及职员名册须呈所属党部审核并于中央宣传部备案,报纸言论内容须遵照中央颁布的《指导党报条例》进行宣传。《指导党报条例》则将党报分为党报、本党报和准党报三种,[1] 后修订为各级党部宣传部主办和党员主办的报纸两种。该条例对党报宣传的内容和纪律做出了规定。《补助党报条例》主要规定申请补助报纸的条件,如第二条规定具备下列条件的报纸方可申请补助:"1. 言论及记载随时受党之指导者;2. 不利于党的一切文字图书等件,概不为之登载者;3. 能尽量宣传本党主义、政策、纲领者;4. 完全遵守党定言论方针及宣传策略者;5. 党之宣传文字等件,能尽量并迅速刊载者。"[2] 党报三条例成为国民党此后长期指导党报宣传活动的纲领性文件。

1929年1月10日国民党通过的《宣传品审查条例》中明确规定了各种宣传品的审查标准是:1. 总理遗教;2. 本党主义;3. 本党政纲政策;4. 本党决议案;5. 本党现行法令和其他一切经中央认可之党务政治记载。同时认定宣传共产主义、国家主义、无政府主义及攻击国民党主义、政纲、政策、决议案刊物为反动宣传品,会得到查禁、查封和究办的处分。[3]

1929年9月公布的《日报登记办法》中规定,在《出版法》颁布之前,各种日报均遵照该办法,向各省及特别市党部宣传部登记,再由中央宣传部审核,发出日报登记证。[4] 同时,公布通过的《出版条例原则》,却规定新闻纸类、书籍、图书、影片等出版品登记审查,应该交由国民政府之主管机关办理。这项被视为《出版法》雏形的条例,还具体规定了撤销登记的标准。

国民党政府管出版的这三项法规被视为1930年《出版法》的滥觞,在《出版法》颁布前国民政府就是以这三项法规为主,辅以《全国重要

---

[1] 《指导党报条例》,中国第二历史档案馆,全宗722,卷号400。
[2] 《补助党报条例》,中国第二历史档案馆,全宗722,卷号400。
[3] 《宣传品审查条例》,《中央党务月刊》1929年3月第8期,法制第12—13页。
[4] 《日报登记办法》,《中央党务月刊》1929年10月第14期,法规第5页。

都市邮件检查办法》和《各县市邮电检查办法》来规范报业活动，这些法令主要是对国民党系统以外的出版品进行管理，也有清查全国出版事业的意味。1930年底国民党政府政局暂定，开始着手管理文化界的事务，12月16日正式颁布实施的《出版法》沿袭了之前的法令，并糅合了戴季陶和陈立夫两人的意见而成，① 是一部综合性的新闻出版法典，共6章44条。主要包括以下四点：1. 实行出版登记许可制度，规定"未经许可出版而擅行出版之书籍，概行扣押"；2. 出版管理范围，除新闻纸、杂志、书籍及其他出版品外，还包括传单、标语等印刷品，即"谓用机械或化学之方法所印刷，而供出售或散布之文书图画"；3. 对出版品内容的限制。除禁载的"意图破坏中国国民党或三民主义者"、"意图颠覆国民政府或损害中华民国利益者"、"意图破坏公共秩序者"、"妨害善良风俗者"等四条外，还规定"不得登载禁止公开诉讼事件之辩论"，认为"特殊必要时，得依国民政府命令之规定"，禁止刊载有关军事和外交方面的内容；4. 对违者的处罚，处罚方式有罚金、停刊、查封、拘役、有期徒刑等。② 1931年10月7日，国民政府又公布了《出版法实施细则》，将《出版法》中的条款进一步具体化。

这部《出版法》的特点是：第一，它采取较为宽松的登记制，并没有太多的限制；第二，鉴于训政时期的特殊政治体制，国民党取法俄国、意大利，将它自身的党义列入法令中，并且明定了中宣会③和内政部的隶属关系；④ 第三，为了防止反对派滥用新闻自由，授权各级党部以审核之权；⑤ 第四，禁止事项中使用"意图"二字，语意含糊，给予执法单位较大的解释空间。

1930年的《出版法》主要是对报纸、杂志及书籍等出版品的申请登记和刊载内容作了规定限制。从法学的角度看，它属于注册登记制。1931年，国民政府内政部和国民党中央宣传委员会（当时简称"中宣会"）又

---

① 《呈中央常务委员会请核议出版条例原则草案呈为呈请事案奉》，《中央党务月刊》1929年10月第14期，报告第62页。
② 国民党中央宣传委员会编印：《关于新闻事业之法令规章》，1933年5月，第2—4页。
③ 中宣会为国民党中央宣传委员会的简称。前身为国民党中央宣传部，1931年改组为国民党中央宣传委员会，1935年再度恢复为国民党中央宣传部。
④ 张静庐：《中国现代出版史料乙篇》，中华书局1955年版，第172页。
⑤ 曾虚白：《中国新闻史》，台北三民书局1984年版，第853页。

制定公布了《出版法施行细则》，共 25 条。① 1935 年开始对《出版法》进行讨论修正，将注册登记制改为严厉的批准制。《修正出版法》草案公布后，遭到全国新闻出版界的强烈反对。在全国舆论压力下，立法院不得不重新讨论。1936 年 11 月，立法院在记者招待会上称："新闻界之意见，已采纳十分之七，此项修正案堪称中正和平，于国家法纪及言论自由，均能双方并顾。"②《修正出版法》于 1937 年 7 月 8 日由国民政府正式公布，修正过的《出版法》重点仍在消极防范，行政处分及罚则虽减去两条，但仍有 28 条之多，禁载事项原本含混不明的定义，并没有改善。在战时、变乱或其他特殊必要时的限制，反而比以前多了政治和地方治安两项。地方主管部门的权力较以前有所扩大，但是当时组织并不完整的地方官厅有没有能力执行对新闻机构的监督及干涉权，颇遭时人质疑。③

《修正出版法》在将"登记"改为"审核"的修正上引起较大的争议。这种修正可以防止滥开报馆或杂志社，但当局审核的范围从报纸或杂志的名称，一直到社务组织、资本数目及经济状况，实在太过严格。不过《修正出版法》也有进步的一面，比如登记较为简便，删除了有关党义或党务的报纸或杂志必须向省党部转呈中央党部登记的规定，而将相关权限划分到地方部门，使得党、政关系能有较清楚的界限。④

国民党在对 1930 年《出版法》的修正过程中也有些许进步之处。第一，"消除了清末新闻法规对民法、刑法认识的模糊性，而且对《出版法》的错误作出了明确的纠正"。1937 年《出版法》将违法者在"行政处分"部分予以"罚缓"处理，强调了民法的适用，从法学上将民事处罚与刑事处罚区别开来。第二，在对书籍及其他出版品的管理上，和 1930 年《出版法》相比，1935 年《出版法》和 1937 年《出版法》的规定趋向于宽松。1930 年《出版法》规定，在书籍及其他出版品发行时必须以两份呈送内政部审查。1935 年《出版法》则改为："于发行前，自动备具文稿，送请审查"，既没有明确送审部门，在辞令上也变得缓和一

---

① 张化冰：《1935 年〈出版法〉修订始末之探讨》，《新闻与传播研究》2007 年第 1 期，第 72 页。
② 《申报》，1936 年 11 月 28 日。
③ 《读新出版法》，《国闻周报》第 12 卷第 29 期。
④ 戚长诚：《新闻法规通论》，侨光出版社 1966 年版，第 48—49 页。

些。1937年《出版法》则完全废除了此项条例，删除了送审规定（这仅是在《出版法》条例上的宽松，事实是国民党将书籍及其他出版品的审查由中政会另案办理）。但这些细节上所具有的进步意义，与国民党压制舆论、钳制报刊的整体法律精神比起来，就显得微不足道了。①

修正后的《出版法》一直沿用，形成抗战及"戡乱"时期的出版母法，为国民党后来的新闻检查制度提供了理论支撑和法律依据。1947年10月，国民政府又一次公布《修正出版法草案》，由于国民党军事上败退，结果不了了之。直到1952年9月才有三次修改的《出版法》出炉。

另外一些重要的法令是1932年公布的《宣传品审查标准》，将宣传分为"适当的宣传"、"谬误的宣传"和"反动的宣传"，对违者的罚则和处分则依照《出版法》规定。还有《重要都市新闻检查办法》、《首都新闻检查所新闻检查手续》及《新闻检查标准》。对于被视为中国言论重心和共产党活动频繁的上海，则制定了单行法规，1934年中央宣传部制定了《图书杂志审查办法》，明定上海出版的图书杂志均须送审，审查标准仍参照《出版法》和《宣传品审查标准》。1935年公布的《敦睦邦交令》及《邮电检查实施细则》也是与新闻相关的法令，前者迫于形势，对舆论有这样的约束："凡以文字图书或演讲为抗日宣传者，均处以妨害邦交罪。"② 后者的主要目的是授权军事委员会调查统计局插手邮件检查。③

除了上述的出版、新闻检查和邮电检查的法规外，其他法令中也有适用的相关条款和罚则。如在《危害民国紧急治罪法》（1931）中就有"以文字图书或演说为叛国之宣传处死刑或无期刑法"、"与叛徒勾结或扰乱治安或为之辗转宣传等行为，处无期或十年以上有期徒刑"等刑罚。④ 这种以果决的手段维护政府利益及镇压反对势力的法令还有：《戒严法》

---

① 张化冰：《1935年〈出版法〉修订始末之探讨》，《新闻与传播研究》2007年第1期，第77页。
② 张宗厚：《国民党政府统制时期的新闻法制》，见人民大学新闻系编《新闻学论集》（第11辑），中国人民大学出版社1987年版，第249页。
③ 彭明：《中国现代史资料选辑》（第4册），中国人民大学出版社1989年版，第270页。
④ 《危害民国治罪条例》，《中央党务月刊》，1930年12月第28期，第267页。

(1934)、《维持治安紧急办法》（1936）等。法令繁复加之政府对量刑严加考虑，训政时期约法中虽有对人民言论出版自由的规定，国民政府还颁发了《保障舆论令》和《保障新闻事业人员令》，但成效终归有限。

国民政府对无线广播电台的使用和管理也十分重视，1928年12月13日，颁布了由国民政府建设委员会制定的《中华民国广播无线电台条例》，包括设立电台的申请核准、广播的业务内容、禁播事项以及对私营广播电台的要求等方面的内容。1929年4月，国民政府交通部又制定了《广播无线电台及其装设及使用暂行章程》，该章程除规定建造无线电台的申请手续，技术要求等内容外，也涉及新闻传播的问题，如第十六条规定："广播无线电台除供作广播新闻、讲演、商情、歌曲、音乐等项外，不得作其他任何通行之用。"[①] 同时交通部还颁布了《广播无线电收听机装设及使用暂行章程》，以规范收听人的行为。1931年4月，交通部制定了《装设广播无线电收音机登记暂行办法》等，进一步加强了对广播无线电台收听人员的管理和控制。由于私人办台的增多，1932年11月，交通部国际电信局发布了《民营广播无线电台暂行取缔规则》。1935年8月，民国政府交通部通令全国，实行收音机登记，由交通部发给执照方可收听，违者按《电讯条例》处罚。1936年4月，国民党中央广播事业管理处决定全国各地公、私营广播无线电台在规定时间一律转播中央广播电台的节目。

（二）战时新闻法令

战时新闻管制的法规很多，统摄所有法令的是《抗战建国纲领》和《国民精神总动员纲领》。《抗战建国纲领》是1938年3月，在国民党临时全国代表大会上通过的，其中跟新闻出版有关的是"在抗战时间，于不违反三民主义最高原则及法令范围内，对于言论、出版、集会、结社，党与以合法之充分保障"。此时的国民党仍然坚持党治，以三民主义来救国建国。一年后，中央再公布了《国民精神总动员纲领及其实施办法》，强调以取缔和纠正的手段对言论进行管制。1942年7月，国民政府又公布了《国家总动员法》，再度将限制出版自由的措施法制化，该法规定

---

① 上海档案馆编：《旧中国的上海广播事业》，中国广播电视出版社1985年版，第173—178页。

"本法施行后,政府于必要时,得对报馆、通讯社之设立、报纸、通讯稿及其他印刷物之记载,加以限制、停止或命其为一定之记载","本法实行后,政府于必要时得对人民之言论、出版、著作、通讯、集会、结社加以限制。"①《国家总动员法》的公布,象征政府对出版界进一步的控制。

随着战事的发展,1937 年修正的《出版法》因未强调战时特性,1939 年 7 月 28 日发布《修正出版法施行细则》,增加了地方党部在审核时的职责,具体规定了报纸和通讯社在人口不同的省市行政单位里各有不同资本额。1943 年 4 月,行政院再颁布《非常时期报社通讯社杂志社登记管制暂行办法》。此外,还有关于新闻检查的法令,包括《修正新闻检查标准》、《战时新闻检查办法》、《各省市新闻检查规则》、《修正战时新闻禁载标准》与《战时新闻违检惩罚办法》五种。除了成文法令之外,战时新闻检查局还以指示电文联络下级单位,提示新闻检查的重点。

抗战进入末期,国内逐渐开展"宪政运动",国民党十二中全会通过了"改善出版检查制度,局部废止事前检查"的原则。② 以往使得"国际误会加深,新闻界对政府隔阂增多,而新闻界与检查关系,尤有日趋恶劣之势"的审查法令,③ 因为国内外的形势到了不得不改变的境地。

1944 年,国民政府公布了《战时出版品书刊审查办法》和《战时书刊审查规则》,之前公布的《战时新闻检查标准》、《战时新闻检查办法》、《战时新闻禁载标准》、《修正抗战期间图书杂志审查标准》四项法令在同年 10 月失效。新颁布的两项法令在审查办法上做出了调整:对出版品采取事前审查或事后审查两种,凡是书刊不涉及军事政治外交的,均由著作人或发行人自行审查,自负刑责。④ 也可自愿送审,交由审查处检查。⑤ 新闻检查标准简化为十二条,将中心置于立国精神、国家安全、外交以及军事机密,每条还附有解释,可作为随时局调整的依据。两项新法令颁布后,国民党新闻检查的尺度稍微放宽。

影响较大的法令还有 1943 年 2 月公布,9 月修正的《新闻记者法》,

---

① 黄瑚:《中国近代新闻法制史论》,复旦大学出版社 1999 年版,第 168 页。
② 《尊重舆论与改善检查》,重庆《大公报》社论 1944 年 5 月 31 日。
③ 《梁部长对记者报告新颁出版检查办法》,重庆《中央日报》1944 年 7 月 1 日。
④ 《战时出版品书刊审查办法》,重庆《中央日报》1944 年 6 月 21 日。
⑤ 《战时书刊审查规则》,重庆《中央日报》1944 年 6 月 23 日。

这是中国近代史上第一部较为完整的记者法。《新闻记者法》共31条，9月对第十四条做出修正。该法对做记者的条件、申请记者证的手续及记者公会章程等做出了规定。① 国民党企图通过记者公会控制记者，要求所有记者必须加入记者公会或联合公会的此类规定，遭到新闻界的反对，1945年6月，国民政府不得不宣布暂缓施行。7月又下令施行，如此反复。1944年8月，国民政府内政部与社会部制定了《新闻记者法施行细则》，对新闻记者活动做出具体规定。国民政府对外国人在华从事新闻宣传活动也加强管理，早在1933年3月，外交部就颁布了《外籍新闻记者注册规则》，1934年6月拟定了《外人在华发行新闻纸类登记及取缔办法》。到1946年，国民政府则制定了《取缔外人在华设立广播电台决议案》，明确禁止外人在华创办无线广播电台。

（三）战后新闻法令

日本宣布投降后，国民党开始新闻接收与复员工作。1945年9月，中央宣传部制定《管理收复区报纸通讯社杂志电影广播事业暂行办法》，对分类及处置的方式做了具体说明：

> 1. 敌伪机关或私人经营之报纸通讯社杂志及电影制片广播事业一律查封，其财产由宣传部会同当地政府接收管理，但其中原属于未附逆之私人及非敌国人民财产而由敌伪占用，经查明确实并经中央核准后得予发还。2. 中央宣传部为便利推行宣传计划，前项没收查封之敌伪或附逆报纸通讯社杂志电影制片广播事业所有之印刷机器房屋建筑工作用具及其他财产经中央核准后，得会同当地政府启封利用。3. 宣传部政治部各级党部政府原在收复区各地沦陷前所办之报纸通讯社应在原地迅即恢复出版，以利宣传。4. 各地沦陷前之商办报纸通讯社照下列优先程序，经政府核准后得以在原地恢复出版：（1）随政府内移，继续出版，致力抗战宣传者；（2）无力迁地出版，但主持人保持忠贞或至内地服务抗战工作，有案可稽者。5. 凡自收复区因战事内移继续出版之报纸通讯社应以各返原地恢复出版为原则，非经政府

---

① 《新闻记者法》，中央出版事业管理委员会编：《出版法规汇编》，台北正中书局1944年版，第108—109页。

特许不得迁地出版。6. 收复地区报纸通讯社自政府正式接收日起一律重新登记。①

战后国民党对纸张进口实行限额，由国家统筹分配，国民党的报纸由中央宣传部直接核配。配给制度主要是针对民营报业来定，报纸立场只要与当局不合，在配额上就会给予处分。1947年2月中央宣传部透过上海市报馆商业同业公会，声称为节省外汇、减少纸荒，已将纸张列为限制进口的货物，各报必须缩减篇幅。同年9月5日，在经济持续恶化的情况下，当局再度修正报纸张数，行政院临时会议通过《新闻纸杂志及书籍用纸节约办法》，对民营报纸的篇幅要求更为严格。

1. 各报报纸关于新闻及广告之编排，应力求节约篇幅。原在一张以上者，均应于本办法公布后自动缩减为一张，原在二张以上者，不得超过二张。

2. 各地杂志篇幅应依照下述规定：（1）周刊，每期以16页为度；（2）半月刊，每期以32页为度；（3）月刊以上，每期以64页为度。前项页数均以单面计算，封皮可另加4页。

3. 新闻纸、杂志及书籍应尽量采用国产纸张。

4. 内政部得根据事实需要，酌量调剂各地新闻纸、杂志之数量，期于节约之中并收均衡文化发展之实效。

5. 无充分资金、固定地之新闻纸、杂志，应严格限制其登记。②

纸荒严重，各报流行囤纸。1948年1月行政院颁布《非常时期取缔日用军需品囤积居奇办法》，把纸张列为囤积取缔物品，严格限定纸商库存数量及报馆白纸储存量，需随时报明同业公会以便社会局调查。③ 1948年3月，政府又实行第三次变更限张，再次缩减张数。各报缩减张数后仍

---

① 《管理收复区报纸通讯社杂志电影广播事业暂行办法》，1945年9月27日，藏于上海市档案馆，全宗号6，卷号193。
② 刘哲民编：《近现代出版新闻法规汇编》，学林出版社1992年版，第513页。
③ 《上海各报动态，各报负责人及编辑采访名单，申报驻外人员通讯录》，1948年2月8日，申报新闻报档案，上档馆藏，档号：Q430：1—13。

入不敷出，因政府币制改革，各报一时不能加价。1948年10月币制改革宣告失败后，原料价格飞涨，报业受限价影响仍无法适时调整售价，大多不堪重负。①

战后国民党宣称进入"宪政"，与此同时民间要求开放禁令的呼声高涨。1945年9月，重庆、成都、昆明等地新闻出版界发起"拒检运动"，迫使当局于10月1日宣布除收复区以外的地方废止新闻检查制度。② 拒检运动后，出版界又要求废除一切限制新闻出版自由的法律，迫于压力，1946年1月10日，蒋介石在政协会议中宣布人民享有言论出版等自由，战时限制言论出版自由等法令与此精神有所抵触者，均拟废除或修正，并决定修改《出版法》。③ 此后，由于国共两党关系的恶化，国民党虽废除了报刊检查制度，但事实上却以报刊登记制代替。国共和谈分裂后，国民党对共产党报刊采取更为强硬的直接封禁措施。1947年10月24日，行政院临时会议通过《出版法修正草案》，这部草案所做的最主要的工作就是"去党化"，如第十六条规定"新闻纸或杂志之发行人应于每次发行时以一份寄送内政部，一份寄送行政院新闻局"，将原来的"中央宣传部"改为"行政院新闻局"，及在禁止登载事项将原来的"意图破坏中国国民党或违背三民主义者"、"意图颠覆国民政府或损害中华民国者"与"意图破坏公共秩序者"改为"意图颠覆政府或危害中华民国者"、"妨害邦交者"与"意图损害公共利益或破坏社会秩序者"，将中国国民党及三民主义的字样去掉，不过该草案又加入了"不得妨害本国元首或友邦元首名誉之记载"与"不得妨害他人名誉及信用之记载"两项规定。这从某种程度上限制了新闻刊物对执政者的监督及对时局的批判功能。

国民党还从无线广播电台建设与收听方面强化对广播事业的控制。1946年2月，交通部奉行政院令制定了《广播无线电台设置规则》。9月，国民政府通过了《取缔外人在华设立广播电台决议案》，进一步强化对外人在华广播无线电台活动的限制。1948年3月，国民政府交通部又

---

① 曾虚白：《中国新闻史》（下册），台湾政治大学新闻研究所1966年版，第455—501页。
② 《实施新闻自由案》，1945年10月11日，"国防最高委员会"档案，国民党党史会藏，档号：003/3563。
③ 王文彬：《解放战争时期新闻出版界的反抗斗争》，《新闻研究资料》（第21辑），中国社会科学出版社1983年版，第211—228页。

制定了《广播无线电台收音机取缔规则》。

二 新闻管理策略

(一) 新闻管理机构的建立

1928年2月，国民党中央常务委员会制定了《中央宣传部组织条例》，对宣传部的任务、机构设置、人员任命、工作方针都作了具体规定。其中第十七条规定："本部特设中央图书馆、中央日报及中央通讯社，并直接管辖之。"① 5月，国民党中央宣传部制定了《宣传大纲和标语办法》，强调："各省各特别市党部、各海外总支部接到所发宣传大纲及标语后，应即分发所属党部宣传机关及民众团体，以作宣传依据，不得另行制定，以免分歧。""临时发生事件，须急切宣传者，得由中央宣传部制定宣传要点，电达各省各特别市党部、各海外总支部及所属宣传机关，以应急需。"各地党部对"重要事项，认为有宣传之必要，得自行制定宣传大纲。宣传要点及标语，分发所属遵用，得须随时呈报中央核定"。② 可见，国民党对党内宣传工作控制之严密。

1928年3月，国民党中央常务会议通过了《中央执行委员会宣传部组织条例》，正式确立了中宣部的架构。该部分为普通宣传、特种宣传、国际宣传、征审、出版、总务六科，附属有中央图书馆、中央日报社与中央通讯社三个单位。

此时的国民党立足未稳，中宣部的主要工作似乎是针对国民党内部，提供相关的宣传资料，未能开展对外管理的工作。所以，在8个月后，中宣部又作了一次重大的组织调整。增加了指导科，以负责党内外宣传事件的指导工作，普通宣传科与特种宣传科合并为编撰科，将原本以宣传对象的分工体系，改为统筹办理。征审科改为征集科；将审查的权限交给指导科。③ 附属单位也增加为中央通讯社、中央无线电台、中央印刷所及各直辖党报。

1929年底，国民党中宣部组织条例三度修改。九一八事变后，国民

---

① 《申报》1928年2月24日。
② 《宣传大纲和标语办法》，中国第二历史档案馆藏，全宗号722，卷号400。
③ 《说明书》，《中央党务月刊》1928年12月第5期，法制第6页。

党中央决定扩大部会组织，中央宣传部改组为中央宣传委员会。① 原先的部长制改为9—17人的委员制。此时出任主任委员的是邵元冲，1933年末到1934年初，他连续组织召开了文艺宣传会议、新闻宣传会议和电影事业谈话会，在这些新闻宣传会议中，不但谈及了国民党新闻宣传机构的扩充，也讨论了与党外新闻事业联络与纠正的问题。② 会上通过了修改出版法、设立全国性新闻记者组织、修正国民党中央所设各级党部所辖报社管理规则等重要的议案。③ 此后，在中央执行委员会之下，又成立了中央检查新闻处，处长由当时的中央宣传委员会主任委员叶楚伧兼任。下属首都及重要省市的新闻检查所和各县市新闻检查室，形成全国性的新闻检查网。④ 中央检查新闻处与中央宣传委员会两个单位的工作有所重叠，该处又隶属于军事委员会，形成了体制上的混淆。

中央宣传委员会为精简人事，集中事权，于国民党第五次全国代表大会后再度恢复为中央宣传部。在1936年11月抗战爆发前，中央宣传部作了最后一次的组织修正，修正后的中央宣传部设有五处：宣传指导、新闻事业、电影事业、国际宣传、总务。与新闻管理相关的单位则改为宣传指导处、新闻事业处、征审科、登记科。宣传指导处主要编撰关于本党主义政纲政策等理论刊物及各种宣传大纲书告论文、征集并审查各种宣传刊物及一切反动宣传品。新闻事业处指导党报及与党有关的各种报社言论记载，并考核其工作效能、规划直辖党报通讯社的各项业务程序，并联络扶助一般新闻事业。征审科征集所有报纸及通讯社稿、审查所有报纸及通讯社稿。登记科登记一般报社及通讯社，调查全国新闻事业状况。⑤

1929年6月召开的"全国宣传会议"，就是为"规划中央与地方党部工作之进行，如何紧密联络地方党部工作之实情"而召开的。⑥ 党部联络的工作制度化开始于1936年《中央宣传部宣传工作指导员视察规则》的

---

① 魏绍征：《革命宣传史话（六）》，《文讯月刊》1985年6月第18期，第364页。
② 邵元冲：《最近宣传事业之推进》，见《玄圃遗书》，台北正中书局1954年版，第115—116页。
③ 尚海、孔凡军、何虎生：《民国史大辞典》，中国广播电视出版社1991年版，第321页。
④ 史全生：《中华民国文化史》，吉林文史出版社1990年版，第785页。
⑤ 《修正中央执行委员会宣传部组织条例》，《中央党务月刊》1936年12月第1000期，法规页第1170—1180页。
⑥ 《中央宣传部工作经过》，《中央党务月刊》1929年9月第13期，报告页第11页。

制定。指导员不仅要视察各地党部、党营媒体的工作情形,也必须调查各地反动刊物宣传的状况。①

不过当时全国各地的管理机构面临分支党部难以开展的问题,此外根据中宣部的统计,各地方党部所遇到的困难,以经费支出、人才缺乏、环境不良、交通不便等四项最为严重。② 但是对党部体系工作影响最大的,是军事部门的横加干涉。美国公使约翰逊在向国务院汇报的文书中说:"中国的新闻检查完全操纵在中国军方手中,地方当局根本无法向其施压。"地方党部与军方时有冲突,直至1937年国民党才设法解决二者的矛盾,蒋介石致电中宣部:"关于新闻检查事务,自下月起,归中宣部办理。"原本隶属军事委员会的检查新闻处,划归中宣部管辖,但是不久中日开战,新闻检查机构又是另一番面貌了。③

战时的新闻管理机构可分为:战时新闻检查局、图书杂志审查委员会以及中央宣传部三个主要系统:

第一,战时新闻检查局的前身是1935年成立的中央检查新闻处。在此之前,上海、北平、天津、汉口和南京,已经成立了新闻检查所。中央检查新闻处成立之后,很快便与各个新闻检查所建立了联系,并逐渐形成了全国性的新闻检查网。④ 不过此时新闻检查单位在制度上存在明显的缺点。中央的新闻检查所隶属关系混乱,时而党政军混合,时而隶属军方或中央宣传部。地方新闻检查所的组成,有行政的,也有军方的,也有军政混合形式的。⑤ 在贯彻命令时,障碍颇多。

抗战初期,各地新闻检查所各自为政。武汉是当时的新闻中枢所在,其新闻检查所的地位突显,制定了《非常时期新闻检查规程及违检惩罚暂行办法》,其中除了规定送检程序、惩罚方式外,第三条还特别规定:"中央社社稿,除交发者外,余均一律送由新闻检查所检查。"⑥ 可见当时新闻检查已经严格到连党营的通讯社社稿,也照检不误。

---

① 《中央宣传部宣传工作指导员视察规则》,《中央党务月刊》1936年11月第99期,法规方案页第1037—1038页。
② 《中央党务月刊》1930年2月第18期,报告页第92页。
③ 王凌霄:《中国国民党新闻政策之研究》,台北近代中国出版社1996年版,第40—41页。
④ 赵建新:《新闻政策》,国民出版社1941年版,第25—26页。
⑤ 于定:《新闻机构与技术的商榷》,《新检通讯》1940年1月第2期,第2页。
⑥ 黄立人、张克明:《白色恐怖下的新华日报》,重庆出版社1987年版,第8—9页。

1939年6月,新闻检查局成立,直接隶属军事委员会,再由中央宣传部及军令部会同主持。并由熊斌、潘公展出任正副局长。① 战时新闻检查局设有事务科、指导科和情报科,此外还有设计委员会,负责计划改进新闻检查。② 1943年战时新闻检查局修正了组织法,指导科增加了"中西报纸之审查与违检处分"的职责,情报科改为编审科,工作仍为情报搜集、报社调查统计及与各机关情报交换等。③

战时的新闻检查系统还有很大缺陷,最严重的是中央体制的混淆。根据1939年5月的《战时新闻检查办法》第二条规定,为在战时顺利进行新闻检查起见,战时新闻检查局隶属军事委员会,但是组织训练技术上的责任,由中宣部负责,经费则以中央检查新闻经费为主,不足处再由军事委员会核拨。④ 事实上,战时新闻检查局每月不足的经费,却是由中宣部补贴,不但党政体制混淆不清,而且"直属上级有两个,不但在行政法为少有之例,就是在实际上也是一事两意,无所适从……为推行检政之最大障碍"。⑤ 地方检查机关则无法兼顾有报纸发行的偏远地区,加之比照军队待遇,地方检查机关薪水微薄,无法吸引人才。因此,除了中央新闻检查局水平尚可,下级单位在新闻检查方面常常漏洞百出,地方新闻检查机关在执法时渐趋松懈。⑥

1940年1月,陈焯出任中央新闻检查局局长,针对以往工作的缺点进行改革。首先从经费上确定体制,将原来由中宣部下拨的经费,争取改为由军事委员会拨付,保持中央新闻检查局的行政地位。⑦ 同时,广设新闻检查室,并将原先隶属各省的新闻检查所的各县市新闻检查室改隶中央,同时设置新闻检查人员训练班、强制中央通讯社社稿送检,使得新闻检查体系渐上正轨。

第二,中央图书杂志审查委员会主要的对象是时效性较低的图书和杂

---

① 《战时新闻检查局熊斌潘公展任正副局长》,《战时记者》1939年7月第11期,第7—8页。
② 赵建新:《新闻政策》,国民出版社1941年版,第169—170页。
③ 中央出版事业管理委员会:《出版法规汇编》,正中书局1944年版,第32—33页。
④ 同上书,第112页。
⑤ 秘书室记录,《本局三个月来工作报告》,《新检通讯》1940年3月第4期,第4页。
⑥ 李瞻:《中国新闻史》,台湾学生书局1979年版,第400页。
⑦ 秘书室记录,《本局三个月来工作报告》,《新检通讯》1940年3月第4期,第4页。

志，是由国民党宣传部、社会部、军事委员会政治部、行政院内政部、教育部以及三民主义青年团中央团部共同组成，审查意见如有不同，则以国民党宣传部的意见为准。① 1940年9月，对图书杂志审查机构的隶属问题进行了修正，将中央图书杂志审查委员会改为国民政府行政的下属，一改原本由六个单位合组委员会时相互推诿、无人负责的现象。各省市的图书杂志审查处，也是由各省市政府设置，省市审查处隶属中央图书杂志审查委员会。改革后的审查单位全部隶属政府系统，并且从中央到地方职权分明。由于杂志图书的印刷成本较小，流传较易，审查单位的工作比新闻检查更加复杂。1944年6月，原本属于电影检查所的电影检查工作也交给中央图书杂志审查委员会。

第三，在抗战爆发前居于新闻管制机关枢纽的国民党中央宣传部，此时由于检查功能分给上述两个系统，已经退居二线。此时的中宣部新闻事业管理处只剩下两个任务：指导全国的新闻政策和管理党报。② 偏重于资料搜集与理论建构，以使下级单位在纠举驳正或宣传时，能有所依循，以达到言论一致的最终目的。③ 为了搜集宣传题材，凝聚内部共识，此时的中央宣传部设有许多临时的编组负责：层次高的是中央宣传会议，其次是宣传会报，负责一般宣传业务及技术讨论；层次较低的还包括政令宣传联络员谈话会、联席会议等。虽然有各种联络机构和编组，在中央宣传部内部的检讨文件中仍有如下记载："本部情报不足，军政各机关与本部联系尚欠紧密，遇有重要问题发生，不能作最正确最迅速之指示。"④ 足见中央宣传部临时编组的办法成效甚微。

除了三个主要的管制机构外，中央文化驿站也负有复检、运送书刊的责任。中央文化驿站直属于中央执行委员会秘书处，于1939年1月3日正式成立，起初定名为"中央文化管理委员会"，1940年改称"中央文化驿站总管理处"，1945年抗战胜利后撤销。⑤ 文化驿站以"阐扬本党理论

---

① 中央图书审查委员会，《审查法规汇编》1940年3月，第1页。
② 许孝炎：《本党的宣传机构及其运用》，《新闻季刊》1941年11月第2卷第1期，第3页。
③ 国民党党史会藏，《中国国民党中央执行委员会宣传部办事章程》，油印本。
④ 国民党党史会藏，《中央宣传部年度工作检讨报告》，油印本。
⑤ 袁凤华、林宇梅：《抗战时期国民党政府设立"中央文化驿站"有关史料选》，《民国档案》1987年第10期，第38页。

第三章　训政时期国民党的新闻传播制度(上篇)　89

及使有利抗战建国之书刊,传递迅速与散布广远且能深入战地"为理由,遍设全国各地。① 只要不违反图书杂志审查法令,国民党各级党部、各行政机关、部队、团体个人出版之书籍、杂志、报纸都可交由文化驿站代为运送。② 但事实上,只有国民党的宣传品拥有比较便利的运送机会,其他个人团体托运的书刊,面临更加严格的检查尺度。

另外与新闻管制有关的机关是中央出版事业管理委员会,这些委员会被潘公展归类为"宣传推广"机关,是在蒋介石的指示下成立的。③ 主要目的是整合调整国民党党营的出版机构(如正中书局、独立出版社,稍后又加入中央驿站总管理处),再增加分配党团用纸、指导书刊编审的功能。④ 但这个委员会成立不久就表现出争权以扩大影响力的倾向,这暴露了国民党在组织上重复建设的问题。委员会的职能和中央宣传部部分科室类似,导致体制上的混淆。其他审查机构还有以检查战讯为主的军令部战训发布组,检查自拍和进口电影的非常时期电影检查所,警察局则主要检查政治传单、标语及邮件等。

从训政初期到抗战时期,党国之间界限难定,不管党营非党营,全国新闻事业的相关业务一直由国民党中宣部负责掌理。抗战结束后,国家即将进入所谓"宪政体制",中央宣传部能否再管理民营新闻机构逐渐引起争议,抗战尚未结束时即有人提出疑问,认为应分清党、国主管新闻业务的权责,应分别设立机关,不能再混为一谈。抗战胜利前夕,国民党召开第六次全国代表大会勾勒战后国家发展蓝图。1945 年 5 月 17 日,会议通过关于宣传问题之决议案,第三项即表示战后党、国分别成为主管新闻宣传的机关,政府应设情报部,办理有关政府之宣传业务,本党之宣传部仍旧设置,专办本党之宣传及文化事业。⑤ 之后一中全会讨论中央执行委员会组织方案时,国民党拟设置宣传委员会,原宣传部所掌国家宣传重责,移至政府另设宣传部或情报局负责办理,党、国主管新闻业务的权责于是

---

① 《中央文化驿站设置办法》,《中央驿站法规汇编》,第 1 页。
② 《中央文化驿站各分支站代办书报及添设阅览室计划》,《中央驿站法规汇编》,第 32 页。
③ 潘公展:中央训练团党政训练班演讲《宣传工作要领》1940 年 10 月,第 59 页。
④ 国民党党史会藏,《中央出版事业管理委员会三十二年度工作检讨报告草案》,油印本。
⑤ 《河北半月刊》,第 1 期,清苑,1946 年 2 月 16 日,铅排本,第 35—36 页,国民党党史会藏,档号:6.2/68.3—13。

分开。①

1945年6月20日,中央宣传部借中央党部开会审核"宣传部改隶行政院实施办法草案",陈布雷、吴铁城邀集王世杰、张厉生、潘公展、许孝炎、张道藩等人讨论,将该草案予以补充修正。实施办法共有十条,大意为:宣传部改隶行政院,党中央另成立宣传委员会,原属党营之各党报、中央通讯社等文化单位仍属党营,但宪政实施前为统一指导起见,暂时还是由行政院宣传部监督指挥。②

改隶办法在中央宣传部修改后交付立法院审议,不料却遭到立法委员的质疑。1945年8月15日,立法院召开第四届第282次会议时,多数委员认为主张改隶之时,国家尚在战争中,而现在战争已经结束,应重新加以考虑。且草案内许多机构分界不清,如出版司与内政部,艺术宣传司与教育部,新闻司与社会部,国际宣传局与外交部,权限容易混淆重叠,更应仔细辨清。国防最高委员会第174次常会讨论后亦对成立宣传部持保留态度,而提出下列三点意见:

1. 欧美各国对于宣传机构所发布之文件向不重视,甚或持厌恶态度,故在平时均未设立此项机构,有之惟德意等法西斯国家而已,英美战时虽亦曾设,但战后即撤……但我国忽决设立,恐未必有效果,而予友邦不良印象;

2. 宣达国家政令,不可不有一机构专司,美则总统每周举行一次白官招待新闻记者会,英国人民则可随时往下议院旁听,国家一切要人民明了,此外无所用其宣达。我国为顺利宣达,可于行政院内设立一单位负责,并由各院部会随时提供资料,相互联系,亦有同效;

3. 若非要设,名称亦要斟酌,宣传二字,似不可再用,其与内政外交两部执掌亦需明分。

---

① 陈存恭:《中国国民党六全大会中委会及中常会初探》,见国父建党革命一百周年学术讨论集编辑委员会编《国父建党革命一百周年学术讨论集》(第四集 台湾光复与建设史),台北近代中国出版社1995年版,第127页。

② 《宣传部改隶行政院实施办法要点》,附中央秘书处呈总裁文,重庆,1945年6月22日,毛笔抄件,国民党党史会藏,档号:6.3/5.6—1。

因国防最高委员会多数委员对"宣传"二字十分敏感，国民党中央秘书处决定宣传部暂不改隶，蒋介石亦做出暂缓改隶的批示。[①] 中宣部的改隶方案未能通过，为了解决宪政时期党国间宣传权责不清的现象，宣传部长彭学沛及该部顾问皮尔研商后对蒋介石呈文，建议可采折中方案：

> 窃以宪政实施后，党部不便兼办政府宣传业务，为宣达政令起见，自有另设机构之必要，惟专设一部，规制过大，易咎各党派争夺之心，似不如于行政院内设一局，或处，较为妥当。行政院设立宣传机构后，本党宣传部即着重阐扬本党主义，政纲政策，指导各地党报及其它宣传事业，并指导各级党部宣传方针。[②]

1947年3月，国民党六届三中全会提案讨论此折中方案，致主席团决定，行政院下设新闻局。4月17日，国民政府扩大改组，行政院新闻局正式成立，由董显光出任第一任局长。[③] 该局"职掌政令政绩之宣扬，辅助新闻事业之发展，指导地方政府宣传业务及政府于新闻界联系事项，并交换国际新闻资料，沟通中外舆论"。新闻局内部业务设置下分三处：第一处管理国内宣传，第二处负责国际宣传，第三处掌理宣传政令政绩之书刊与资料，另设秘书室掌理文书事务，并依一般机关之通例设置。[④]

行政院成立新闻局虽标志着党、政间主管机关的分离，然而事实上，新闻局是从国民党中宣部国际宣传处而来，新闻局虽下分三处，实际重心只在第二处国际宣传上，此外并不负担国内其他新闻事业的管理。[⑤] 也就是说，新闻局在国内宣传管理方面并无实权。

配合战后"宪政体制"的宣传部改隶问题最终流于形式。因行政院新闻局由国际宣传处演变而来，在国外设有纽约、伦敦、巴黎、旧金

---

① 《宣传部改隶行政院实施办法案》，附宣传部组织法，1945年7月10日，钢笔原件，国防最高委员会档案，国民党党史会藏，档号：003/3170。
② 《吴秘书长铁城陈部长立夫呈蒋总裁》，南京，1947年3月13日，大溪档案，革命文献，戡乱时期，戡乱时期之党务，编号8，"国史馆藏"。
③ "行政院新闻局"：《跨越五十年》，1997年版，第168页。
④ 新闻局统计局：《新闻局一年来业务统计概要》，1948年版，第4页。
⑤ 沈剑虹：《五年新闻局长的回忆》，《传记文学》1987年第50卷第3期，第44页。

山、阿根廷五个办事处，后因工作需要，撤销阿根廷办事处，设加拿大办事处。故实际上新闻局仅负责对外新闻宣传的工作，对内新闻宣传仍掌握在国民党中宣部的手中。新闻局的成立不仅达不到行宪后的政党分离，还使得新闻主管机关权责不清，增添了战后国民党新闻宣传的难度。

（二）新闻检查

1929 年，蒋介石通电全国报馆，希望他们从 1930 年 1 月 1 日起，"以真确之见闻，作翔实之贡献，其弊病所在，能确见事实症结，非攻讦私人者，亦请尽情批评"。[①]

1931 年 10 月，汪精卫招待新闻界的讲词中说："同仁等会当面要求蒋先生不再检查报纸，使人人有自由发表的机会，蒋先生昨天已确实答复，这点是不成问题了。"但是翌年，汪精卫电令《申报》，不得再指责国民党政府之错误，否则将"迫不得已，予以制裁"。[②]

1932 年，国民政府在洛阳召开国难会议，会中有陶孟和的《保障人民身体出版集会结社自由案》，胡大刚的《确定言论自由之保障以唤起民众共御外侮案》以及萧训的《实行言论出版自由严厉制止各地检查新闻纸及新闻电报并非法封闭报馆及其它言论机关案》。这些提案都是源于对新闻检查现状不满，要求当局放宽和改善管理政策。

1933 年 1 月 19 日，国民党中央常务委员会通过《新闻检查法》，厉行严格的新闻检查标准。

1934 年底，蒋汪联合通电全国，说明他们在五中全会中建议的主张，其中一条是："人民及社会团体间，依法享有言论结社之自由。但使不以武力及暴动为背景，则政府必当予以保障而不加以防制。""不以武力及暴动为背景"一语，较以前的法律更为清晰。[③]

1935 年后，日本进逼中国，京沪文化界多次宣言，要求言论集会结社自由，1935 年上海新闻记者为争取言论自由曾宣言："要复兴民族、恢复国权，必须实行言论出版集会结社的自由；以集中全国的力量，收复失

---

① 张季鸾：《改善取缔新闻之建议》，《季鸾文存》，见吴相湘编《中国现代史料丛书》（第二辑），台北文星书店1962年版，第193—194页。
② 沈云龙：《近代中国史料丛刊》，文海出版社1985年版，第62页。
③ 胡适：《汪蒋通电里提到的自由》，《独立评论》1934年12月第131号，第4页。

第三章 训政时期国民党的新闻传播制度（上篇）

地，争取中华民族解放的胜利前途。"① 他们将抗日与争取民权结合起来，使得当时坚持训政、实行攘外必先安内政策的国民党，难以回绝他们的要求。还有一类组织走体制外的路线，否认检查制度，规避检查、秘密结社。其中最为活跃的是中国左翼新闻记者联盟，他们在联盟纲领中明确表示："否认现行的出版法及新闻法与各种国民党中央或地方机关新闻检查邮电检查等一切束缚压制新闻文化发展的法令。粉碎并摘发一切反动新闻托辣斯国民党法西斯蒂各种各色官僚军阀的走狗报及其御用的走狗记者之欺骗与其存在。"② 这个联盟最兴盛时还有国际新闻社、上海记者联谊会、中华新闻社等外围组织，虽然常遭军警的破获，但始终屡禁不绝。直到抗战初期中国青年记者协会出现之后，才在无形中解散。③

战前国民党官员对新闻界不够尊重，虽说各地通行的办法是由官署自行发布新闻，但是实际上，却甚少举行记者会。记者访问官员，多不予接见，见也不谈。④ 于是记者常发布一些得不到证实的新闻，遭到检查官员的刁难，于是形成了恶性循环。再者，检查的标准不一致，使得某些新闻在此地不能刊登，但在另一地又可以刊登。由于当时中国仍有地方割据的现象，问题变得更加复杂。甲地所能发出的电讯新闻，必定是对甲地有利的，拍发至乙地，却未必受到乙地的欢迎，而有查扣的危险。⑤ 加之事权不统一，各单位任意插手新闻检查，各有各的标准，以至于纠纷时起。地方报纸不能批评政府，与军事单位有关的新闻更不能触及，《大公报》曾做出如下批评：盖各省报纸现况，即对于各县黑幕，亦且罔敢揭穿。岂特不开罪于军长师长，即团营连长之流，在地方报记者目中，亦依然皆小皇帝也……大官一怒，即封报捉人，轻亦没收报纸……不必果因违反出版法第十九条，或第二十一条登载军事外交之禁止事项。⑥

---

① 胡适：《新闻独立与言论自由》，见《胡适演讲集》（三），台北远流出版社1986年版，第74页。
② 张静庐：《中国出版史料补编》，中华书局1957年版，第304—305页。
③ 同上书，第307—312页。
④ 《为报界呼吁两件事》，《国闻周报》第13卷第46期，见沈云龙编《近代中国史料丛刊》，文海出版社1985年版，第2425页。
⑤ 《极度压迫言论之恶影响》，《国闻周报》第7卷第21期，见沈云龙编《近代中国史料丛刊》，文海出版社1985年版，第191页。
⑥ 《国民会议与言论自由》，《国闻周报》第8卷第19期，见沈云龙编《近代中国史料丛刊》，文海出版社1985年版，第651页。

此外，特务机关干涉新闻界，蓝衣社、军统局以武力对付报人的传闻不绝于耳。从《申报》史量才被暗杀案、新生事件等都可以了解到当时新闻检查的情况。除了检查之外，勒令刊登某些新闻同样令报社头疼。当局提供材料强制各报社刊登新闻，如果标明新闻来源，则有触怒当局的危险，这种情况尤以战时最为严重。于是"在平时，重重检查动辄得咎，固无待论，一至战时则奉谕照登之专电，且络绎不绝，其地位不许另辟，其真伪误令相混"。所以上海报纸所刊登的北平天津专电，常常不是由平津发出的。①

对此，林语堂认为："中国混乱的检查制度，呈现在缺乏体系、协调以及一致性上。某个城市被禁的新闻，却可能在另一个城市通过。检查员个人难以捉摸的灵机掌握新闻的生杀大权。"②斯诺也对当时的检查制度做出这样的批评："法令与检查员任意删改新闻的权力……最糟的是中国的检查制度一团混乱，检查员根本不受法令的约束。"③

战时国民党当局对新闻、图书杂志检查的认识主要集中在以下几个方面：

一是三民主义的意识形态绝对不容冒犯；二是任何刊物上，都不能暴露任何缺点，免得让敌人有可乘之机。所以不但要封锁足以暴露自身缺点的新闻，更要积极地刊载有利抗战的新闻；④三是排除新闻反映舆论的功能，而以直接向政府申诉的方式取代。⑤"战时政府的一切措施是绝对不容怀疑的"，"而在国策决定过程中，政府早就将国民的意见考虑过了，决定之后，一切就没有争执的余地。"⑥

和战前比较起来，战时新闻政策明显紧缩，新闻检查方面仍然存在标准不一致、检查员素质不高、负责单位权责不清的状况。令国民党感到棘

---

① 《极度压迫言论之恶影响》，《国闻周报》第7卷第21期，见沈云龙编《近代中国史料丛刊》，文海出版社1985年版，第191页。

② Lin yu-tang, *A History of the Press and Public Opinion in China*, The University of Chicago Press, 1936, p.177.

③ Snow Edgar, *The Ways of the Chinese Censors*, Current History, July 1935, p.382.

④ 王新常：《抗战与新闻事业》，商务印书馆1938年版，第21—23页。

⑤ 沈锜：《论战时言论出版自由》，《新闻学季刊》1939年11月第1卷第1期，第23页。

⑥ 笑微：《战时新闻记者的使命》，《战时记者》1940年4月第2卷第6、7、8期合刊，第9页。

手的是国民党统治区的共产党报纸,战时国民党对共产党猜忌之心未去,双方的政治角力增加了国民党新闻管理的难度。就拿政治意味十足的《新华日报》来说,国民党政府明白《新华日报》在外人眼里是国共关系的风向标,为避免共产党"利用"封闭报馆的事件取得社会同情和支持,国民党当局在国共摩擦不断之时,仍不曾下令封闭《新华日报》。中央宣传部密令新闻检查局:"总裁虞日手谕此间军警机关,以后宪军警及党政机关,非奉委员长命令,均不得对《新华日报》及中共党人稍有骚扰为难……"[①] 所以国民党政府只得从强力检查和杜绝其流传两个方法入手对付共产党报纸。《新华日报》也作出了相应的抗争,国民党新闻检查官在原稿上划掉的文字,常常被编辑人员打上红三角标示,或者干脆开天窗。由于新闻标题不用送检,在天窗上刊载标题,点出被删文章的主题,反而引起读者更多的猜想和更大的兴趣,对国民党的新闻检查造成困扰。许多送审不可能通过的文章,《新华日报》索性不送审,等到宣传目的达到之后静待当局停刊一两日的惩罚。

　　在推行检查办法的时候,国民党政府同样遭到了有组织的抗议,而目标几乎全部指向图书杂志审查办法。出现这种状况的部分原因得追溯到西安事变后政治环境的改变,但更重要的是国民参政会的成立,使得反对派获得整合的机会。第一次交锋是《战时图书杂志原稿审查标准及办法》公布后不久,由汉口商务、中华等十五家联名上呈中央宣传部,列举图书杂志审查的八大缺点,要求取消事前审查。中央宣传部的回函是:"一国法令之制定,自有其时间上与空间上之实际需要,固不必一一寻求各国成例……各该书业应知与其事后追惩,致受种种损失,何如事先审查得以享受充分之保障。中央为体恤商艰,爱护出版事业计,因此制定此图书杂志原稿审查办法。"[②] 一个月后,在国民参政会第二届大会上,邹韬奋呼应十五家书店的请求,提出《撤销图书杂志原稿审查办法以充分反映舆论及保障出版自由案》,这个提案掀起了一场关于图书杂志审查的论战。十五家书店的呈文和邹韬奋的提案是反对派的立论基础,赞成派则以马星

---

① 韩辛茹:《"新华日报"方面军——在打退第二次反共高潮中的作用》,见中国社会科学院新闻研究所编《新闻学研究资料》(第21辑),新华出版社1983年版,第60页。

② 《中宣部回函》,见张九如编《战时言论出版自由》,独立出版社1938年版,第14页。

野、张九如、童蒙圣等人为主，他们主张战时不比平时，英美在战时也有检查制度，反映舆论应当直陈所见于政府，检查措施从广义上就是一种教育、一种训练和宣传，专门著作应该有专门人才审理等。① 由于图书杂志审查办法继续维持的格局已定，反对派的态度渐趋消极。第四次大会之时，才又提出《改善审查搜查书报办法及实行撤销增加书报寄费，以解救出版界困难而加强抗战文化事业案》，但事实上重点已落在书报寄费上，问题敏感度低，获得大会通过，② 不过对实际情况影响不大。皖南事变后，国民党掀起反共风潮，邹韬奋被迫离开重庆，沈钧儒和左舜生开始负责在参政会上对抗检查制度的任务，他们提案的内容大致是将言论与结社、集会自由并论，以为抗战胜利后的国民大会作准备。所以不但言论出版的限制要取消，就连党派的组织问题也要全部开放。③ 这等于是要提前结束训政，对当时的国民党而言，这是不可能退让的底线。所以提案虽然对国民党形成较大的压力，却最终无功而返。

1945 年 7 月，参政员左舜生、黄炎培应毛泽东之邀访问延安，黄炎培写了一本名叫《延安归来》的小书，并以国讯书店的名义发行。由于这本书不可能通过检查，所以在取得重庆杂志界和出版界的同意，再以黄炎培的身份做掩护，于同年 8 月 7 日出版，并且联合 40 家重庆杂志宣布拒检声明，发动"拒检运动"。④ 与此同时，日本宣布投降，情势急剧变化，1945 年 9 月 12 日，中央宣传部部长吴国桢宣布从 10 月 1 日起开始废止战时新闻检查。10 天后，国民党中常会通过"撤销对新闻杂志书刊的检查"，战时的新闻统制政策至此告一段落。

第三节 国民党新闻传播制度变迁分析

一 因应国内局势变化而改变的国民党新闻传播制度

国民党的基本政策经历了"黄金十年"抓国家建设、从对日妥协到

---

① 张九如：《战时言论出版自由》，独立出版社 1939 年版，第 28、29、32、41 页。
② 邹韬奋：《经历》，生活·读书·新知三联书店 1978 年版，第 241—243 页。
③ 中央重庆市委党校：《国民参政会纪实》，重庆出版社 1985 年版，第 993—997、1469—1471 页。
④ 中国社会科学院新闻研究所：《新闻学研究资料》（第 21 辑），新华出版社 1983 年版，第 125—126 页。

第三章 训政时期国民党的新闻传播制度（上篇）

抵抗日寇、从全力剿共到联共抗日—战时国共合作、团结抗战—战后重整版图、反共内战的发展过程。随着国民党在不同时期基本政策的转变，国民党的新闻传播制度为宣传和贯彻基本政策服务也相应改变。

1928年，北伐结束，国民党第一次有机会试验他们的理想，按照孙中山所设定的军政、训政、宪政建国程序，按部就班地建立其统治政权。"以党治国"是训政时期的基本原则，国民党有主义、有领袖、有组织，在以往的革命行动中，常常得益于宣传的帮助，对媒体的运用也颇有心得；党中同志更有许多从事新闻工作的一时之选，相关的人才不致缺乏。因此，在新闻管理上自然较以前的政权来得有体系。国民党的新闻事业形成了以《中央日报》、中央通讯社和中央广播电台为主干，从中央到地方的庞大党营新闻事业网。为巩固统治，国民党加强对新闻舆论的控制，对党内新闻媒体的建设和控制予以较高重视。

1937年7月抗日战争全面爆发，国民党当局调整新闻政策，积极进行战时新闻宣传。1937年，国民党第五届三中全会通过了《国民党新闻政策》。在此之前，国民党政府在新闻传播管理方面，已经积累了近十年的经验，这个政策兼具了总结和应变的意味。在政策中除了重申三民主义的立场之外，报业从业人员必须登记以及在必要时将媒体收归国有等要项，都带有以党治国的色彩。国民党当局在这一时期实行新闻统制，一方面扩张自己的新闻阵地，有党营招牌的媒体形成新闻垄断局面；另一方面强化新闻检查制度，压制不同政见的报刊。1942年《国家总动员法》的公布，再度将限制出版自由的措施法制化，象征政府对新闻界进一步控制。抗战进入末期，国内逐渐开展"宪政运动"，国民党出版检查制度及相关审查法令，迫于国内外的形势不得不做出改变。

抗日战争结束后，为维持党营新闻事业的垄断地位，国民党迅速将西迁党营新闻体系东移，并开始接收沦陷区敌伪的新闻机构，改组民营报刊，并实行党报的企业化经营管理。战后国民党宣称进入宪政，与此同时民间要求开放禁令的呼声高涨，"拒检运动"迫使当局宣布除收复区以外的地方废止新闻检查制度。其后，蒋介石又宣布人民享有言论出版等自由，战时限制言论出版自由等法令与此精神有所抵触者，均拟废除或修正，并决定修改《出版法》。但由于国共关系的恶化，国民党对共产党报刊则采取更为强硬的直接封禁措施。

对国民党而言，训政时期稳定政权是最基本的工作。集中运用新闻媒体可起到强化统治的作用。可见，党营新闻网是国民党在训政时期最重要的成就之一，在传布政情、动员群众和对外宣传方面，都具有强大的功能。而新闻检查制度在时局未靖之时，对于维护国民党一党专政的局面有着不可小觑的作用。但由于执行手段常有偏差，导致纠纷时起，检查虽使人噤声，却引起民怨累积，民间舆论的被扼杀反使得部分政治资源流失。

二 新闻传播制度变迁中集权独裁与民主自由的共处

（一）人权运动的昙花一现

蒋介石宣布国民党政权"要确定总理的三民主义，为中国唯一的思想，再不好有第二个思想，来扰乱中国。"[①] 国民党政府推行取消言论自由的政策，在政府颁布的《暂行反革命治罪法》中，取消思想自由更被合法化，当局推行的这种"统一思想的棒喝主义"做法很快引起自由主义知识分子的反感和不满。以胡适为代表的人权派在近代中国历史上首次明确提出人权问题，揭露国民党当局统治下人权被压制、被剥夺的现状。"人权运动"实质上是一场人权和党权的斗争，这在思想史上有其积极的意义。它所提出的人权、言论及思想自由、专家政治、约法等问题，从宪法上、文化上、理论上动摇了国民党的政治根基，并导致了国民党的极大反弹。它的根本目的，仍是为了在中国落实英美式的民主制，否定国民党的一党专政的"训政"。

从国民党开始训政，到1931年"九一八"事变引起国内重大变化之前，国内中间派的舆论对国民党训政其名而专制其实的做法展开了批判。最早起来批判的是《新路》杂志，《新路》对训政体制的批判，遭到国民党的围攻和镇压，出版仅十期就被迫停刊。其后，1928年3月胡适、徐志摩、梁实秋、潘光旦等人创办同仁刊物《新月》，从1929年4月起，开始发表批评国民党一党专制，要求保障人权的文章，并掀起了一场不大不小的人权运动。《新月》也遭到国民党停邮的处分，而作为《新月》灵魂人物的胡适被国民党教育部"奉令警告"。

---

① 刘建清：《中国法西斯主义资料汇编》（一），中国人民大学出版社1987年版，第221、218页。

相对而言，以这两个刊物为基本阵地的自由主义知识分子所运用的武器、所追求的政治理想比较接近近代西方的民主理论和民主制度。他们对训政的批判也比较能够反映大革命失败后中国思想界一些继续追求西方民主的人士对于民主问题的认识。言论自由、思想自由是自由主义最基本的原则，也是自由主义者评判一个政府是好政府还是坏政府、恶政府的基准。罗隆基就指出，是一个人，就有思想，有思想就要表达；要表达他的思想，这就是发展个性、培养人格的道路；这是成就"至善之我"的门径。同时，一个人有了言论自由，他才可以把自己的思想贡献给人群，使"人群达到至善"之境，以实现最大多数人的最大幸福。故此，罗隆基坚决反对国民党取缔思想言论自由。他反复强调，国民党取缔思想言论自由，就是践踏人权，扼杀人性与人格的发展，亦即"屠杀个人的生命"，"毁灭人群的生命"。[1]

新生的国民党南京政府力图在全国确立自己的三民主义意识形态，它的权力意志不容其他势力的挑战，这就注定了强势的国民党政权与希望继续保持自由空间的自由主义知识分子之间的冲突。人权运动强调人权、呼吁法治、期待宪政，这些主张的落实有赖于一个强大的中产阶级作为后盾，有赖于资本主义经济在中国的发达，有赖于一个具有相当包容性的公共空间的存在，有赖于现代性的文明因素健康持续的成长，这些条件在当时的历史背景下显然都不具备。当时，中国处在严重的内忧外患之中，人权运动的流产自然在所难免。

（二）民主与独裁之争

"九一八"事变后，亡国之祸迫在眉睫，国民党内一些人借机公开鼓吹墨索里尼式的法西斯统治，甚至连形式上的五院制都要取消，实行所谓元首制。

关于中国究竟应选择专制独裁，还是民主政治的问题争论颇大。钱端升认为："中国所需要者是一个有能力、有理想的独裁。中国急需于最短时期内成一具有相当实力的国家。"[2] 丁文江主张"试行新式的独裁"，"因为新式的独裁与旧式的专制是根本不能相容的"，新式独裁须具备四

---

[1] 罗隆基：《论人权》，新月书店1932年版，第9—10页。
[2] 钱端升：《民主政治乎？极权国家乎？》，《东方杂志》1934年1月1日第31卷第1号。

个条件：一、独裁的首领要完全以国家的利害为利害；二、独裁的首领要彻底了解现代化国家的性质；三、独裁的首领要能够利用全国的专门人才；四、独裁的首领要利用目前的困难问题来号召全国有参与政治资格的人的情绪与理智，使他们站在一个旗帜之下。① 在这一点上胡适有着清醒的认识："我们要认清，几十年来割据局势的造成是因为旧日维系统一的种种制度完全崩坏了，而我们至今还没有建立起什么可以替代他们的新制度。"② 胡适呼吁人们警惕"今日提倡独裁的危险"，"我可以断断的预言：中国今日若真走上独裁的政治，所得的决不会是新式的独裁，而一定是那残民以逞的旧式专制"。③

民主与独裁的论辩持续了近五年的时间，直至抗战爆发才中止这场民主与独裁的论战。尽管双方的立场截然相反，但他们都回避不了当时日益上升的民族矛盾，因此就双方的最终目的来说都基本一致，即如何救国。独裁论者认为，集权政治是救国的有效措施，为此必须牺牲个人权利；民主论者则大都有意无意地忽略了诸如人的价值、公民的政治权利等民主理论的一些基本原则，仅仅把民主政治作为一种救国的最佳手段加以论证。民主政治是以确定个人自由为其终极目的，因此其制度便着眼于保障个人自由与权利。独裁政治的价值基础是否认个人自由与权利，故其制度便致力于权利的集中与巩固。

国民党选择的道路证明"独裁论"最终占了上风。蒋介石为了实现自己的独裁统治，鼓吹法西斯思想，建立了忠于他个人的法西斯组织。他在1931年国民会议中公然推崇法西斯主义："共产主义主张阶级斗争，手段残酷，不适合中国产业落后情形及中国固有道德；西方的民治主义，动以个人为重，高唱自由，中国没有实现此项主义的历史社会背景；只有法西斯蒂的政治理论，才能建立有效能的统治权，而训政时期挽救迫不及待之国家危难，非借经过较有效能的统治权之行施不可，这是举国所要求者。"④ 此外，专门成立复兴社特务处和别动队，仿效德国法西斯的铁血

---

① 丁文江：《民主政治与独裁政治》，《独立评论》1934年12月30日第133号。
② 胡适：《政治统一的途径》，《独立评论》1934年1月21日第86号。
③ 胡适：《答丁在君先生论民主与独裁》，《独立评论》1933年12月30日第133号。
④ 刘建清：《中国法西斯主义资料汇编》（一），中国人民大学出版社1987年版，第104—106页。

手段,专事侦察、绑架、审讯及暗杀等特务活动,并与陈果夫控制的 CC 系相配合,在全国造成极端恐怖的特务统治,后来发展成为组织庞大的军统组织。在复兴社的《纲领》中就这样宣称:"蒋介石是国家党的唯一领袖,也是中国唯一的伟大领袖。由此党员必须绝对支持他,只听从他的命令,以他的意志为自己的意志。"鼓吹"一个党,一个主义,一个领袖"的极权原则。

为巩固独裁统治,国民政府陆续颁布了《出版法》、《宣传品审查标准》、《新闻检查标准》、《图书杂志审查办法》、《新闻检查暂行条例》等一系列法律法规,限制人民新闻言论出版自由,施行文化专制主义。国民党当局还任意逮捕和杀害进步文化界人士,柔石、殷夫、刘煜生、史量才、杜重远等相继被杀害或判刑。

(三) 新闻自由运动

第二次世界大战后期国际思潮发生了明显的变化,国际上再度对民主和人权予以重视,人权问题提到维护世界和平的高度。在 1945 年旧金山《联合国宪章》第一章第一条"联合国宗旨"中指出:"促成国际合作,以解决国际间属于经济、社会、文化及人类福利性质之国际问题,且不分种族、性别、语言或宗教,增进并激励对于全体人类之人权及基本自由之尊重。"与此同时,中国的知识分子认为在这次大战爆发前和战争之初,一些人被军事声势的表象所震撼摇惑,"遂认为民主政治,已届没落的时期,意味独裁政治行将成为今后世界政治演进的一种合理新形态,于是相率效尤,领袖独裁,厉行党治的风气,张甚一时"。但伴随着国际反法西斯战争的节节胜利,民主政治的价值"乃为各国所重新认识","加强重视","一般人均认为墨索里尼之坍台,所影响于世界政治的重要性,将较其影响于欧洲战事者为多,从此独裁政治,将日趋于崩溃,民主政治,更将普遍地成为世界各国政治形态的唯一极则"。[①] 人们反思法西斯兴起的教训,《世界人权宣言》第十九条明确规定:"人人有权享有主张和发表意见的自由,此项权利包括持有主张而不受干涉的自由,和通过任何媒介和不论国界寻求、接受和传递消息和思想的自由。"

欧美各国的新闻自由运动,就是在这样的背景下发起的。1945 年 3

[①] 龙显昭:《张澜文集》,四川教育出版社 1991 年版,第 185—186 页。

月29日，美国新闻代表团来华活动，引起中国新闻界的一股自由思潮。受此影响，国统区在声势浩大的民主运动中，宣扬和鼓吹新闻自由的新闻自由运动开展起来，历时三年。战时国家利益高于新闻自由，报纸出版前必须接受新闻检查，战后国民党宣称国家即将进宪政，要求开放禁令的呼声日高。中国新闻界在国际新闻自由思潮的影响下，发动具有实质性的争取新闻言论自由的运动。1945年，重庆、成都、昆明等地先后发起"拒检运动"，之后，出版界又要求废除一切限制新闻出版自由的法令。《中央日报》配合新闻自由运动发表题为《舆论政治时代的来临》的社论："（新闻检查的废除）是推行民权主义的政治建设的一环，是言论出版自由从军政训政时期转到宪政时期的分野，是国民革命转到一个新阶段的纪程碑。它的作用是让战后的中国向着舆论政治而迈进。"①

国民党当局顾虑到宪政开放是获取美援的必要条件，表面上不得不做出民主自由的样子，但这在一定程度上也使得国民党对新闻界的控制略有放松。以国民党党报南京《中央日报》为例，战后《中央日报》报社内部产生自由化倾向，由以往的"先中央后日报"转向"先日报后中央"，强调新闻报道的重要性，这与社长马星野的提倡关系密切。曾就读密苏里大学新闻学院的马星野在《中央日报》上发表系列文章拥护新闻自由，介绍新闻自由思想的缘起与新闻自由运动的概貌。他提出"形成民意、表达民意，最有效、最周到的方式，却是新闻纸"；新闻纸是"民治之基石"。② 他还立志将《中央日报》办成一份报纸而非传单，"办报要杂志化，让读者多知多得才能打开销路，尤其是要摆脱党报的窠臼"。③ 自由风气的盛行，最终在"金融弊案"的报道中淋漓体现，党的机关报自己揭露中央要员的贪污新闻，消息刊出后引爆全国。

国民党对新闻界控制略有放松的同时，又声称国共两党内战正酣，仍需对新闻自由有所限制，并称这些限制为临时措施。1948年，新闻自由运动在"反共戡乱"的全面爆发中夭折。总体而言，国民党空谈新闻自由却在实际行动中背道而驰的做法，使得许多民营报纸和走中间道路的自

---

① 《舆论政治时代的来临》，《中央日报》1945年10月1日。
② 马星野：《新闻自由论》，南京中央日报社1948年版，第39页。
③ 周培敬：《中央社的故事——民国二十一年到六十一年》（上册），台北三民书局1991年版，第329页。

由派报纸逐渐在内战后期流失到共产党阵营。

三 宪政运动与新闻传播制度变迁路径

(一) 第一次宪政运动与新闻传播制度

抗战时期，以中间党派及知识界为代表的大后方民主力量所发起的宪政运动，是直指国民党一党专制、力争实行法治以保障人权的进步运动。

实现法治下的民主政治，不仅是社会各阶层的迫切愿望，也是抗战形势的迫切需求。在1939年9月间召开的国民参政会第一届第四次大会上，实施民主成为主要的议题。在审查委员会召开的扩大会议上，围绕结束党治和保障各抗日党派合法权利及推行宪政问题，展开长时间的激烈辩论。在野党派所说的"结束党治"是指结束国民党的一党专制，但国民党参政员却故意把"党治"与西方民主国家的政党政治相混淆，辩解"现代各国中，如英美等等，那一个没有政党，那一个不是党治"[①]。会议形成了《请政府定期召集国民大会实行宪政决议案》，蒋介石认可了参政会的这一决议，并在闭幕词中承认它是本届会议"最大之贡献"。随后，他决定由25人组成国民参政会宪政期成会。以《请政府定期召集国民大会实行宪政决议案》与国民参政会宪政期成会成立为标志，抗战以来第一次宪政运动很快在全国各地开展。

宪政期成会提出的《中华民国宪法草案（五五宪草）之修正草案》（以下简称"期成宪草"），却未能得到足够的重视。"期成宪草"的政体设计具有一定的分权制衡色彩，存有打天下者坐天下观念的国民党人不可能接受这样的方案，这便决定了"期成宪草"难逃胎死腹中之命运。作为宪政期成会半年来唯一成果的"期成宪草"，经蒋介石"强有力之表示"后，轻易被"无形打消"。

就宪政及人权保障体制来看，"期成宪草"在人权保障、政治信仰、中央和地方的关系等方面，与"五五宪草"几乎没有区别。在"个人无自由，惟团体才有自由"思想的指导下，"期成宪草"中的人权条款，如"人民有言论著作及出版之自由，非依法律不得限制"，仍采法律限制主义，而非宪法保障主义，以往限制和剥夺人民各项自由权利的法律，如

[①] 邹韬奋：《抗战以来》，韬奋出版社1941年版，第128页。

《出版法》、《危害民国紧急治罪法》援引规定可继续存在；在国民党一党专权的政治背景下，"期成宪草"仍把执政党的意识形态写入其中，第一条即规定"中华民国为三民主义共和国"；在中央与地方关系上仍采中央集权制。

不久，国民政府宣布原定于 1940 年 11 月 12 日召开的国民大会不能按期举行，日期另定。这种毫无诚意的拖延态度，致使抗战中期轰轰烈烈的宪政运动趋于沉寂。这充分表明蒋介石及国民党最高层仍不愿放弃国民党的党治和特权，缺乏结束训政的诚意。

（二）第二次宪政运动与新闻传播制度

第一次宪政运动夭折之后，国民参政会的活动渐形减色。由于国民党当局拒不开放民主，不断制造反共摩擦，压制进步人士与进步文化事业，团结抗战的局面随时有被破坏的危险。因此，中国民主政团同盟的成立呼吁民主团结，要求保障人民基本权利的呼声再度高涨，民主力量增强。中国作为国际反法西斯阵线的主要成员国，美国相当重视中国战区的战略意义。1941 年，皖南事变发生时，美国当即表示希望中国避免内战。1943 年，蒋介石曾一度策划进攻陕甘宁边区，企图解散中国共产党，致使国共关系再度紧张。美国政府通过各种渠道向国民党集团传达他们希望中国保持团结抗战局面的意图，以便集中力量抗日。鉴于来自国内国际方面的压力，国民党当局不得不再次提起宪政问题，摆出推动宪政的姿态。

国民党的态度转变，虽然很大程度上是做给盟邦看的，但毕竟打破了宪政运动长期沉寂的局面。1943 年 9 月，《时事新报》、《大公报》、《新民报》等较有影响的新闻媒体，也极力呼吁实行宪政。强烈的社会舆论，迫使蒋介石同意组织"宪政实施筹备会"。1943 年 10 月 13 日，国防最高委员会研究国民参政会决议案时，将"宪政实施筹备会"改名为"宪政实施协进会"。第二次宪政运动也在国统区率先开展起来。从 1944 年初，便陆续在各地开展。

第二次宪政运动最为关注的是保障言论自由与人身自由等关系到人民权利的实际问题。一直以来，国民党摧残人民言论自由的事例层出不穷。1938 年下旬，邹韬奋等 72 人在国民参政会一届二次大会上提出《请政府撤销战时图书杂志原稿审查办法以充分反映舆论及言论自由案》。此后，参政会虽多次做出类似决议，但均未得到执政当局的批准，压制舆论的现

第三章 训政时期国民党的新闻传播制度（上篇）

象仍有增无减。1941年11月，在国民参政会二届二次大会上，沈钧儒领衔提出《请政府迅即对于言论与研究加强积极领导修正消极限制以通民隐而利抗战案》，再次提出言论自由问题。沈案是国民参政会成立以来在言论自由问题上最有分量的提案。该案指出，保障人民之自由，可以"使人人皆能发挥其优点"，从而促进社会之进化，增进国家民族之利益。抗战时期，为发挥全国人民"最高之力量"，取得抗战的胜利，更应"切实保障人民言论、出版、集会、结社之自由"。当时国民党内一些人鼓吹限制人民自由的重要理由就是，抗战必须要统一全国人民之意志，而"倡导人民自由"，则国是难定，人民将"涣散分歧"，不知所从。针对这种说法，沈案指出："抗战之所以要求者，乃人民意见之真趋于一致，而非人民言论之故作和同，更非人民之缄口不言。后者乃限制人民自由之当然结果，实于抗战为绝对不利。反之，保障人民自由，则可使人各尽所欲言，言各得其评价，如此切磋争辩，方能见说服感动之效，收意见一致之功。"该案还提出废止审查图书杂志，检查报纸，限制集会结社，限制学校师生言论与书面研究讨论等一切规章指示，纠正随意封闭书店、扣押书籍等做法的严正要求。[①] 但这一提案事实上仍未能扼制国民党钳制言论的政策和做法。

宪政实施协进会成立后，1943年10月初，张君劢、褚辅成、左舜生、李璜等人向王世杰、邵力子郑重表示：宪政实施的筹备工作重心应放在言论自由的逐步开放方面。随后，宪政实施协进会第一次会议上提出数项"关于改善新闻检查及书籍审查办法"的提案。[②] 不久，张君劢又提出《人民基本权利三项保障案》，黄炎培对张案提出呼应。在这种情况下，宪政实施协进会一致认为"现时图书杂志审查与新闻检查制度必须改善"。但是，对于具体办法却存在两种意见，一种主张"改善事前检查"，另一种认为应该"废止事前检查"，最后决定将"两种意见之利害得失"分别向最高当局详细说明。蒋介石在对宪政实施协进会的批示中说道：

---

① 沈钧儒等：《请政府迅即对于言论与研究加强积极领导修正消极限制以通民隐而利抗战案》，《国民参政会第二届第二次大会纪录》，国民参政会秘书处编印，1942年9月，第96—97页。
② 《协进会决议，发动全国人士研究宪草，言论检查办法应予改善》，重庆《大公报》1943年11月13日。

"现值战时，报纸言论记载，动与战局人心息息相关，检查制度未便遽行取消，即现行检查办法，究应如何改善之处，亦尚须慎重研究。"[①] 事实上拒绝了宪政协进会的建议和要求。

宪政实施协进会争取放宽言论的同时，社会对言论自由的呼声更为强烈。重庆、成都、昆明、桂林等地报刊，纷纷发表要求新闻自由的文章。值得注意的是，《新华日报》也特别发表文章，其中引证丘吉尔访问意大利时的一次公开演讲，强调其演讲中所提出的检验民主自由的六条标准，其中第一条便是"人民是不是有自由发表言论，反对或批评他们政府的权利"。[②] 同日，《新华日报》的另一篇文章则针对国内的情况提出，在中国倘若提出检测自由的最低标准的话，那第一个就是看人民是否有了"言论、出版、集会、结社、选举等权利和身体的自由"。[③]

这种强大的争取言论自由的社会舆论，对促成宪政实施协进会1944年9月21日通过《改善书报检查办法》案起到了至关重要的作用。此办法于12月14日经国民党中央秘书处审查通过，但以蒋介石为首的国民政府没有开放言论自由的诚意，因此此办法不可能认真实行。人民花大力气争得的，仍不过是纸上的自由。

第四节　对国民党新闻传播制度的评价

一　党治下的新闻传播制度

正如阿尔都塞所说，媒介不仅反映现实，而且建构现实。媒体辅助集权国家在具体的行政权力之外实施新闻与舆论的控制，传播国家主义的意识形态。这种对党国意识形态的传播以及对国家想象的建构，是大众传媒的重要功能。

要考察国民党的新闻传播制度，必须弄清其权力结构：

（一）作为一种政体的国民党党国体制

国民党党国体制是由党掌握国家政权，决定国家权力的组织，确立国

[①] 秦孝仪：《中华民国重要史料初编·对日抗战时期》（第四编第二册），中国国民党中央委员会党史委员会1988年版，第1793页。
[②] 《是法西斯还是民主》，《新华日报》1944年8月30日。
[③] 《丘吉尔的民主标准》，《新华日报》社论，1944年8月30日。

家的基本制度，支配国家权力运行的政体。在法律对党的领导地位有规定的情况下，党是国家中最重要的一部分；在缺乏法律明确规定的情况下，党则在国家之上。孙中山称之为"党在国上"，[①] 即党在政府之上。

主权在党意味着党国体制中，权力是一元的。只有一个唯一的执政党，公共权力被国民党垄断，不允许其他党派合法存在。"国民党以党治国，从'党外无党'与'党内无派'的原则上，表现出来他的权力的单一性，这是人人承认的……党的分部虽然不止一个，而最高的党部只有一个；行使权力的机关虽然不止一个，而权力的最后来源却只有一个。故国民党所有的权力，并不是一部分的权力，而是整个的权力。他的权力有最高无上，绝对无限，独立而无牵制，惟一而不可分的性质，也是人人承认的。所谓一党专政，所谓民主集中制，都是从这个原则演绎出来的结果。"[②] 党治就是一党政治，"就是一个国家只有一个政党来管理政治"。[③] 中国的国民党党治，党产生政府，党即政府，政府即党。"三民主义政治的意义即是党治的意义：总理所说的政治意思即是党治。"[④] 即使是后来迫于形势，国民党在事实上承认了其他党的存在，但其他党仍然无权和国民党竞争政权。

党国的合法性赋予一种意识形态以真理性，并在此基础上改造社会，由此党义在法律上具有至上性，国民党宣称："本党之主义即为全体人民要求之主义，本党之政策即为救国之不二政策，中国国民党即为中国全体民众之政党。"[⑤] 三民主义是国民党的党义，国民党的党义不仅写在《国民党总章》中，还写在国家根本法中，《训政时期约法》序言即声明"国民政府本革命之三民主义、五权宪法，以建设中华民国"，明确将国民党的党义作为国家政治的最高原则。国民党的党义在法律文件中被赋予至高无上的地位。党义成为判断法律有效性的标准，党义具有普遍的法律效力。

---

① 广东社会科学院研究室编：《孙中山全集》（第九卷），中华书局1986年版，第122页。
② 遁公：《集权与分职》，《现代评论》1927年10月22日第6卷第150期。
③ 罗隆基：《训政应该结束了》，《独立评论》1935年10月6日第171号。
④ 君山：《现代政治与中国——关于各党各派合作论》，《中央日报》1937年3月13日。
⑤ 荣孟源：《中国国民党历次代表大会及中央全会资料》（上），光明日报出版社1985年版，第258页。

国民党强化意识形态宣传，重心在三民主义的重新诠释及以党治国理论的构建。大体而言，"九一八"事变前，意识形态由胡汉民主导，强调以党治国的制度安排，主张按照法制程序运作党国权力。之后，蒋介石主导意识形态，不再强调制度安排，而是导向个人集权理念的构建与宣传。蒋介石担任国民党总裁后，个人集权制确立，国民党意识形态更充满对蒋氏的神化与崇拜，但却与抗战及战后逐渐增长的民主政治文化相悖。国民党一党专政和蒋介石个人集权的意识形态遭到各民主党派、知识精英，以及广大民众的普遍反感与唾弃，三民主义也因国民党的阉割和扭曲丧失了其民主的精髓。

（二）服膺党国体制的新闻统制制度

国民党的新闻机构理所当然地成为党的喉舌以宣传党义，是国民党进行党化教育的工具。在新闻报道和宣传内容上，"党义是我们检查一切的总标准"。[1] 条例规定党报的各个部分都必须以"本党主义及政策为最高原则"，用三民主义作为唯一的思想钳制工具，并作为判断其他政党及人民思想言论正确与否的标准；言论方面要解释党的政纲政策，并以"一贯之精神"分析各种实际问题；新闻方面"要利用实施阐扬本党主义及政策"；副刊则要"尽量利用理论的、事实的、艺术的方法宣传本党主义及政策"，"辟除纠正一切反动的、谬误的主义及其政策"；在宣传纪律上，规定"各党报需绝对站在本党的立场上，不得有违背本党主义、政策、章程、宣言及决议之处；各党报需完全服从所属各级党部之命令，不得为一人或一派所利用；各党报对于各级党部及政府送往发表之文件，需尽先发表，不得迟延或拒绝；各党报对于本党应守秘密之事件绝对不发表"，若违反这些纪律，将分别予以警告、撤换负责人直至改组编辑部。[2]

在权力一元的极权体制下，新闻传播业受制于党权，施行所谓的新闻一元主义。训政时期，党国之间界限难定，不管党营非党营，全国新闻事业的相关业务都由国民党中央宣传部负责掌管。战前国民党中央宣传部不仅是党的最高新闻决策机关，也是掌管全国新闻事业的中心。抗战爆发

---

[1] 胡汉民：《建设不尚虚饰》，《中央党务月刊》1930年4月第20期，选辑页第184页。
[2] 方汉奇：《中国新闻事业通史》（第二卷），中国人民大学出版社1996年版，第352—353页。

后，新闻管理机构则分为战时新闻检查局、图书杂志审查委员会、中央宣传部三个系统。国民党主要透过中央宣传部管理旗下的党营新闻机构，通过电台发拍关于宣传的各种指示以及对重大事件的新闻处理和言论尺度，甚至有时还发拍社论。虽然战后行政院成立了新闻局，以求党、政新闻主管机关的分离，但这种配合宪政体制的宣传部改隶问题最终难免流于形式，对内的新闻宣传仍掌握在国民党中央宣传部手中。此外，中央宣传部与各党营机构也有着较深的渊源。《中央日报》最早的三任社长即由中宣部长兼任，中央社的前身是中宣部的新闻科，因为这样的联系，这些党营新闻机关极易受到中央宣传部的影响。

新闻统制制度是党国体制下的必然产物。为确立政党的合法性地位，国民党重视社会控制，排斥异己。早在南京国民政府建立之初，国民党当局就在上海、南京等地实施新闻检查，后来又一再以"戒严期间"、"讨逆期间"为由在各地厉行新闻检查。到1934年，国民党公开在上海、南京、北平、天津、汉口等地设立新闻检查机构，使新闻检查公开化、制度化。张季鸾曾批评当局完全不了解保障言论自由为各级政府本身固有责任，反而"以严重取缔为当然，以缓和对待为宽大"，以至于抹煞了报界合法的生存空间。更等而下之的，则滥用权限，凭一己之喜怒检查新闻。[①] 与新闻检查制度并行的是严厉的图书杂志审查制度，各地新闻机构须向各级党部宣传部备案送检。由于新闻检查和图书检查的开展，国民党各级新闻检查机关和邮政部门业务繁忙。新闻统制制度通过国民党的新闻机构得以落实，在战时新闻发布权在中央社控制之中，就连各民营报刊内容也都大同小异，形成官方新闻的独霸之势。

新闻统制制度的实施，为宣传国民党中央和国民政府的政策纲领、统合思想文化界起到了极大的推动作用。站在管理者角度的叶楚伧曾说："在新闻界方面怕干涉，而在本党管理新闻事业的同志方面，怕出乱子，因此彼此之间麻烦而不痛快的心理避免不了……我觉得应该使各报的编辑人有明了不能登载的理由的必要。"[②] 掌管国民党新闻事业的头号人物陈

---

① 张季鸾：《关于言论自由》，《季鸾文存》，见吴相湘编《中国现代史料丛书》（第二辑），台北文星书店1962年版，第159页。

② 叶楚伧：《本党与新闻界的关系和确定以后努力的方向》，见《叶楚伧先生文集》（第二册），党史委员会1983年版，第4页。

布雷则对新闻检查者提出这样审慎的建议："愿行法之人顾大体而略小节，谙法意而少运用……故除诚心反动之宣传品外，对于一般，与其严毋宁恕，必使舆论出版界有发乎爱党国之真诚而自知审慎，然后可达所期之目的，万不可打草惊蛇，反致顾此失彼。"① 新闻统制制度的实施，引起了民营报刊和其他一切宣传非三民主义思想报刊的反感，使得国民党树敌过多，当政治斗争日趋激烈和国内局势紧张之时，国民党及国民党系的报刊显得更加孤立无援、危机重重。

（三）从中央与地方关系来看新闻传播制度

国民党的党国体制在中央地方关系上实行权力统一原则。中央通过政党和政府两种渠道对地方进行控制。政府控制是政府体系内的中央政府对地方政府的控制，政党控制则是党中央通过地方党组织控制地方政府。政党控制体现在地方党政关系中，最初是直接党治，训政前期"凡各级党部对同级政府之用人、行政、司法及其他举措，有认为不合时，应报告上级党部，由上级党部咨其上级政府处理"。② 即地方党部不能直接干涉地方行政，中央党部也不能直接干预地方行政。党对政府没有直接干预的权利，中央对地方的控制必然主要是政府体系内的控制，党对地方政府的控制在一定程度上存在，但居于次要地位。

就拿党中央对党营新闻机构的管理说，党报接受党中央的指挥，对中央和地方党报施行分级管理，"直属于中央之各党报由中央宣传部直接指导之，其属于各级党部之各党报，得由各级党部秉承中央意旨领导之，但须按月向中央报告"。人事权紧握在党的手中，"凡中央及各级宣传部直辖之日报杂志，其主管人员及总编辑由中央或所属之党部委派之"。

客观上说，训政前期国民党只是形式上统一中国，但被收编或易帜的地方政权仍在实权上维持不变。国民党希望在各地建立党的组织来实现政治的统一，但这一努力在抗战前，基本上没有成功。党向各地方实力派控制的区域渗透，遭到了顽强的抵抗，大多数地方没能建立其党组织，"在北伐结束后的五年内，只有不到一半的省份建有党的正式机构，全国只有

---

① 陈布雷：《对宣传品审查条例之意见》，李云汉主编：《陈布雷先生文集》，国民党党史委员会1984年版，第123页。

② 荣孟源：《中国国民党历次代表大会及中央全会资料》（上），光明日报出版社1985年版，第756—757页。

不到百分之十八的县设有党部，而且大部分在长江流域"。少数建立起来的组织也不断陷入和当地政府的矛盾冲突中，无法有效开展工作。加之，中央固然是以蒋介石为首的军事首脑的舞台，而地方实际上则实行的是军治。国民政府在抗战前，由于中央与地方关系的特殊性，相当一部分省政权仍为地方实力派把持，军事首脑兼任地方行政长官的现象非常普遍。军事首脑兼任行政长官客观上也是因为军政未能统一，地方军的给养不是统一由国库支出，而往往必须依赖地方。

由于地方政府在人、财、物上具有主要的控制权，很容易形成独立的利益集团，而在组织和思想上与党分离。同时，党的机关对各种资源没有控制权，无论在人才还是设施上都明显不如地方政府。因此，地方报纸往往受制于地方政府，"检查新闻者，往往缺乏常识，乱抽乱检"。[①] 地方新闻检查基本没有章法。地方报纸不能批评省政府、县政府，与军事单位有关的新闻更是大忌。

此外，因为地方政府的相对独立性，地方报纸被地方政府利用为对抗中央的斗争工具。地方报纸有时还会出现较为宽松的批评空间，但是却常常用于批评中央，虽然批评较为开放和激烈，但却不能就此断定地方政府给地方报纸以更大的新闻言论自由。

到了抗战时期，为改变党政分离的状况，国民党中央加强了地方党政联系，于省一级采取党政联系的方式，在县一级采取融党于政的方式。一方面建立党政机关人事上的密切联系使掌握行政权力的从政党员不能脱离党的组织，另一方面通过建立和加强党对政府行政的监督，使政府行为处于党的有效控制之下。但在战争状态下，由于资源调动和整合的需求，军事机关自然取得权力机构的中心地位。

国民党用了近十年的时间，才基本做到了军令统一。由于战争机制的存在，战时军事机关的首脑不可避免地被赋予了极大的权力，正常的决策程序也被更加强调时间和效率的军事决策方式所取代，决策程序中本应有的对权力专横所具有的制约作用被无形中消除了，由于适应战争需要，权力独断成为一种普遍现象。军事体制天然地要求相当程度的独裁，战争机制的长期延续所导致的军事机关的突出地位和军事领袖的独断权力，对于

---

① 黄天鹏：《中国新闻事业》，现代书局1931年版，第147—148页。

维护政体民主性构成威胁。对于党国体制，当战争机制成为一种常态的时候，军事领袖由于军事体制的特征而获得了独裁的权力，这种权力的行使使得党内民主向独裁制度演化。战时实行军权统治，新闻管制更趋严格，新闻检查局隶属军事委员会，负责中央层级的新闻检查，各省市设新闻检查所，重要县市设新闻检查室，配合军方便利的地方渗透形成严密的战时新闻检查网。

二 人治下的新闻传播制度

（一）领袖独裁的极权统治

独裁政治是一人或一个集团因为要排除障碍以实现一定的目的，乃暂时独揽国家的权力，而不受任何拘束的统治形态。①

1933年9月，蒋介石在江西对一批国民党干部发表演讲时，则直接表露了建立法西斯主义个人独裁："法西斯主义的一个重要观点是绝对信任一个贤明和有能力的领袖，除了完全信任一个人外，这里没有其他领袖和主义。"蒋介石最后要求："从今天起，我们加入这个革命团体，我们就把我们的权力、生命、自由和幸福完全委托给了团体，并且立誓忠于领袖……这样我们才能第一次真正地称为法西斯主义者。"② 这里，蒋介石甚至将称为"法西斯主义者"定为这些国民党干部的奋斗目标，其用意已表露无遗。类似的言论还有1935年蒋介石对蓝衣社成员的一次集会上的演讲："今日中国所需要的不是讨论未来中国将实行何种理想的主义，而是需要眼下将能救中国的某种方法"，"法西斯主义是一种对衰弱社会的刺激……法西斯主义能不能救中国？我们回答：可以。法西斯主义是目前中国所最需要的。""在中国现阶段的紧急形势下，法西斯主义是最适合的一种奇妙的药方，而且是能够救中国的唯一思想"。③ 这两次讲话是小范围的，之后也没有进行过多的宣传，但是蒋介石对法西斯主义的推崇之心却显而易见。

正是蒋介石对法西斯主义的推崇之心，使得国民党逐渐形成以蒋介石

---

① 萨孟武：《政治学》，台北三民书局1986年版，第202页。
② ［美］易劳逸著，陈谦平、陈红民等译：《流产的革命——1927—1937年国民党统治下的中国》，中国青年出版社1992年版，第58页。
③ 同上书，第54页。

为轴心的一党专政的党政体制。国民党实行事实上的领袖独裁制,独裁体制围绕一个中心人物。"一党专政的前提在于党内有无一中心人物。所谓'中心人物',即在决定最高政策时,虽咨询辅助机关不可或无,但不许有一个以上的决断权。"蒋介石是国民党党政中的中心人物,"国民党党章,并非领袖制",然而"实际公认蒋介石先生为领袖"。①"一般社会心理认为蒋公之所在,即为民国政府所在,多视南京政府为正统。""只注意国民党政府的结构,或者比如说,只注意行政院和立法院的表面关系,将是错误的。因为无论蒋介石在党、政、军中拥有何种正式职位,他都对整个政体行使最高权力。他执行这一权力极少顾及正式的指导系统。"②

国民党的领袖个人在政治生活中起决定性的作用,蒋介石在制度形式上并不是党政的最高权威,实质上却是最高权威。"蒋介石在南京政府里的力量是举足轻重的,这一点毫无疑义。"③ 所以国民党行使党权的方式,完全是以蒋氏为中心,国民党无异于蒋氏一人的顾问机关,而该党的党员也无异于蒋氏私人的工具。与此同时,"对蒋介石的个人崇拜确在逐渐形成,譬如,在1936年10月29日他50岁生日时,出现了称颂过度的场面。这一年的大部分时间里在为这个显著的活动做准备工作"。④ 蒋介石的地位和权力日益加强,这种事实上的领袖制就是一种人治——不合乎正义原则的人治。

以蒋介石为首的主流派是国民政府政治权力的核心。蒋介石决定一切,蒋氏是发号施令者,中常会、中执会和全代会对蒋介石唯命是从。国民党中央党部领导人连任率很高,汪精卫、胡汉民、戴季陶、于右任和丁惟汾等人曾连任达五届之久,蒋介石、孙科等人连任也达四届。总章上的任期制规定只是做做样子,从未真正实行过。这种几近终身制的存在,使得国民党领袖变成独裁者,不但民众不能就连国民党党员也无法对在职领袖的政策和政绩进行复决和审查监督。国民党的党政体制是一种具有浓厚

---

① 《国民大会与宪政》,《国闻周报》1937年6月7日第14卷第22期。
② [美]费正清:《剑桥中华民国史》(下),中国社会科学出版社1994年版,第154页。
③ [美]易劳逸:《流产的革命——1927—1937年国民党统治下的中国》,中国青年出版社1992年版,第338页。
④ 同上书,第324页。

的封闭性、独占性色彩的党治国家体制，它是以蒋介石为重心的，国民党歪曲性地吸收苏俄一党制经验和孙中山以党治国思想，而建构的由国民党统宰一切的国家政体。①

（二）极权独裁者对新闻传播制度的影响

除了透过国民党中央宣传部这样正式的渠道对报纸进行督导外，还有人为影响的途径，即蒋介石个人意旨的下达。蒋介石认为《中央日报》代表政府及其个人而发言，比任何宣传机构都还重要，因此每天出的报纸，必须在当天呈阅。② 蒋介石看完报纸后有任何意见，常常直接致电相关负责人，或是透过侍从室转达意见。侍从室1932年成立，由蒋介石直接管辖，是超越中央党部、行政院、军事委员会之上的特殊机构；其下分三处，"文胆"陈布雷负责第二处，处理有关党务、政务、外交、情报等工作。③ 陈布雷平日要草拟蒋介石的重要文稿、召开宣传会议、督导各地党报等。陈布雷在党内的重要性，不仅因他是蒋介石的"文胆"，更表现在逐渐成为国民党宣传方面的主持人和决策人。战后，陈布雷继续主持宣传事务，中央宣传部对各省市成立党报，多经陈布雷一手安排。陈布雷对战后的外围党报《申报》、《新闻报》其影响更大，二报都聘请陈布雷为名誉总主笔，陈每到上海都要找两报的同人谈话，二报的主要负责人几乎每星期轮流去南京向当局汇报情况。④

在蒋介石的个人极权制约下，训政体制下的法律权威和机构权威处于配角地位。"政府的真正实权所在，始终是围绕着委员长转的。委员长不仅是行政院的头，军事委员会的头，党的头，如果化成实权来说，他是万物之首。"⑤ 党营新闻机构的工作者常遭斥责，陈果夫对此曾上书蒋介石："本党宣传工作之不善，由来矣久！以积久之颓风，自难挽回于顷刻……凡不参加机要会议者，不知各方之真情，不接近钧长者，又何能知钧长之意旨！"他奉劝蒋介石："此应请钧长特召集负责之人，予以提示，但请

---

① 高华：《关于南京10年（1928—1937）国民政府的若干问题》，《南京大学学报》1992年第2期，第23页。
② 沈宗琳：《记者生涯四十年（二）》，《报学》1982年第6卷第9期，第83页。
③ 张令澳：《我在蒋介石侍从室的日子》，周知文化事业公司1995年版，第14页。
④ 《申报编辑部大事记》，申报新闻报档案，上海市档案馆藏。
⑤ 何廉著，朱佑慈等译：《何廉回忆录》，中国文史出版社1988年版，第115页。

勿再以着急、盛怒、责骂或叹息之态度处之……因人受责骂之后，心中不安，非恼怒即自怨，非恐怖即颓丧，其思虑决难开展，且必日愈迟钝。闻主持宣传者，近来均有此现象，若再督责过严，恐反欲速不达也。"①

国民党在南京建立政权后，为笼络民心，维护和巩固自己的统治，许诺给新闻界以新闻自由是其策略之一。1929年12月28日，蒋介石发出"大公报并转全国各报馆"的通电，宣称从1930年元旦起，"于国事宣灼见，抒谠言……（对于国民党当局的）党务、政治、军事、财政、外交、司法等各方面……以正确之见闻，作翔实之贡献，其弊病之所在……并请尽情批评"。国民党随后还撤销了各地的新闻检查机构，停止新闻检查，做出了开放言论的姿态。但随着蒋介石集团独裁统治的逐步建立，民主自由渐行渐远，"独裁政党为使一党独揽政权，绝对不容他党存在，甚至不允许党内的派系存在。于是独裁政党或主流派系独行其是，对不同意见没有宽容的余地，自然没有妥协的可能，从而国家的意志由独裁政党所包办……在独裁政治之下，迷信等级主义，信奉'优秀人群'，相信'领袖原则'，故国家大政方针，完全由统治者独断专行，代表民意的立法机关不存在，独裁政党的权力在一切之上，独裁政府的施政不容批评。人民对政治真相不明了。独裁政党对其反对者实行暴力的镇压手段"。② 国民党在国统区施行的文化围剿就是针对共产党和其他革命团体、进步人士的新闻文化活动。"以言论结社集会出版自由这一点来说，那一次大会中没有这样的决议？然而扣报纸者依然扣报纸，封报馆者依然封报馆。民众运动依然可以用命令禁止。政党活动依然是反动行为。"③ 1931年"九一八"事变发生后，全国发起抗日救亡运动，在蒋介石集团"攘外必先安内"的政策指导下，对一切抗日救国的言论宣传均予以镇压，封报捉人现象屡见不鲜。

到了抗战时期，国民党更以"国家至上"的原则，要求人民要"牺牲各个人的自由"，要求"新闻界之努力与建国方针相适合……今当全国努力抗战之时，我新闻界为国奋斗责任之重大，实不亚于前线冲锋陷阵之

---

① 陈果夫：《上蒋委员长建议今后党的宣传工作宜重人才培养延揽、启发鼓励书（1943年5月7日）》，李云汉主编：《陈果夫先生文集》，国民党党史委员会1993年版，第26—27页。
② 曹伯森：《政治学》，台北三民书局1985年版，第184—186页。
③ 《三中全会开会以前》，天津《益世报》1932年11月3日。

战士。如何宣扬国策，统一国论，提振人心，一致迈进，达到驱逐敌寇，复兴民族之目的，而完成三民主义国家之建设，实唯新闻界积极努力是赖"。① 其后，因为"发挥自由的精神，激扬军民信心，争取最后胜利，促进宪政的实施，协助完成政治的民主化，这是今后中国新闻界的神圣任务，不容我们不黾努力。言论报国，此正其时！"② 新闻自由运动在这样的背景下兴起后，蒋介石亲授新闻界一定意义上的言论自由，但新闻界所期望的"完全的自由将随抗战的胜利而实现"的情况并没有出现。新闻界在反思新闻检查制度的取消后，认为取消新闻检查也不是获得真的新闻自由，"所谓新闻自由，除了取消检查制度外，至少还包括采访自由、传递自由及发布自由。这些自由是否实现，还要看新闻垄断制度（即国民党中央通讯社对国际新闻的垄断）及歧视制度（国民党对民营报业的歧视）是否依然存在"。③ 事实上，国民党在取消新闻检查制度之后，压制言论自由、捣毁报社、逮捕和杀害新闻者的事件仍层出不穷。

正如马星野第一次明确提出"三民主义新闻事业"概念时所言："一切制度因观念不同而异，一切文化工具因所求的鹄的不同而表现出不同的形态。"细分的话，"一切制度的背后，有着理想，一切方法的核心，有着目的。因为共产主义的理想，所以产生苏联现状下的新闻事业。真理报、新闻报、塔斯社都是工具，无产阶级的利益才是目标。因为个人主义、自由主义的理想，所以产生了英美法等国的新闻事业……因为法西斯蒂主义、极权主义的理想，所以产生德意各国现状下的新闻事业。德意志社、海通社、斯蒂芬尼社、观察报、哥贝尔、盖达等都是工具，独裁者及其少数统治阶级之利益才是目的"。④ 国民党党政体制模式是通过政治权力和个人独裁所形成的政治高压和行政高压推动政治动员，强行配置社会资源，这种运行方式使社会进程丧失常规。这就折射出国民党新闻传播制度的形成，一方面是通过类似中央宣传部这样所谓的正规行政渠道进行规划，一方面还是上层领袖意旨主导的结果，并最终因为独裁政治的盛行成为"独裁者及其少数统治阶级利益的体现"。

---

① 蒋介石：《今日新闻界之责任》，《新闻学季刊》1930年第1卷第3期。
② 《大公报》1943年10月1日。
③ 《大公报》1945年10月13日。
④ 马星野：《三民主义的新闻事业建设》，《青年中国》创刊号，1939年9月30日。

(三) 极权独裁政治中的控制主义

独裁政治主张国家的权力应扩张到极限,各种社会组织、社会团体和民众的公私生活应在国家严密控制之下。国家的统治权由一个集团所垄断,人民没有平等参政的机会,只是听从独裁者的指挥,因而统治者的权力不是基于人民的同意。也就是说政治不以公意为基础,公意的产生通常经过三个步骤:个人意见的发表;众人意见的竞争;多数决定的成立。三个步骤进行的前提是言论自由和结社自由。与此相反,它是独裁政治之所忌。[1]

独裁政治的指导思想是控制主义。控制主义包括思想控制和军事控制。在国民党一党独裁之下,国民党全面控制社会,它的影响无孔不入,整个社会生活高度政治化。国民党政权通过意识形态、组织结构、公务员队伍以及政治动员对社会生活各领域进行全面渗透,对各种社会资源实行全面垄断。在它的强力控制下,各种社会组织同时也是政治组织;各种行政机构同时也是社会组织。其结果是政治权力、行政权力和社会权力连为一体,整个社会生活呈现出政治化的倾向。正如哈耶克所说:"极权主义计划和民主计划有着本质的不同。前者使一切个人的欲望和选择服从国家的命令。为了这一目的,它采用各种方式对个人施以强制,剥夺了他的选择自由。在大战极端紧急的状态下,这种做法甚至在民主国家可能也有必要的。"[2]

思想控制是独裁政党功能的表现之一。不许他党存在的一党专治的重要前提是思想必须整齐划一,"党治下的舆论应当不自由","在党治之下,只有拥护国民革命,和同情于国民党的舆论才有扶植的价值,保护的权利;其他的舆论,或是反对党,或是反革命,不但不必扶植,不但不必容忍,而且应当老实不客气的取缔,不如是国民革命的路程上便多障碍了"。[3] 舆论是群众对国家的政策、政府政策、公共问题和对负责处理这些政策和问题的人所公开表示的意见。政治活动家和政府领袖无不重视舆论,并把舆论作为他们决策的依据之一。同时,舆论是政策的反映,舆论

---

[1] 曹伯森:《政治学》,台湾三民书局1985年版,第182页。
[2] [英] 弗里德里希·冯·哈耶克著,冯克利译:《哈耶克文选》,江苏人民出版社2007年版,第276页。
[3] 钱端升:《党治与舆论》,《现代评论》1927年8月6日第6卷第139期。

对决策有约束力。国民党为了宣传党的政策、立场，总是力图引导和影响舆论，使其决策得到广大社会成员支持或改变有利于其决策的舆论。舆论同政府的关系是双轨关系，既相互影响，又相互制约。

三　法治虚位的新闻传播制度

（一）法治不行的独裁政治

独裁政治是以人治和实力为基础，人治之下，宪法和法律不是治国安邦的依据。最高统治者行使其权力时不受民意与法律的拘束，任意推行其自以为正当的政治。虽有宪法和法律，但独裁政党的决议高过宪法和法律。

在训政前期，宪法迟迟不予颁布，这与党政一体的政体有着重大关系。宪法未有，必然导致法律权威不足，法治不立反过来加剧党政一体化。国民党的决议和政府的命令可替代法律及宪法。国民党政府的命令权常易滥用，而命令的颁布出自独裁者，人民的权利毫无保障。国民党的所谓以党治国，一是党义法制化，一是法制党义化。三民主义是党的主义，是国家法制的根据，但不是法律，法律是实现三民主义的办法。只有党义但没有法律去实现党义，党义仍然是空的。

有什么样的政体就有什么样的法律。在党治之下，法律是与党治这种政体相适应的，法是巩固党治的一种手段。党治之下，也需要法治的点缀。"法律也有好坏，或者是合乎正义或者是不合乎正义。这里，只有一点是可以确定的，法律必然是根据政体制定的；既然如此，那么符合于正宗政体所制定的法律就一定合乎正义，而符合于变态或乖戾的政体所制订的法律就不合乎正义。"①

国民党党纲和重大政策自然具有根本法的地位。根本法是决定国家最根本问题即国家权力的组织运行和人民权利地位的法律规范。党纲和重大政策具有根本法地位是党国体制的重要特质之一，党纲和重大政策对国家和人民有着普遍的约束力，并指导普通法律的立法。对于国民党来说，国家法律不能与党的政策相抵触，在法律和政策发生冲突的情况下，政策优先于法律。在一党专制下，国家是党实施党纲的工具，国家的行为实际上

---

① ［古希腊］亚里士多德：《政治学》，商务印书馆1965年版，第148页。

整体置于党的指导之下。国家根本法的制定、修正和解释属于制宪权和修宪权，此权力原则上应由民意机关行使，但在党治时期，国民党实际拥有对根本法的制定、修改、解释权。对其他法律（如非由党的中央机关制定的）则主要从立法原则上予以控制。

在党和政府的二元立法体制中，党的立法权居于上位，政府的立法权居于下位。党决定立法原则，而政府的立法机关负责具体立法，就是这一地位关系的体现。党决定立法原则，可以保证政府颁布的法律与党的政策保持一致，防止政府的法律与党的政策相抵触的情况发生。这也从一个侧面说明了党的政策具有至上、根本的地位。

（二）新闻法制建立与法治虚位

南京国民政府施行独裁政体，在其专制政体下也存在法律规范，但国民党党务机关同时是执行者与立法者，既决定政策，也制定法律。专制政体最主要的特征就是权力的非规范运行，在权力面前，法律往往是软弱的。国民党党国体制中权力的非规范运行是长期专制传统影响的结果，在权力的非规范运行中，个人的影响力仍发挥着非正式的作用，使民主法治仅仅具有表面上的意义。

国民党南京政府为表示走一条民主共和的道路，注重法制建设，制定和颁布了数量众多的法律、条例、规则、办法。其中涉及新闻出版权威性最高、影响最大的是《出版法》，与晚清、北洋政府时期所颁布的同类法律相比，这部《出版法》略微宽松。但为了防止"反对派"滥用新闻自由，法律授权各级党部以审核权利，加之法律文字空泛、语意含糊，解释权在执法机关手中，给予执法者较大的解释空间，导致执法机关常常以莫须有的罪名给报社报人定罪。就法治的本质而言，"法治应包含两重意义：已成立的法律获得普遍的服从，而大家所服从的法律又应该本身是制定得良好的法律"。[①] 国民党南京政府制定的《出版法》并不具备上述法治的两重意义，加之国民党独裁专政政体的人治主导，更显得国民党的统治与法治相悖，"法治不同于人治之处在于，它否认任何个人权威的至上性，不允许有任何超然于法之上的个人权力"。

所以，在1935年《修正出版法》公布实施后，新闻界仍然认为窒碍

---

① ［古希腊］亚里士多德：《政治学》，商务印书馆1965年版，第199页。

难行之处较多，主要表现在：主管官署由省政府或市政府，扩大为由县政府或社会局处置，但新闻报道和评论常常易涉当地官署，由层级较低的县、社会局处置，难免有失公允；关于失实的"更正"或"辩驳"，新《出版法》规定应全部登载，新闻界认为连篇累牍的更正和辩驳会影响新闻的正常报道；限制新闻界对诉讼事件的报道，限制舆论干扰司法公正，但新闻界认为当时司法界的状况，如果有媒体干预做客观评论，有助公正办案；关于违规者处罚的界定不明确；只有官方取缔的规定，而无报馆申诉的权利等。《修正出版法》公布后，新闻界和国民党方面的报人都认为有重新修改议定的必要。

到了1947年在有关《出版法修正草案》的讨论中，最多的意见就是主张直接废除《出版法》，一方面是认为与宪法抵触，"宪法第十一条人民有言论出版之自由，则出版法所为限制记载之事项及处罚之规定，两相对照，其基本精神，恰恰相反"。[①] 再者，战前和战时许多法律法规，"都已先后一一废止，独有出版法，亦系战时法令之一，自应同时废止，否则，便与宪法抵触"。另一方面是认为与其他既有法律重复。成舍我指出："出版法各条已经在刑法之内，为了适合时代潮流，请不必为言论界加上新的镣铐。"也有人认为，为保障政治自由，政府应废除《出版法》，"人民各项基本权利中，以人民言论出版自由的权利为最重要，它是测验一个国家政治自由程度的寒暑表"。[②]《大公报》的社评则从批评的角度上指出："在精神上新出版法依然如旧出版法，还是消极多于积极。条条规定的是如何防止或惩罚报馆报人，却没有一项说明如果报馆报人之自由遭非法侵犯时，应如何保障。"[③]

总之，在国民党政府实际权力体系和权力运作过程中，以蒋介石为核心的国民党中央始终处于中枢性的最高领导地位，掌握着最高决策权、领导权、指挥权和否决权，从而成为最高权力机关。国民党无论立法行政司法的大权，均集诸于党务机构，都必须自觉地接受国民党的领导，忠实地执行国民党的路线方针和政策。这是一种高度集中、高度权威的权力机

---

① 上海报馆时事座谈会，《出版法问题》（下），《大公报》1948年8月13日。
② 《中国新闻》周刊，1948年10月。
③ 《出版法与新闻自由》，《大公报》1947年11月11日。

构，特别是权力集中于蒋氏之一身。南京国民政府为了假借民主，也有立法会及其他民意机关，但那是一种装饰品，一种御用的工具，立法机关完全变质。

（三）人民无权

国民无权选择统治者，国民党作为国家的实际统治者，不是国民选择的结果。国民政府是由国民党选任的，对国民党负责，而不是对国民负责。

早在1929年国民党第三次代表大会通过的《确定训政时期党、政府、人民行使政权治权之分际及方略案》就认为，中国人民"在政治的智识与经验之幼稚上，实等于初生之婴儿；中国国民党者，即产生此婴儿之母；既产之矣，则保养之、教育之，方尽革命之责"。此案还规定了国民党最高权力机关"于必要时，得就于人民之集会、结社、言论、出版等自由权，在法律范围内加以限制"，"人民必须服从、拥护中国国民党，誓行三民主义，接受四权使用之训练，努力地方自治之完成，始得享有中华民国国民之权利"。[①]

这种英雄史观的训政思想认为，国民是党国体制下人民主权的名义所有者，但被认为智识低下，需要接受训练方可享有权利。国民非公民亦非臣民，而只能是义务拥护三民主义的信徒。党国的重要使命是创造新民，即改造国民人格。在党国体制下，权力归属于党，党有权授予国民权利。党之所以能授予国民权利，是由于党是人民监护式的代表，党宣称将照看人民的利益，直到人民具有党所认可的程度，在此之前党会替人民做主，人民则应按照党的要求接受训练。

权利由党授予人民，党当然也就可以收回或限制人民的权利。国民党自称代表公共利益，信奉民族和国家本位，致力于国家民族的独立和自由，在国民政府所面对的时代背景下，国民党认为集体的价值绝对地高于个人权利和自由的价值，因此为了国家民族的利益可以限制国民的权利。蒋介石在1938年7月6日对国民参政员的讲话中就曾经说："我们真正民主的自由，绝不是讲个人或少数人的自由，而是要牺牲我们个人或少数人

---

① 荣孟源：《中国国民党历次代表大会及中央全会资料》（上册），光明日报出版社1986年版，第658页。

的自由,以求得整个国家民族的自由。"① 抗战时期公布的《国民精神总动员纲领》要求人民认定:"国家至上,民族至上,国家民族之利益,应高于一切。在国家民族之前,应牺牲一切私心、私见、私利、私益,乃至牺牲个人之自由与生命,亦非所恤。"② 在国民党的观念里,不存在独立于国家和民族的个人自由,而只有优先于个人的国家和民族的自由。即使个人也有自由,但是当两种自由相互冲突时,个人有义务牺牲自己的自由来成全国家和民族的自由。

---

① 曹伯一:《中华民国政治发展史》,台北近代中国出版社1985年版,第1253页。
② 《中央日报》1939年3月12日。

第四章

训政时期国民党的
新闻传播制度(下篇)

  在成功地使社会的每个成员都处在它的强大控制之下、可以随意对其进行塑造之后,这个至高无上的权力便会把它的手伸向全社会。它用一张复杂、细密、统一的规则之网将社会罩住,使最具创造力的头脑和最有朝气的人也绝无出人头地的可能。人的意志并没有受到桎梏,而是被软化了,变得卑躬顺从;人们的行动很少受到强制,但他们在行动时总是受到阻碍。这样的权力并未摧毁什么,但它障碍着生活;它没有变成暴政,但它限制人民,使他们变得萎靡不振,心灰意冷,糊里糊涂,直到这个民族都退化为一群胆小而勤劳的动物,政府则是它们的牧主——我总是在想,我刚才描述的这种有序、温和而文雅的奴役方式,可能比一般的想象更容易与自由的外表结合在一起,甚至有可能打着人民主权的幌子建立起来。

——托克维尔关于"新的奴役形式"的预言

  国民政府在中国大陆所施行的新闻管制体制在1945年日本投降后,随着陈仪主政的行政长官公署,集司法、立法、军事和行政等大权于一身的特殊体制来到台湾。此时移植到台湾的新闻传播体制,是国民党训政时期高度控制的管制体制。陈仪任用青年党人夏涛声为台湾省行政长官公署宣传委员会主任委员和青年党人李万居为《台湾新生报》社长,适度阻隔了国民党干涉台湾新闻刊物的权力,让台湾舆论得以舒展。在"二二八事件"爆发后,陈仪和当局将"舆论不当之影响"归为事件发生的原因之一，因此在绥靖清乡时即进行一连串查封报社，逮捕新闻从业人员的工作，台湾原有的议事风气、舆论精神，也随之消失。

国民党退台后，办报热潮涌现，20世纪的五六十年代仍是党营和公营媒体的强势时期。20世纪60年代，蒋介石主导的国民党政府，在台湾推动一连串稳定台湾政治、经济的工作，此期也是国民党"白色恐怖"时期，国民党政府限张、限证和言论控制加强，新闻界与朝向强人政治迈进的国民党政府渐行渐远，彼此的冲突也日益加剧。20世纪70年代，政治自由化带动新闻传播制度的变革，党外运动中的党外杂志尤为引人注目。20世纪80年代，国民党被迫扩大政治开放，以进一步寻求外部和内部的支持，国民党的威权统治出现松动，进而转型。在政治开放的同时，媒体一定程度的开放也随之而来。1988年1月1日，在经过长达近40年的管制后，台湾宣告解除报禁。

第一节　舆论环境及新闻事业发展

一　国民党迁台后蒋介石统治期的新闻事业

国民党迁台初期，办报热潮涌现，仅台北一地就有数十家新报出现。但不久"行政院"于1951年6月10日颁布"从严限制登记"的训令，禁止民众创办报纸，"报禁"展开，台湾报业发展从此受到抑制。报业市场只能在原有规模中进行淘汰和洗牌，办新报只能购买旧报的登记证重新发行，此后一直到1988年报禁解除，台湾报纸数量维持在31家。

（一）党报与官报的强势时期

《中央日报》和《台湾新生报》是这一时期台湾最具影响力的两家报纸，《中华日报》实力也不错，这三家公营及党营报纸为国民政府迁台之初台湾三大报。

国民党党营报纸《中央日报》在"初迁台湾时，经费实在困难，党中央也没钱补助，而来台同仁及眷属，那么多人，要维持大家的生活；而印报也要买白报纸，油墨材料等，开支也很大；当时发行业务，尚未推展开，收入有限，而且已有几家报纸销路很好，销路最好的，是李万居先生办的《新生报》，《中央日报》因为刚刚来，尚谈不到与人家竞争"。[①] 但

---

① 马之骕：《新闻界三老兵》，台北经世书局1986年版，第399—400页。

《中央日报》报社的人力阵容不容小觑,马星野、陶希圣、王洪钧、殷海光、徐佳士、黎世芬等人都是学有专精的人才,《中央日报》极力革新业务——提前出报时间、重视副刊、创新广告形式、加强印刷设备、扩展发行范围等,很快使该报成为当时台湾最有影响力的报纸,对台湾报业带来深远影响。

相比之下,民营报纸的发展则更为艰难。"由于工商业不景气,客观环境不足以培育报业发展,所以除了少数基础优厚的党公营报纸之外,民营报的情况一直很艰难。到50年代,即有相当声势及财力的民营报,也都陷入赔累不堪的境地。""当时民营报的设备、财力等条件,都比公营报差,在业务上更是望尘莫及。以当时各报的发行总额而言,民营报只占13%,而公营报则占87%。"①

其后,民营报纸凭借灵活的经营手法、尺度较为开放的言论以及吸引人的新闻内容与版面编排,奋起直追,反超公营和党营报纸。1959年《联合报》发行量达到7万多份,并逐渐成为台湾第一大报,导致民营报与非民营报之间的局势发生了大逆转。

(二)重公营轻民营的广播事业

国民党迁台后,在台和来台的广播电台共有10家。公营的有军中台、空军台,民营的仅民本台,另外包括台湾广播电台所辖的6家电台。经过十多年的重建,电台数量逐渐增加,各种军、公、民营电台纷纷设立与复播,到1961年时共有38家广播电台。

正当台湾广播事业欣欣向荣之际,1959年"行政院"以电波干扰问题严重,函令当时电台主管机关"交通部",停止民营电台的审设,台湾民营广播事业顿时停止扩展。停止民营电台审设的政策,一方面是因为调幅广播频率使用的确趋近饱和;另一方面也反映出政府"将广播媒介视为宣传工具",及其"重公营轻民营"、"重政府宣传"、"轻公共利益"的政策。

1960年后所增设的电台,不是公家机关、执政党所设,就是军方拥有,致使台湾广播资源分配不均、频道垄断严重,台湾广播市场趋于封闭,发展缓慢。加上公营广播电台设立主旨大都是为上级机关传播政令或

---

① 王惕吾:《办报十五年》,《报学》1964年第3卷第3期,第64页。

宣扬政绩,所以工具性功能较为明显。政府"禁止设台",无形中对为数不多的民营电台形成"保护政策",民营电台商业营利的目的,毋须经过市场竞争即可获得,电台进步发展的动力消失,演变为一种消极经营的内部生态。

民营电台当时采访和播报都受到军方的压制,为改变这样的状态,天南、民声、中华、华声、民本5家电台,于1964年1月3日成立新闻中心——"五电台新闻联合采访中心",构成了一个强有力的广播网。1970年底,各电台人事变化较大,加上电视业的冲击,该新闻中心乃不可避免地于1970年撤销。[①]

1962年电视事业的出现对广播发展带来不小的影响,尤其随着电视事业的急速兴盛,直接影响了广播的广告收入。

(三)国民党中央通讯社的改制

国民党中央通讯社迁往台北,1950年9月改组成立了相当于企业机构董事会的管理委员会,组织规程中规定:"中央通讯社完成独立企业化新闻事业机构以前,设置中央通讯社管理委员会,代行董事会职权,对中央负责,经常督导本社业务与财务,并筹拟实施企业计划,促其实现。"管理委员会设委员10人,原任社长萧同兹为主任委员。

曾虚白任第二任社长后,中央通讯社组织制度发生重要变更:撤销台北分社原有分社工作,均调总社以统一事权、节省经费;将原来的事务部改为经理部;增设"匪情新闻组"。曾虚白接管中央通讯社之时对台湾新闻传播事业有过这样的描述:"我接办中央社那时期,台湾的报纸稍稍有那么几万份销路的,只有党部支持的《中央日报》、《中华日报》,省政府支持的《新生报》,其收入能勉强应付开支已需十分努力。此外,民营报纸《民族》、《全民》、《经济》、《公论报》、《国语日报》及《华报》,都是销数有限,入不敷出,给中央社的稿费只能付象征性的数千元。中央社要企业化,面对着这样一个穷困客户的市场,只有摇头兴叹了!中央社的企业化是经中国国民党总裁亲自核准的,可是其不能企业化的实际情形又如上述,那么我接受主持它的业务,只能保持它原有的党营的定位了。"[②]

---

① 秦保民:《广播新闻工作十八年》,《报学》1975年第5卷第4期,第127页。
② 曾虚白:《曾虚白自传》,台北联经出版公司1990年版,第583页。

中央通讯社名义上为党营，实为"国营"，其经费是由政府动用"国库"以补助金方式转由国民党支付的。

台湾地域狭小、新闻来源有限，加之通讯社除了出售新闻稿以外很少有其他财务收入，其业务发展规模十分有限。20世纪70年代，台湾各报国际新闻来源一直依赖世界各大新闻通讯社。中央通讯社与世界各大通讯社订有交换新闻的契约，要保证设有专门负责人员译发各大通讯社新闻，供应各报采用，但各报为抢时间或自选写稿角度，虽皆订有中央通讯社稿，仍自设电讯室直接抄收，自行译发国际新闻，中央通讯社的发展与新闻地位难免受到影响。

但无论如何，中央通讯社因属于所谓"代表国家"的通讯机构，获得的支持较多，业务上能配合其他新闻媒体的扩展而推进，其他一般性的民营地方或专业通讯社均未能发展起来。

1972年6月，曾虚白退休，马星野继任主任委员，魏景蒙接任社长。翌年4月，中央通讯社在台北召开第一次股东大会，会中决议改制中央通讯社为股份有限公司。中央通讯社改变组织体制声明中指出："中央通讯社已按照公司法'股份有限公司'的规定，改组公司体制，成为由'国内'及海外华侨新闻界共同投资经营之'企业化通讯社'。新公司已于今日正式成立，定名为'中央通讯社股份有限公司'简称为'中央通讯社'或'中央社'。中央通讯社原由中国国民党所创办、经营，改组以前，经依法将现有全部资产估值为新台币5千万元，作为公司的资本总额，分为1万股，每股新台币5千元，由'国内'及海外华侨新闻界承购。"声明进一步强调："于此必须郑重指出的是：一、中国国民党为一民主政党，其本身即为民众组织；因而，所谓'党营事业'，实即民营事业。申言之，中央社自创立以来，即为以民营事业，并非成立公司组织以后，始改为民营。二、中央社自始即为一纯粹新闻事业机构，所有新闻工作人员也都是专业性的新闻记者。因而，从事新闻采访与报道业务，一直恪遵新闻事业及其从业人员所应持的立场，以确实、公正为准则。此一基本立场及传统精神今后仍坚守不渝。"[①]

（四）新兴的电视事业

1962年2月14日，"教育部"教育电视试验广播电台开播。4月28

---

① 王天滨：《台湾新闻传播史》，台北亚太图书出版社2002年版，第389页。

日台湾电视事业股份有限公司成立，并于 10 月 10 日首播，电视企业化、专业化经营肇始于此。1969 年"中国电视公司"开播，结束了台视独家经营的局面，促使台湾电视事业进入成长期。1971 年 10 月 31 日华视开播后，电视事业在台湾成三足鼎立之势。

这一时期电视被官方当作道德教化的工具，蒋介石在 1972 年《对台湾电视公司成立十周年纪念书面特颁训词》时这样说道：

> 电视是大众精神生活的摇篮，是国民心理建设的利器。希望电视从业人员，以推行社会教育及复兴中华文化为己任，电视节目的制作，应合乎真善美，以启发国民审美的心情，宏扬民族仁爱的德性，培养社会优良的风尚。①

台湾电视从 20 世纪 60 年代起以"官控商营"的模式发展。这样的模式有利于官方意识形态的传布，同时官方利用政治资本给部分民间企业以股份，争取他们支持发展电视事业。此外，商营的电视事业以广告为生，可自给自足赚取利润，更可宣传商品，有利于建立消费市场与工商企业。②

（五）党外杂志的兴起与发展

20 世纪 50 年代《自由中国》是当时在野势力极具代表性的政论杂志，其目的是希望在台湾推动以自由主义为主导的民主政治运动。但随着雷震的被捕，代表"民主宪政"思想的《自由中国》在与执政者关系日趋恶化后宣告结束。③ 而另一个在 20 世纪 50 年代以大胆批判、敢言著称，且唯一由台人所办的报纸《公论报》，则被国民党趁其财政困难之际，以增资改组的方式成立"公论报股份有限公司"而逐步瓦解。④ 象征台湾民主、言论自由及新闻自由的刊物相继成为历史。其他新闻媒体，虽对《自由中国》与《公论报》的下场有所不平，但已不敢再次集结起来呼吁新闻自由、言论自由，仅能依附国民党内部，或政府、党方所举行的

---

① 中国国民党中央委员会党史会编：《对台湾电视公司成立十周年纪念书面特颁训词》，1984 年版，第 367 页。
② 翁秀琪：《台湾传播学的想象》（下），台北巨流出版社 2004 年版，第 665—702 页。
③ 薛化元：《〈自由中国〉与民主宪政》，台北稻乡出版社 1996 年版，第 176 页。
④ 易骏：《公论报夺产事件看张详传横行霸道》，《自由中国》第 23 卷第 3 期。

会谈来抒发己见，提供有限度的建言。

20世纪60年代台湾的政治气氛低沉，仅有非政论性的《文星》杂志在文化上发出一些声音。这个时期的青年自称为"失落的一代"，直到1971年初，《大学杂志》的出现，才突破10年来政论的沉闷。[①] 成为20世纪70年代改革运动的轴心。

1971年10月号《大学杂志》刊出《国是谏言》之后，有关"言论自由"的讨论会以前所未有的盛大规模在台大校园展开，掀起"自由化运动"的热潮。从10月《国是谏言》到1972年1月《国是九论》，《大学杂志》的言论不断升级。这期间，学生运动开展起来，"向学校开刀"的呼声从台大扩散到其他校园，"向社会进军"的行动也逐步展开。同时，陈鼓应倡导开放学生运动，国民党当局因此"邀请"多名参与者谈话。之后，发生"台大哲学系事件"，多名哲学系教师被解聘，校园内不再出现有任何批评意见的讨论会，也不再听到反对的声音。[②] 1973年初，《大学杂志》集团逐渐瓦解。

二 蒋经国时代的新闻事业

（一）报业突变

20世纪70年代，伴随着台湾的经济起飞、人口增长、教育普及等良好客观条件，台湾新闻传播业发展迅速。表现突出的首推《联合报》与《中国时报》，他们凭借灵活的经营手法、丰富多彩的新闻与评论内容，吸引大批读者与广告，其影响与实力均远远超越其他各报。原本占据新闻权威地位的《中央日报》、《台湾新生报》和《中华日报》受到两大民营报纸的挑战，社会影响力明显下滑。20世纪80年代，《联合报》与《中国时报》开始实行多元化经营，在极短时间内衍生成为《联合报》系与《中国时报》系，从一家报纸扩展为拥有众多文化事业的"报团"。

1986年10月4日，执政党中央12人小组原则通过以"国家安全法"取代"戒严令"，并修法允许成立政治性社团。1986年10月8日，蒋经

[①] 陈鼓应：《七十年代以来台湾新生一代的改革运动》（上），《中报月刊》1982年5月第28期，第30页。

[②] 同上书，第31页。

国接见美国《华盛顿邮报》董事长凯萨琳·葛拉汉夫人时，进一步明白表示，台湾为贯彻实行民主政治，促进政治革新，将尽速废除"戒严令"。虽然他未提到报禁问题，但是一般人认为，如果连"戒严"都可以废除，则"报禁"解除亦为期不久矣。① 近4个月后，1987年2月5日，"行政院长"俞国华在院会中听取"新闻局长"张京育的舆情报告后，指示"新闻局"对报纸的登记与张数问题，以积极的态度重新考虑，在兼顾新闻自由与报业善尽社会责任的原则下，尽速制定合适规范或办法，以促进今后报业的发展，迈向一个资讯健全的新时代。这是政府对台湾报禁政策将做检讨所做最早的宣示。②

虽然报人与许多专家学者希望政府早日开放报禁，但有人认为，废除"党禁"与"戒严令"，社会须付出代价；开放报禁，亦同样须付出高昂的代价。③ "行政院新闻局"以十分慎重的态度处理报禁开放问题，期望将报禁开放后对报业本身与社会的负面冲击，降至最低程度。

在专案小组突出建议案之后，"新闻局"分别在台南、台中、台北，举行10多次的听证会，邀请业者、学者专家、民意代表与会，提供开放报禁的具体意见。经过10个月，最后终于勉强达成八项协议：一、关于报纸字体的大小；二、纸张上限最多不超过对开6大张，下限最少不得少于对开1大张；三、广告与新闻之比例不作限制；四、从1988年1月1日正式开始增张，解除报禁，"新闻局"同时接受新报登记申请；五、新闻自律问题；六、报纸与广告分版问题；七、报价问题；八、印刷地点问题。④

1987年7月14日，蒋经国发布命令，宣告台湾地区自1987年7月15日零时起解严。7月15日，"国防部"宣布废止《台湾地区戒严时期出版物管制办法》，戒严时期限制言论的最主要法源依据走入历史。12月1日，"行政院新闻局"局长邵玉铭宣布，从1988年元旦起接受报纸新设登记，并解除张数限制。12月30日，"行政院"公布废止《战时新闻用

---

① 李瞻：《"我国"报禁问题及其解决之道》，《报学》1987年6月第7卷第8期，第37页。
② 石永贵：《迎接一个心怀社会报业新时代》，《报学》1987年6月第7卷第8期，第140页。
③ 李瞻：《"我国"报禁问题及其解决之道》，《报学》1987年6月第7卷第8期，第42页。
④ 杨淑珍：《报业开放后，报界的现状与展望》，《报学》1988年6月第7卷第10期，第36页。

纸节约办法》，长达38年的战时新闻管制政策宣告结束。

1988年1月1日，在经过长达近40年的管制后，台湾宣告解除报禁。在短短1个月时间便有21家新报完成登记。报禁解除彻底解构台湾往昔的报业生态，办报不再受限制，市场完全放开，以往在报禁政策下受保护的全台31家报纸，此后不再受保护伞呵护，而要凭借自己的本事接受市场的挑战。自此报业生态改观，报业环境出现巨变。就后来的实际发展来看，报禁开放还是比较有利于大报系，报禁解除无法打破"联合报系"和"中时报系"的垄断局面，反使两大报系更为茁壮的发展。

（二）杂志风潮

20世纪70年代以后，公职选举的开放，使得新一代异议分子有了伸展的舞台，经过数次选举慢慢形成一股在野的政治运动，党外杂志被作为选举的工具开始勃兴。

政治运动到1977年略显规模，进而发展成全岛性的串联，期间因选举风潮而引起群众性流血暴力事件——"中坜事件"。国民党政府自"中坜事件"体会到党外人士对民众的影响力，于是采取一连串管制言论的动作，以管制违法刊物。1978年3月，"新闻局"通知台湾省与台北市新闻处暂停受理杂志申请登记一年。1979年3月，杂志停止登记的命令取消，党外人士又有了以杂志论政的空间。1979年8月，《美丽岛》杂志创刊，杂志以"介绍批评政策"为宗旨，采取激烈的群众路线。[①]《美丽岛》创刊后，立即开始在各大城市设立分社和服务处，而且每在一地成立服务处，以便在该地展开群众性的演讲会。12月10日，党外人士在高雄纪念人权日上，被军警围集，酿成"美丽岛事件"。事件过后，《美丽岛》杂志遭到停刊处分，《八十年代》、《春风》等党外杂志也遭到停刊。不过，一个多月后，随着接替《八十年代》的《亚洲人》的出刊，发行许可放宽，但对新闻刊物的言论仍处在严加监视惩戒的时期。到了20世纪80年代，台湾杂志数量、种类都比以前丰富多元。杂志数量超过2000家，并开始引入大量的国际杂志，包括新闻报道、女性杂志、时装杂志、科学杂志、财经杂志，等等。

（三）三足鼎立的电视业

台湾电视市场三足鼎立的局面维持了20多年。台湾电视机数量增长

---

① 李筱峰：《台湾民主运动40年》，台湾自立晚报社1987年版，第142—146页。

迅速，到了80年代有半数的电视机为彩色电视机。此外，电视广告金额逐年成长，广告代理商制度趋于健全。

为了加强竞争力，三台持续不断增加资本额。1983年台视资本额增为3.5亿台币，其中省政府投资占48.94%；中视资本额达4亿台币，国民党投资占60.27%；华视增为4亿3千7百万台币，"国防部"投资占30.78%，"教育部"占10.38%。

在1972年华视成立后，三台进入恶性竞争时期。电视台为了降低生产成本，把节目转包给传播公司，外制公司为了降低成本便降低节目质量，甚至与广告商联手，成为广告商的经营伙伴。在商营模式下，电视成为商业营利工具，而不再只是官方所宣称的教育与文化载体。20世纪70年代末期，当局已认识到商业电视的问题，1980年曾提出成立公共电视台的构想，但在电视从业者的游说声中，当局为了顾及业者的利益，以"最小变动"为原则，最后只在"新闻局国内新闻处"下成立"公共电视制播小组"，制作社教节目在三台特定时段播出。这样的做法源于党政军势力与电视事业盘根错节的利益关系，使得执政者无法大义灭亲。"国府"无法改革电视的结构，甚至在20世纪80年代无力成立公共电视台。①

台湾电视产业基础弱，节目质量不佳，因此到了20世纪80年代末期许多观众已习惯借由其他管道（如卫星、录像带或非法的有线电视台）接收外国节目（如日剧、港剧、好莱坞影片）。②

第二节　国民党新闻传播制度及对新闻传播业的影响

一　报禁制度

自20世纪50年代起，国民党政府对台湾报业施行报禁措施。所谓"报禁"是指"限制新闻纸申请登记"、"限制新闻纸的篇幅"，以及"限制新闻纸应在申请登记时载明所在地印刷出版"，亦即所谓"报业三

---

① 林丽云：《威权主义国家与电视：台湾与南韩之比较》，《新闻学研究》2005年10月，第1—30页。
② 冯建三：《广电资本运动的政治经济学》，《台湾社会研究丛刊》，1995年，第14页。

禁"——"限证"、"限张"、"限印"。①

（一）限证

限证政策为限制核发新闻纸申请登记证，要成立新报必须向主管机关申请审核，取得登记证后才能办报。台湾省政府在1951年施政准则的文化工作部分，指示各县市政府"恪遵节约用纸办法之规定，对新申请登记之报刊严格限制"。②为节约用纸，省政府还下令"将台北、台中、高雄等市停刊逾限及逾期尚未发行之报刊，依法注销登记"。③"新闻纸杂志登记，均依照法令规定办理，凡手续完备并在当地确有需要者，一律于法定期限内报转'内政部'核办。"④ 一直到解严前报社的家数维持在31家，形成台湾"办报需先买报"的情况。

（二）限张

国民党迁台后，在1950年12月顺利将各报限制在一大张半内，这得力于1950年上半年禁止各报自行购买外纸的措施，同年3月起由纸业公司配售全省各报用纸，⑤ 掌控全省报纸的纸张来源。到1951年5月，确定"外纸暂停进口"的政策。⑥

在"配纸办法"方面，1952年12月"行政院"颁布《新闻用纸供应办法》，该办法采取"定量供应"的办法，即各报虽发行增加，但纸张供应的数额却不变。此外，随着台纸公司的民营化，在无外纸与其竞争的情形下，台纸公司反而一再涨价，增加报纸的负担。由此引发民营报业与民意代表废除"配纸制度"及开放"洋纸进口"的呼声，在各方要求下，"行政院"1955年4月21日决议"自5月1日起将原颁之新闻用纸供应办法废止，而酌准新闻事业进口洋纸应用；至于报纸篇幅则仍基于战时节约用纸原则予以限制"，并颁布《战时新闻用纸节约办法》，⑦ 该办法成为台湾实施限张政策最重要的法令依据。

---

① 杨肃民：《限证政策下我国报业问题研究》，台湾政治大学新闻所硕士论文，1984年，第6页。
② 《台湾省政府公报》1951年3月16日第63期，第981页。
③ 新闻处：《台湾省政府施政报告》1951年6月，第187页。
④ 新闻处：《台湾省政府施政报告》1951年12月，第205页。
⑤ 新闻处：《台湾省政府施政报告》1950年6月，第189页。
⑥ 新闻处：《台湾省政府施政报告》1951年6月，第188页。
⑦ 《中央日报》1955年4月22日。

但随着在台湾政治、经济环境的转变，因节约纸张而限制报纸张数、家数的理由，已无法再说服新闻界。

（三）限印

限印也就是限制报纸的发行地点，一是限制报纸迁移；二是限制报纸必须在登记者申报的印刷所所在地发行。① 这两个规定阻碍了报纸的发行业务，限制了报纸的发行能力。在台湾的任何一家报纸要在别的地区发行报纸，必须像申请新报一样向主管机关申请核准登记，但一般"从严限制登记"，要获得核准取得登记证的可能性极小。此一时期的台湾报社，不论处在何地，每家都只能有一个印刷所和一个发行所，且只能在原登记地的印刷所和发行所印发报纸。

二　法律法规

（一）出版法的修订

1952年新的《出版法》的公布施行，与以往《出版法》最大的差别在于增加"出版之奖励与保障"的内容；其次，原有的禁载事项简化成"触犯或煽动他人触犯内乱罪、外患罪者"、"触犯或煽动他人触犯妨害公务罪、妨害投票或妨害秩序罪者"及"触犯或煽动他人触犯亵渎祀典或妨害风化罪"三项。不过，"战时或遇有变动及其他特殊必要时，得依中央政府命令之规定，停止或限制出版品关于政治、军事、外交或地方治安事项之记载"的规定仍在；再者，《出版法》所核定的主管机构部分，由于战后新成立的"新闻局"，在1949年已随着"行政院"的改组而裁撤，全部归于"内政部"主管。由过去的双主管机关模式，改由单一机关管理。其后，"新闻局"于1954年恢复原有建制，但《出版法》仍沿用单一主管形式，未有更动。

1952年的《出版法》增加了许多奖励与保障的条款。不过在此前后，报业和杂志业便已透过团体的力量，向政府争取许多辅助，主要是免征营业税和向政府争取广告及贷款两项。

1958年3月28日，"内政部"将《出版法》修正草案送"立法院"秘密审查，在新闻纸杂志登记手续的"各项机关均于十日内为之"以前，加

---

① 王洪钧：《台湾新闻事业发展证言》，台北市新闻记者公会1998年版，第333页。

上"除特殊情形者外",使得办理登记的时限无法确定,凡是主管官署认为于己不利的新闻纸杂志,永远也不能获得登记许可。另外,还增加了"撤销登记"的处分,且将处分执行权交由"行政官署",而不是司法机关。按照修正草案苛刻而含混的规定,任何一家报纸随时都可能受到警告。批评者指出,"内政部"修改《出版法》,赋予"行政官署"决定报纸及其他出版品存亡的权力,如此漠视人民之财产权益,有违宪法精神。[①] 持反对意见的"立法院"复议案和报业公会请愿书纷纷失败,《出版法》最终在1958年6月20日通过,28日由"总统"公布施行。国民党政府不顾舆论反对,执意通过《出版法》修正草案,显示其管制言论的决心。

1973年8月"新闻局"和"内政部"组织调整后,原属于"内政部"主管的出版事业,改由"新闻局"办理,为因应这种变化《出版法》有关条文必须加以修正。[②] 1974年4月10日修订公布的《出版法施行细则》,则是对申请登记资格、登记内容及惩处手续做了些许改动。

1979年开放杂志登记的同时,当局有准备地修订了两项法规:一是1979年4月《出版法施行细则》的修订,做出的变革主要是规定发行旨趣,须以阐扬基本"国策"与激励民心士气为精神;规定出版品内容,违反基本"国策"、破坏团结、动摇人心或危害地方治安,情节重大者,除依《出版法》第四十条处分外,并视情节送有关机关法办;二是1980年对《台湾地区省市—县(市)文化工作处理要点事项》修订,修订进一步将各县市警备分区指挥部指挥官提升到小组长的位置,而由政战主任担任执行秘书,等于是由军方掌控地方书刊审查的工作。

(二)广播电视他律与自律

1963年7月1日"交通部"公布《广播及电视无线电台设置及管理规则》,同年11月12日"新闻局"公布《广播及电视无限电台节目辅导准则》。广播电视法案的正式出台则是1968年以后的事情,1968年11月26日,"文化局"邀请"中央四组"、"行政院"、"交通部"、"教育部"、"国防部总政治作战部"、"台湾警备总司令部"等有关机关代表,以及学者专家与"文化局"主管官员组成广播法审议委员会,商议并草拟广播法案。

[①] 《我们沉痛抗议 论出版法修正草案之不当》,《联合报》1958年4月13日。
[②] 《"立法院"公报》1973年7月28日第62卷第57期,第29页。

1973年8月1日，将对广播电视的辅导业务划归"行政院新闻局"，由该局广播电视处执管。"新闻局"根据"文化局"所拟定的《广播法草案》一再修订，终于在1975年12月26日完成"广播电视法"的立法程序，并于1976年1月8日公布实施，成为管理和辅导广播电视事业的第一个经过立法程序的法令。此后，"交通部"为配合此一法令，于1976年6月25日公布实施《广播及电视无线电台工程技术管理规则》、《调幅广播无线电台工程技术及设备标准规范》、《调频广播无线电台工程技术及设备标准规范》，以及《电视无线电台工程技术及设备标准规范》，此前该部有关广播电视的规定予以废止。"新闻局"于1976年12月30日，公布实施《广播电视法施行细则》。1977年8月6日，公布实施《广播电视事业从业人员管理规则》。同年9月20日公布实施《广播电视节目规范》。1978年10月23日出台《广播电视节目供应事业管理规则》。1979年2月28日，与"交通部"联合公布《电视增力机、变频机及社区共同天线电视设备设立办法》。

1983年10月29日公布《电视节目制作规范》代替《广播电视节目规范》中的电视部分。1985年4月21日，公布实施《电视广告制作规范》。1987年4月1日，又公布实施《广播广告制作规范》。除了法律的管制，电视业者也发起自律性的组织，成立"中华民国电视学会"，对电视业务进行协调。

随着电视媒体运作日趋成熟，以及社会大众对言论自由的需求，政府对电视的管理方面发生重大转变。"行政院新闻局"自1987年7月1日起，取消台视、中视、华视三台新辟节目送审规定。从此电视台只需要填写一纸经过简化的准播申请书，即可播出节目。以期能透过三台自律精神，达成自我审查节目内容、减少主管单位行政干涉的目的。新自律制度实施之后，三台新辟的综艺、戏剧节目均不需先向"新闻局"广电处送审前面数集节目带即可直接播出，戏剧节目仍需在书面送审时附送大纲。关于国外影集中的体育、宗教或新闻性节目所用资料，亦无须送审即可播出。若试行结果不错，再全面开放至各类节目。① 广电处尽量减少节目制播上的管制和干预，但广电处对于业者未能自律的情形，仍将依法处理。对于业者节

---

① 应未迟：《电视与电视问题》，《报学》1987年第7卷第9期，第119页。

目之管理，也将着重评鉴工作的加强，提供三台作为改善节目的依据。

电视节目先行送审制度，在台湾已行之有年。主管单位执行"最少的监督就是最好的管理"政策，把责任审查的工作全面交回电视台，依照三台各级主管一起参与制定的《电视节目制作规范》原则，检视节目，严以自律。此举显示出政治民主的发展，政府对于"新闻自由"观念发生重大转变。取消节目预审制度可谓是半年后开放报禁的先声。

三　新闻传播主管单位

国民党新闻传播管理从法规着手可分为：一是"行政院"系统的"新闻局"；二是"警备总部"为主的军情机关。除此之外，国民党对新闻言论的管控，有时还透过类似"法务部调查局"这样的情治机构管制言论，有时又以党的身份，如以第四组、国民党"中央文化工作委员会"① 及各级党部来引导舆论的走向，或限制刊物的发售，游走于法规之外。种种方式结合起来，形成国民党新闻传播管理形态。实际上，党部和军人握有直接的控制权，国民党集党政军三权于一身，拥有无可比拟的强大势力。

（一）党政机构的介入

在国民党中央，制定或推动新闻政策最主要的机构就是第四组。"中央改造委员会"第四组接管以前国民党中央宣传部的工作，负责"整理宣传工作之指导"、"党义理论之阐扬"及"对文化运动之策划"。②

第四组于1951年2月设立"新闻政策讨论会"，分设计研究与调查联络两组。其重要工作包括：研讨《出版法》和"立法院"讨论中之《出版法》修正草案，提供意见送"立法院"党部参考、拟定"本党当前新闻政策"、筹设新闻进修班，以及拟定"改善白纸发行办法"，邀请台湾省各报社负责发行同志讨论等。也就是说，国民党从政策拟定，如《出版法》草案的研讨、报道内容的指导、颁发宣传通报和举行记者座谈会，到取缔不当言论，甚至进一步到教育，如筹设"新闻进修班"，③都

---

① 第四组为"中央文化工作委员会"前身。
② 乔宝泰主编：《"中央改造委员会"组织大纲》，第82页；李云汉主编：《总裁议交：中央委员会组织大纲》，第2页。
③ "中央改造委员会"编：《"中央改造委员会"各处组四十年度重要工作简述与检讨》，第67页。

一手主控。这一时期，国民党在台湾推动的限张政策和《出版法》的修订，均可清楚地看出国民党透过党的力量，将其政策落实下来。

国民党对新闻事业及新闻从业人员订立了一套划分新闻发布责权的标准，如1951年会议通过的"报社及记者处分原则"，明订各机关发表新闻的原则："中央"各机关有关重要政策性及国际性新闻，由"政府"发言人办公室发布；一般性之新闻，由"中央通讯社"发布；军事机关之新闻由"总政治部"发布；省政府所属机关新闻，则由省政府新闻处发布等。至于各通讯社和报社所采访的涉外新闻，则应向政府发言人办公室证实后，再行发布。而在言责部分则规定各机关所发布的新闻，由各发布机关负责，各报自行采访的新闻，则由各报自己负责。并要求治安机关依法追究各报言责时，应先行咨商"中央改造委员会"第四组、"政府"发言人办公室或省政府新闻处的意见。通过此一原则，国民党对各类新闻发布的责任划分、新闻刊载后的责任归属有了较为清楚的界定。

到1952年国民党中常会成立后，第四组还负责新闻政策制定和施行机构的建立。此前，新闻政策是透过"新闻政策讨论会"研究制定的，而到中常会设立以后，新闻政策从规定到施行则在下列三个机制下完成：第一，宣传会谈，由"总裁"蒋介石亲自主持领导党政主管宣传事宜的党员，研讨重要宣传方针；第二，宣传指导小组会议，在1945年9月18日设立，由政党有关宣传机构组成，负责研商关于宣传决策之指导，并为将所主持的宣传会谈做准备工作；[①] 第三，宣传业务小组，同样由党政有关宣传单位组成，一开始每月举行一次，自1954年7月起，每个月举行两次，负责实际新闻业务的推动，如核准报刊杂志发行、配纸及违法新闻言论的取缔等。[②] 从1958年国民党各种党部工作绩效检查中可以发现，国民党对书刊的取缔工作已深入到各个党部，可见国民党对书刊的取缔工作不只透过书刊审查小组来完成，更进一步渗入各个可能的销售渠道，如铁路、邮电等，其中从"铁路党部"指出"限于与各车站零售商之合约关系，未能彻底执行"，可以推测国民党对贩卖不良刊物者，可能给予收回在铁路贩卖刊物权的处分。

[①] "中央委员会"秘书处编：《"中央委员会"四十三年年终工作检讨报告》，第4页。
[②] 同上书，第43页。

第四组后来改名为"中央文化工作委员会"（简称"文工会"），继续负责国民党的宣传管理工作。"文工会"受到蒋介石的重视，台湾各报的内容经常受到管制和考核，每个月必有一份针对新闻界的公报，内容就是把各报在一个月内的报导内容作严格评比。解禁后这个曾经管理所有媒体的机构，迅速失去了曾经享有的"尊荣"。

（二）新闻行政主管单位

第一，多头马车式的管理。

执行查扣或禁止出版品出版的主管单位，一是"内政部"及出版品发行所所在地之直辖市或县市政府，依《出版法》管理出版品；二是"警备总部"，依《台湾戒严期间新闻纸杂志图书管制办法》对违禁刊物予以管制。

依据《出版法》规定，"内政部"为出版品的最高主管机关。但是，在戒严体制之下，"警备总部"亦掌有管制出版品的权限。除此之外，在戒严时期有权管辖新闻或文化事业者，还有主管广播事业的交通邮电司、主管电影事业的"新闻局"电检处等。然而，许多事务并非可单纯地划归某一单位主管，因此常须由各有关单位共同组成会报或小组以解决问题，如对出版品的审查，有审检会报；对进口出版品的审查，中文有内销审核小组，外文有外文书刊小组；对广播节目的审查，有广播辅导会议等。如此多头马车式的管理，曾引起台湾各界的批评。再者，出版品的主管机关虽是"内政部"，实则划归给"内政部"底下的警政司管理，更给人政府只重管制、不重奖励辅助的感觉。[①]

1962年6月，原属警政司主管的出版事业行政，改由新成立的"出版事业管理处"办理，并将中外书刊的管理、奖励、审核等一并列入其业务范围，整合部分出版业务。为因应此次改制，"内政部"要求过去所有冠有"警"字的各种登记证同时更换为"版"。

从1961年11月起，政府对广播事业的辅导与管理，分别由"交通部"、"行政院新闻局"、"台湾警备总部"3个机构执行。对于业务的分配方面，如电台的设置、执照的换发、频率的分配、设备的查验，以及收音机执照费的征收，均由"交通部"掌管。"警备总部"则依戒严法，邀

---

① 杨秀菁：《台湾戒严时期的新闻管制政策》，台北稻乡出版社2005年版，第188页。

集有关机构设置广播安全会报，负责节目内容的监听、执行方言文艺节目的审查、违规节目的通报改进以及对各电台的考核等工作。订立"节目辅导准则"，据以规定节目主题、节目分类、使用语言比率并奖励优良节目，为"新闻局"服务。1967年11月，"教育部文化局"成立，广播节目的辅导业务又由"新闻局"划归"文化局"承办。

第二，20世纪70年代后"新闻局"对新闻传播管理工作的主导。

国民党退台后，直至1954年1月1日为因应需要，才恢复"新闻局"原有建制。1968年12月，"新闻局"改组，下设国内宣传处、国际宣传处、资料编译处、视听资料室、联络室等业务单位。1961—1967年间，"行政院新闻局"聘请政府有关机关高级主管及广播节目专家组成"广播节目辅导会议"，定期开会策划宣传广播、改进节目内容、协助从业人员进修等事项，对广播事业的发展贡献甚大。尤其是1965年创办"金钟奖"，奖励有意义的优良广播电视节目，有利于提高广播电视节目的水准。

1973年8月，原属"内政部"、"教育部"及其他有关机关之大众传播事业的辅导与管理业务划归"新闻局"主管。"新闻局"增设出版事业处、电影事业处、广播电视事业处，分别负责新闻纸、杂志、有声出版品及图书之辅导与奖励，"大陆地区及港澳出版品之管理"等事项；电影事业之辅导、管理及奖励，电影机构及团体之辅导与管理，电影片之检查分级与准演执照之核发，电影片映演场所之临场查验等事项；无线广播电视事业、广播电视节目供应事业（含录像节目带事业）、卫星广播电视事业以及有线广播电视事业之政策、辅导及奖励等事项。

1981年2月，"国内宣传处"更名为"国内新闻处"，"国际宣传处"更名为"国际新闻处"，分别负责政府重大新闻、施政新闻之发布，法令、政策之倡导，政府舆情汇集与反应，政府公共关系之推动等事项；国际传播工作之策划与执行，国际舆情之汇析与反映。并将视听资料室扩编为视听资料处，负责国情影片、照片、激光唱片等视听数据之摄制与供应事宜，以及对访台记者与影视节目制作人之技术协助事项。还增设综合计划处进行"国内外"新闻工作及大陆事务之综合规划设计、研究发展、施政计划编制、管制考核等业务，大陆信息之搜集、分析与运用等工作。①

---

① "中华民国行政院新闻局"全球资讯网，www.gio.gov.tw.

从1971年到2006年2月"国家通讯传播委员会"(NCC)成立前，"新闻局"也是大众传播事业的管理单位，"新闻局"因而被长期批评为政府控制媒体的主要工具。

(三)"台湾警备总司令部"管制刊物的权力扩张

这一现象集中反映在1970年修订的《台湾地区戒严时期出版物管制办法》与1972年修订的《台湾地区省市—县(市)文化工作处理要点》中。

《台湾地区戒严时期出版物管制办法》修订的原因，从政府体制的变动来看，可追溯到1967年台北市改制为直辖市。[①] 原有以"台湾省"为名的法令改为"台湾地区"，以符合体制的变动。另外，《台湾省戒严期间新闻纸杂志图书管制办法》所赋予管辖权的管制单位"台湾省保安司令部"早在1958年改制为"台湾警备总司令部"，但是该办法却在原单位已撤除的情形下继续运作了11年之久。[②] 这次的修订可视为对该办法管制单位的正名动作。从实际的查禁看，20世纪70年代初期，管制的对象主要还是以中国大陆的出版品为主，一直到党外运动发展促使党外刊物的大量出现后，才把管制的中心转移到党外刊物上。

《台湾地区省市—县(市)文化工作处理要点》比旧有的规定更多一层巩固"国家民族"的意涵，其开头即表示："为加强对匪作战，肃清文化毒素，取缔违反法规之出版物，巩固社会心防，复兴中华文化，维护社会善良风俗，以达到'复国建国'目标。"而原法令仅称"为加强对匪文化作战"。

过去"警备总部"通常是和省级单位一起执行书刊审查的工作，如在保安司令部时期，是由政治部和省新闻处、省警处、省教育厅等有关单位，组成书刊联合审查小组。[③] 到1972年该法令修订后，"警备总部"的触角深入到各县市文化工作执行小组。该法令规定，各县市文化工作执行小组由新闻室(股)安全室、教育局、社会局(课)、当地警备分区指挥部、警察局等有关人员组成，明确地将警备分区指挥部列入地方书刊管制单位中，"警备总部"的权力植根地方。

---

① 《"总统府"公报》1979年1月3日，第3页。
② 《台湾警备总司令部定十五日正式成立》，《联合报》1958年5月14日。
③ 《台湾省政府施政报告》1971年11月，第189页。

(四) 非政府组织的参与

除了来自主管官署和警备总部对新闻传播的管制，非政府组织有时也成为查扣单位。比如，在学校内部组成的"图书审查委员会"，除奉政府指示将查禁书籍封存并送教育厅处置外，还可审查并决定哪些刊物不再续订，以管制书刊流通。其中，《自由人》和《自由中国》皆被部分学校纳入停止订阅的名单之中。[1] 此外，政府还在各机关设置安全室，透过安全管理员拦截"上面"不想让民众看到的刊物。而这之前，还有国民党的军队特种党部，透过政工单位，严禁阅读某些刊物，如《自由人》、《民主潮》、《自由中国》和《联合报》等。还有党务机构直接介入刊物流通的，如民众服务站（属党务机构）的成员要求某书店不要再贩卖《自由中国》和《民主潮》这一类刊物，并询问购买这些刊物的都是些什么样的人。

除了运用公权力取缔黄色刊物外，国民党政府更进一步通过"中国文艺协会"的力量，于1954年7月底推动"文化清洁运动"，以扫除文化界隐藏的"赤色的毒"、"黄色的害"与"黑色的罪"。[2] 黑色文艺（即内幕刊物）因直接减损政府进行反共宣传的威力，很自然地成为文清运动攻击的要项。[3] 由该运动成员组成的"文化清洁运动促进会筹备会"，在1954年8月20日举行"民意调查"，接受各界检举三害刊的信函，8月27日公布结果。凑巧的是，"内政部"也在当日以"诲淫诲盗妨害治安"的罪名，对台北市的10家杂志处以定期停刊的行政处分，这10家杂志皆出现在民调的名单中。"内政部"又于1954年11月5日公布《战时出版品禁止或限制登载事项》（即九项新闻禁例），引起各界的批评，最后"内政部"仍不得不宣布"暂缓实施"。

四 新闻管制

(一) 新闻内容的限制

1949年5月20日零时起，台湾省政府主席兼"警备司令部"总司令

---

[1] 读者投书，《如此审查"图书审查"》，《自由中国》1955年6月16日第12卷12期，第29页。

[2] "黑色的罪"是指某些不肖新闻工作者专门揭人疮疤，或捕风捉影捏造事实，严重打击军民与海外侨胞对反共基地观感的刊物；"赤色的毒"是指蕴含共产思想的刊物；"黄色的害"是指内容伤风败俗的刊物。

[3] 林果显：《"中华文化复兴运动推行委员会"之研究（1966—1975）》，台湾政治大学历史系研究部硕士论文，2001年，第35—39页。

陈诚宣告"全省戒严"。其后,"警备总部"根据《戒严令》第3条第6项"严禁以文字标语,或其他方法散布谣言",与第4条"戒严期间,意图扰乱治安"、"依法处死刑"的规定,① 制定《台湾省戒严期间新闻杂志图书管理办法》。该办法第2条规定:"凡诋毁政府或首长,记载违背三民主义,挑拨政府与人民感情,散布失败投机之言论及失实之报道,意图惑乱人民视听,妨害戡乱军事进行,及影响社会人心秩序者,均在查禁之列。"② 这等于将旧《出版法》禁载事项"违反三民主义者",及《出版法》修正草案中为人所诟病的"意图损害公共利益或破坏社会秩序者"和"出版品不得为妨害'本国元首'名誉",移植到《台湾省戒严期间新闻杂志图书管理办法》里。该办法对出版品内容限制如下:

一、未经军事新闻发布机构公布属于"军机种类范围令"所列之各项军事消息;

二、有关"国防政治外交"之机密;

三、为共匪宣传之图书文字;

四、诋毁"国家元首"之图书文字;

五、违背反共抗俄"国策"之言论;

六、足以淆乱视听,影响民心士气,或危害社会治安之言论;

七、挑拨政府与人民感情之图书文字。

警备总部还制订《台湾省政府保安司令部检查取缔违禁书报杂志影视歌曲实施办法》,及由该办法衍生出的《台湾各省市违禁书刊检查小组组织及检查工作补充规定》,建立起各县市检查书刊的组织架构。③ 从该项规定中可知,各县市检查书刊小组的人选由教育科、警察局和社会科成员组成,警察局长兼任组长,其工作目的是"检查取缔辖境内各种书报杂志之查禁有案及内容欠妥者"和"取缔未经核准登记擅自发行之新闻纸杂志"。④ 该组织到1967年更名为"各县市(局)文化工作小组",由

---

① 《台湾新生报》1949年5月21日。
② 《戒严期间防止非法行为 警备总部订定两项办法》,《台湾新生报》1949年5月28日。
③ 台湾省新闻处编:《新闻业务手册》,1952年版,第10—13页。
④ 同上书,第12页。

县市政府（局）新闻室（股）、教育局（科）、警察局（所）、社会局（科）及其他相关机构派员组成，其工作目的为"依据出版法，台湾戒严期间新闻纸杂志图书管制办法及有关法令，取缔境内查禁有案及内容不妥之各种出版品与未经依法登记，擅自发行之出版品"。① 该组织分别在1970年和1980年修正，组织成员更为庞杂，甚至加入"警备分区指挥部"，到1980年更以"各县市警备分区指挥部指挥官"担任小组长，② 显示"警备总部"对报刊的控制渐趋渗入地方行政体系中。

（二）言论管制的手法

政府对于批评政府及时政的媒体和文章尤其敏感，虽然新闻处施政报告声称："关于言论之分析，为博采社会舆情，备施政参考，特指派专责人员，就各报刊内容分为重要言论、国际、国内、暨本省四类，摘要分析剪贴，附表汇呈核阅或分送有关机关参考。"③ 但如若新闻媒体言论触犯当局，就可能受到停刊处分、刊物查扣、拘捕新闻从业人员等惩处。逮捕新闻从业人员是政府对新闻自由的极大伤害，政府对新闻从业人员的迫害给将大胆敢言、勇于批判的言论精神打压下去。此外，国民党还注重三民主义思想的灌输，1972年更提出三民主义新闻政策，以巩固国民党领导核心，强化正统性及合法性。

（三）新闻管制与言论突破的对抗

国民党政府一直依赖美国维持其在国际上的"中国"代表权，但随着国际局势和思潮的变化，国民党政府"代表全中国"的正统性显现出潜在的危机。在这样的情况下，言论紧缩应运而生。

20世纪60年代初期，台湾省政府就多次宣导保密防谍、禁止散布谣言的观念。1969年起，台湾省新闻处会同相关单位到各县市政府进行书刊审查工作的督导，1969年10月，新闻处会同"警备总部"、警务处实施"中兴专案"工作计划，取缔违法刊物。④ 该专案成为每年新闻处例行的工作之一，直到1976年止。在1971年1的施政报告中记载：为贯彻"总统""庄敬自强"之训示，加强文化作战，切实防制匪为"十·一"伪庆及文化毒

---

① 台湾省新闻处编：《新闻业务手册》，1968年版，第136—137页。
② 台湾省新闻处编：《新闻业务手册》，1983年版，第133—135页。
③ 台湾省新闻处编：《台湾省政府施政报告》1950年6月，第188页。
④ 台湾省新闻处编：《台湾省政府施政报告》1970年5月，第199页。

素渗透，实施六十二年度（1973）中兴计划即是一例。① 可见，专案的实行很大程度上是针对中国共产党，防止中国共产党十一国庆期间对国民党不利言论的散布。但由于党外运动的兴起，《大学杂志》、《台湾政论》、《美丽岛》等政论政治相继问世，它们均针砭时弊、言论激烈，执政者搬出"违反发行旨趣"对杂志予以停刊处分，约谈相关杂志的主办人和事件的发起人。党外人士面对保守的报纸舆论及执政当局对党外杂志的查禁，提出"要求言论开放"、抨击"舆论垄断"，呼吁"解除戒严令"。

五 新闻工作会谈

党政所举办的会谈对未来的新闻传播制度产生着一定程度的影响，此期以"阳明山会谈"和"新闻工作会谈"最为重要。

（一）阳明山会议

"雷震案"发生后，国民党八届三中全会通过召开"阳明山会议"的决议，会议变更过去"反共救国"会议的决策，而代之以类似咨询、沟通，而不具政策决定权的谈话会。② 1961年举行第一次会谈，会议以"社会"、"犯罪"新闻为题，在"中常会"进行一连串改善社会、罪犯新闻的讨论。"第四组"根据社会新闻泛滥、夸大的情形，提出《改善犯罪案件报道之新闻政策纲要》，要求加强法律约束和新闻自律。第二次阳明山会谈以新闻界和教育学界为主要邀请对象，关于新闻事业的议题主要集中在《出版法》与新闻自律、报纸限张与限证以及杂志地位问题。

（二）五次新闻工作会谈

关于新闻工作的会谈共举行过五次，主要参加人员为新闻文化业务执行单位负责人员、三军政治作战部主管、各报社、通讯社、杂志社、广播、电影、电视事业单位之主要负责人、文化出版界成员等和新闻宣传有关的国民党党员。③

在历次会议的议案中，对戒严时期具有影响力的有如下几个：

---

① 《台湾省政府施政报告》1973年1月，第195页。
② 薛化元：《从"反共救国"会议到阳明山会谈（1949—1961）：对朝野互动的一个考察》，《法政学报》1997年第7期，第49—82页。
③ 中国国民党"中央委员会"第四组编：《第二次新闻工作会谈实录》1965年，第79—80页。

第一，新闻党部对新闻舆论走向的引导。1963 年第一次新闻工作会谈的中心议案之一为"加强新闻从业同志之组织关系案"，而具体的措施则为成立"新闻党部"。新闻党部筹备委员会在 1964 年 8 月成立，首先在台北各大新闻机构、《中华日报》南部版及《台湾新闻报》等单位设置区党分部筹备委员会，将各单位国民党新闻从业人员纳入组织。第二步是将该党所有新闻从业人员，全部纳入。到各区分部组织完成，新闻党部即可正式完成。① 新闻党部成立以前主要是通过地方党部或利用报社内的国民党员来监督或干涉报纸杂志内部，成立后则是直接在新闻媒体内设置区分部，有组织有计划地干涉新闻舆论的走向。

第二，"三民主义新闻政策"的宣扬。李瞻在 1972 年完成《比较新闻学——报业原理与制度之批评研究》，所形成的"三民主义新闻政策"为国民党所重视。李瞻分别对极权、自由、共产与社会责任四种新闻理论派别加以检讨，提出其三民主义报业蓝图。② 1974 年第四次新闻工作会谈决议通过"确定三民主义新闻政策"案。

之前，国民党的新闻政策较为松散，有时提出"国家安全"，有时提到"恶性竞争"等，三民主义新闻政策宣称是从"社会责任论"转化而来，主张"希望自由并非人人享有"、新闻自由乃"性善者"享有之权力；"国家"在新闻活动中，应担任一个积极的角色；新闻事业应是一种教育及公益事业，而不应是一种营利事业等。③ "三民主义新闻政策"为国民党限证、限张及新闻自律等提供了理论基础。不过，解严后，国民党放弃了"三民主义新闻政策"，选择自由报业模式，取而代之的则是一个以资本、市场机制来管制新闻媒体的时代。④

第三，精神喊话性的政令宣传。新闻工作会谈的目的在于"交换彼此意见，研究共同的方针，协调各方的步骤"。而其最主要最真实的目的是精神喊话和政令宣导，比如第三次工作会谈"宣传'中华'文化复兴运动"、第四次会谈"支持'国家'九项建设"，无不具有现实针对性。

---

① 中国国民党"中央委员会"第四组编：《第二次新闻工作会谈实录》1965 年，第 75 页。
② 曾虚白：《我们需要一个新的新闻制度理论》，《新闻学研究》1972 年 5 月第 9 期，第 4 页。
③ 李瞻：《三民主义新闻政策之研究》，《新闻学研究》1981 年 12 月第 28 期，第 7—8 页。
④ 林丽云：《台湾威权政体下"侍从报业"的矛盾与转型：1949—1999》，《台湾产业研究》2000 年 12 月第 3 期，第 124—132 页。

第三节　国民党新闻传播制度变迁分析

一　国民党政权不断寻求"政权合法性"对新闻传播制度的影响

国民党在台湾建立的威权政体，与它在1949年以前统治全中国时代的极权主义政治有很大不同。相比媒体，在极权体制下，媒体基本上是国家机器的一部分，担负传播意识形态、进行政治宣传的任务；在实行威权政治的"国家"，官方可能试图左右舆论导向，但不易完全控制媒体，异见言论和零星新闻自由得以在威权体制下自然出现。之所以发生这一改变，与国民党退台后所面临的严重危机有很大关系。在这里主要从内外各种力量的变化对体制构造的影响来探讨。

（一）来自内部的合法性危机对新闻传播制度的影响

国民党接收官僚在台湾治理失当，引发台湾民众对当局政府的反抗，并最终爆发大规模流血冲突"二二八事件"。国民党在事件中采取严厉镇压措施，给台湾民众带来了历史性的心理创伤，导致台湾社会本省人和外省人①之间尖锐的省籍冲突，由此形成了国民党执政期的内部危机。在人数上处于劣势的国民党一方面不得不实行严密的威权控制以保住在台安身立命的据点；一方面又不得不给予本地人民经济和政治上的利益，以培植政治稳定和政权合法性的基础，换取人们对政权最低限度的认同。

所以，在"二二八事件"之后，第一任台湾省省主席魏道明在台湾各界庆祝省政府成立大会中针对解除戒严、结束清乡和撤销新闻图书管制发表演说，正式宣告戒严与清乡的结束，以及新闻图书邮电检查与交通通信军事管制的撤销②。当局这样的姿态为求能够缓解省籍矛盾，取得民众对政府的认可和支持。国民党退台更引发办报热潮涌现，虽然不久"行政院"就颁布了"从严限制登记"的训令展开报禁，总体来说，20世纪50年代初期媒体拥有一定的新闻自由空间，1952年通过的《出版法》明显较之前的《出版法》尊重言论自由。1955年蒋介石指示手下的党政人员"对于刊载不正当文字的报刊……予以定期停止发行的处分，这是合

---

① 本省人指1949年前居于台湾的居民，外省人指1949年之后定居台湾的大陆人。
② 《台湾省政府公报》1947年5月19日第3期，第17页。

法，并且合理的措施"。1958年"立法院"以"秘密审查"的方式迅速通过《出版法修正法案》，扩大出版品登载事项之限制及加重行政处分。对于民营报刊的反弹，官方不予理会。对于异议刊物，则采取一连串的干涉行动。

20世纪60年代，蒋介石主导的国民党政府，在台湾推动一连串稳定台湾政治、经济的工作，但与此同时国民党政府限张、限证和言论控制加强，新闻界与朝着强人政治迈进的国民党政府渐行渐远，彼此的冲突也日益加剧。整个戒严时期施行于台湾的新闻管制，包括对报刊版面、数量、出版发行地点等的控制，还包含对新闻言论的控制。

当经济发展到一定阶段，社会中产阶级崛起，更多的台湾政治精英开始质疑政治权力分配不均的事实——多数高层政治职位由占人口少数的大陆籍人士独占，国民党威权政权的内部合法性不断衰退。而当"反攻大陆"的政治口号也失去现实的基础后，政权的正当性和合法性面临更大的危机。长期处于威权政治压抑下的民众开始要求更多的政治参与权利，威权政治的合法性受到前所未有的质疑，国民党不得不进一步满足台湾人的政治参与要求。在这样的情势之下，以争取更为广大的社会认同，为国民党的统治找寻新的合法性基础，国民党于20世纪80年代末选择了开放党禁、报禁。

（二）来自外部的合法性危机对新闻传播制度的影响

许多第三世界国家和地区，政权的合法性基础往往首先来自外部，并以此逐步建立内部合法性基础。

一方面，国民党政权合法性的危机主要来自美国的赋予与抽离。1950年朝鲜战争前，美国政府表达出"放弃台湾"政策，对台海局势和国民党的前途做出悲观评估。国民党的重大转机出现在1950年6月下旬，朝鲜内战爆发。美国认识到台湾战略地位的重要性，总统杜鲁门派遣第七舰队悍然闯入台湾海峡，宣布"台海中立化"，公开干涉中国内政——帮助国民党防卫台湾，阻止中国人民解放军解放台湾。美国从自身战略利益出发，把台湾纳入军事保护范围，给予长期的经济、军事援助，并试图把台湾变成"反共"前沿阵地。

朝鲜战争挽救了国民党的危局。美国对退台国民党政权予以政治承认，从外部赋予其政权"合法性"。20世纪50年代，国民党实行改造以有效控制"反攻大陆"的台湾基地，借"自由中国"之名争取美国援助是其生存的关键所在。为配合"民主宪政"的招牌，国民党对媒体的言论管制上也较为放松。

台湾国民党政权首先从美国那里获得维持生存至关重要的"外部合法性"支持，但其政权合法性危机的出现也是首先源于美国。从20世纪60年代末开始，美国开始调整其地缘政治策略，其后又在对外政策上加入"人权"和"民主"的内容，运用了包括政治、经济、外交、军事在内的各种手段，促使非民主政体转向民主政体。那些原先依赖美国支持的威权政权，在美国的支持撤离后，立即都出现了合法性问题。1971年7月，美国国务卿基辛格访问中国大陆。1971年10月，台湾被逐出联合国，失去了国际的合法地位。1972年2月，美国总统尼克松访华，与周恩来总理共同发表《中美联合公报》。1972年9月，日本接受中日建交三原则，两国建立外交关系。在不到1年的时间里，台湾当局接连遭遇重大的"外交"挫败。在美、日与中国改善关系后，其他大多数国家相继与台湾断绝"外交关系"，台湾在国际上日趋孤立，台湾国民党威权当局的执政合法性受到前所未有的质疑。

国民党被迫扩大政治开放，以进一步寻求外部和内部的支持，从而导致威权统治的松动和转型。在政治开放的同时，媒体一定程度的开放也随之而来，20世纪70年代党外杂志的兴起与发展就是一例。

另一方面，中国大陆也对国民党政权合法性产生压力。国民党败走台湾之初，面临"解放台湾"的强大军事压力，之后"反攻复国"的目标使得国民党在20世纪50—60年代维持着相对庞大的军队，同时以戒严法在岛内实行严密控制。国民党为防止刊物"赤色的毒"蔓延，将"加强对匪作战，肃清文化毒素，取缔违反法规之出版物"，视为"巩固社会心防，复兴中华文化，维护社会善良风俗，以达到'复国建国'目标"的办法之一。到了70年代末，台湾针对大陆的方针有所转变，海峡两岸长期军事对峙的局面走向缓和，国民党开始强调"庄敬自强"。但防止"匪害"，保密防谍，消除文化毒素仍然是国民党坚持的宣传内容。

20世纪80年代中期，在美国人权外交推动下，世界掀起第三波民主浪潮。为了应对岛内外的新形势，塑造一个"自由民主的台湾"成为国民党高层的共识。台湾的戒严体制、一党威权制以及建立在"动员戡乱时期临时条款"上的强人政治因此失去了存在的理由。在这样的背景下，国民党政府宣布解除实行38年的戒严体制，进而宣布解除"报禁"——允许人民自由办报。

二 务实主义的意识形态对新闻传播制度的影响

一个政治威权的形成，除了凭借武力强制作用外，最主要而常见的方式是透过长期"说服"的效果，也就是透过信仰的说服，形成一个具有"正当"与"合法"意义的威权体系。[①] 国民党退台后，以孙中山的"三民主义"为官方意识形态。退台后的国民党将"三民主义"逐渐被解读为以"民生主义"为核心的三民主义，即"民生第一，人民至上"，从而成为具有浓厚务实主义色彩的路线。

这种民生主义的解读发展出以经济发展为中心的工具性意识形态：国民党在政治上的威权控制不影响经济领域的开放，而上层政治领域的封闭促使更多人把目标转向对财富的角逐；在政治上台湾的国民党政权和韩国、新加坡的威权政府一样都坚持反共意识形态，但从经济发展的客观需求出发，在所有制形式和经济政策的选择上却没有"意识形态的偏好"。借由经济的发展，最终稳定国民党在台的政治优势地位。

（一）务实主义的意识形态影响新闻传播制度

以电视为例，国民党在建立和发展电视事业之初，就定下了"官控商营"的基调，运用垄断的政治资源玩弄电视这种文化权力，对内以达到宣传的目的，对外则树立"自由中国"科技上的优势。为了达到这样的政治目的，官方（省政府、国民党与"国防部"）主导规划成立电视台，主事者邀集部分民间企业入股。例如，台视有三成左右的股份是民股（包括民间企业）；中视有四成股份属民营广播电台；华视有两成股份属民股，而且是由蒋经国（当时1972年上台担任"行政院长"）指定哪些民间企业可持有。[②] 政府将电视资源分派给党内亲信与民间友人，以获取他们的支持。

[①] 纪慧君：《"我国"元首论述中价值观之呈现与转变——民国三十九年到八十三年元旦文告之语艺批评》，台湾私立辅仁大学大众传播研究所硕士论文，1994年。

[②] 程宗明：《电视政策对制度型塑的回顾与前瞻：四十年的荒原，旷野的呼声》，台湾政治大学传播学院编：《台湾电视四十年回顾前瞻研讨会专题论文》，2002年版，第313—315页。

加之商业电视以广告为生，不只可自给自足，更可协助建立消费市场，有利于"本国"工商业发展。① 这与国民党经济理性主义的务实原则吻合，现实也证明务实主义的成功。台视开播后，有了广告收入，不久即有盈余。② 与此同时，持有电视股份者因有利可图，也更倾向支持现有的权力体制。统治者即借由分配电视资源，从而得到亲信与部分民间企业的支持。

在"官控商营"的主导下，电视被建构成"宣传"和"营利"的工具，党政军势力及民间企业和私人团体因为利益纠结在一起。官方试图控制电视以实现宣传意识形态的目的，但商营的模式却反过来减损宣传的功能，并且降低官方政策制定时的自主性，迫使官方屈服于私人业者的利益。连亲官方的经济学者魏萼也批评：电视事业受到资本主义宰制，已违背"三民主义"的要义，因为"资本家拿钱支持电视节目——往往以他们认定的所谓的大众趣味为趣味，内容就不免要趋向低俗，水平就不免要日日下降，节目所提供的已不是健全的娱乐，而是一种麻醉了！"③ 针对商业电视存在的显而易见的弊端，官方也做出设立公共电视台的计划，但碍于来自各方面的压力和利益考虑，最终也没有对电视事业做出结构性的改造，适时制定合理电视政策的计划一再被搁浅。

20世纪80年代初，民间反对势力对电视改革的议题很少关心，对电视的认知受制于官方议程设置的影响。也就是说，官方把电视建构成"商业"的利器，又将公共电视建构为"国家道德的教化工具"。④ 所以，政治反对运动者从自由化的角度着眼，认可自由的商业经营，将电视定位为私人和商业性质，并不支持设立公共电视台，以防所成立的公共电视只是另一家宣传性质的政府电视台。他们更倾向于开放成立新的私人商业电视台，以求反对者本身也能拥有电视这样的发声平台。

（二）"三民主义"新闻哲学的建构受到务实主义的意识形态的影响

退台后，在国民党的官方论述中，一切威权统治的手段都是为了实现

---

① 程宗明：《电视政策对制度型塑的回顾与前瞻：四十年的荒原，旷野的呼声》，台湾政治大学传播学院编：《台湾电视四十年回顾前瞻研讨会专题论文》，2002年版，第311页。
② 何贻谋：《台湾电视风云录》，台湾商务印书馆2002年版，第99页。
③ 王祯和：《电视·电视》，台北远景出版社1977年版，第288页。
④ 程宗明：《电视政策对制度型塑的回顾与前瞻：四十年的荒原，旷野的呼声》，台湾政治大学传播学院编：《台湾电视四十年回顾前瞻研讨会专题论文》，2002年版，第324页。

三民主义于"全中国"。为此,国民党通过各种手段,将三民主义意识形态灌输到整个社会。从学校教育与科研、各类考试、军队政治教育等各个方面入手,加强三民主义思想教育。新闻传播学术机构在建构"三民主义"新闻学理论的时候同样受到务实主义的意识形态的影响。

在政治逻辑的主导下,将新闻传播研究的目标定为巩固国民党的领导,当国民党政府压制异议刊物或收编媒体的时候,学术研究往往以"国家安全"与"社会责任"等理由来正当化国民党政府的新闻控制。新闻学者迎合官方观点,从孙中山首创的三民主义思想体系入手,他们意识到"三民主义"并不是一种抽象的意识形态,其核心民族独立、权力分治和人民福祉,基本符合世界的潮流,因此就"意识形态的正当性"而言,较易引起人民的认同。所以,新闻学者围绕三民主义来建构新闻学相关理论,比较有代表性的是李瞻的"三民主义的新闻哲学"。

> 一、新闻自由并非人人享有。三民主义认为"人性"系从"兽性"演进而来,兽性为恶性。国父说,社会愈进步文明,则人类"性善"之程度愈高;否则,则反是……新闻自由乃"性善"者享有之权利,"性恶"者不得享有之……凡危害人民权益、社会公益,以及"国家"之独立自由者,均属"性恶"之人。
>
> 二、"国家"在新闻活动中,应担任一个积极的角色。三民主义不主张"国家"有无上权威,也不主张"国家"(政府)的权力应少于最小限度。它认为"国家"是互助的团体,并应有"万能政府"才能为人民谋幸福……所以"国家"的基本功能,在造福及服务人民,它不论在任何公共事务中,包括新闻事业,都应担任一个积极的角色。
>
> 三、新闻事业应做大众讨论与批评的论坛……让人民经常而充分的自由发表意见。所以三民主义的报业制度,就是绝对保证报纸,必须作为大众讨论与批评公共事务的意见论坛。
>
> 四、新闻事业应是一种教育及公益事业,而不应是一种营利事业……新闻事业应该是一种伟大的教育文化事业,也是达成社会文明和谐进步,不可缺少的公益事业;而不应该是一种商业。
>
> 五、新闻事业应由智慧最高、道德最好的人士主持,而不应由商

人主持。三民主义认为新闻事业是教育事业,也是一种服务的公益事业。教育事业便必须由智慧最高的人士主持,服务的公益事业一定要最富责任心与道德感的人士来负责,否则便不能达成教育与服务人民的目标。同时三民主义的报纸,主要任务在充当大众讨论与批评公共事务的论坛,如果让商人或权威阶级主持新闻事业,便必然会组织大众不同意见的表示,而无法达成报业的积极功能。①

李瞻认为"建立三民主义新闻政策,就是使新闻事业制度化、法制化与民主化"。新闻主管部门"行政院新闻局"的工作也应根据"国父之政治哲学制定三民主义新闻政策"②开展。亲官方的新闻学者曾虚白也以官方所宣示的三民主义传播政策为基础,指出"国家"应节制私人资本,限制商营媒体的扩张,并成立公营媒体。③

总之,蒋氏父子推崇的三民主义官方意识形态,不是个人化的"蒋介石主义"或"蒋经国主义",而是借用有一定历史积淀的、具有相当感召力的"孙中山主义",相对而言,更加容易引起人民大众的认同。由此生发出来的三民主义新闻哲学符合两蒋时期的务实主义,理论所强调的"国家利益"和"公共利益"与两蒋时期的时代特征呼应,为巩固国民党在意识形态领域"意见领袖"的位置提供了理论依据。

三 与台湾政治转型联动的新闻传播制度

政治转型是指从一种政体到另一种政体的转变历程。政治体制的民主转型至少应包括下列指标:任何公民可为政策和政府公职进行公开竞争;通过定期公开的选举进行参与;政治自由获得充分的保障,这些自由包括言论和新闻自由、组织和结社的自由等。一般而言,民主转型期开始于威权统治发生危机而产生某种形式的政治开放,以及更加尊重个人或团体的

---

① 李瞻:《"中华民国"新闻政策之研究》,《新闻学研究》1985年10月第35期,第136—137页。
② 同上书,第145页。
③ 曾虚白:《旧酿新焙》,台北文史哲出版社1978年版,第140页。

基本公民权。① 民主转型期又可具体区分为政治自由化转型与政治民主化转型两个次级过程。政治自由化意指对个人或团体基本权利不当限制的解除，也即个人与社会团体的权利扩张；政治民主化意指政治权利转移的制度化过程，即进一步要求全面开放参政管道，包括完全竞争性的选举，其结果可能导致政治合法转移。②

将上述自由化与民主化不同特点的区别及转型阶段的分化，作为反观台湾政治转型的参考指标，对台湾政治转型做出这样的分划：威权体制的自由化转型和威权体制下的民主化转型两个阶段。前者从1977年"中坜事件"起，到1988年蒋经国去世，转型的主要标志是戒严令和党禁、报禁的解除，此前从蒋经国1972年开始主政起可视为"转型前期"；后者从李登辉1988年主政起，到1996年以"修宪"、"国会"全面改选和"总统直选"等为标志，1996年后属于所谓"民主巩固期"。③

（一）政治自由化带动新闻传播制度变革

国民党从1950年起在台湾实施地方自治。按照孙中山"建国纲领"的规定：地方自治是训政时期最重要的任务，其中心工作有政治建设、经济建设、社会建设、心理建设四类；当一省全数之县完全自治时，则为宪政开始时期。"一完全自治之县，其国民有直接选举官员之权，有直接罢免官员之权，有直接创制法律之权，有直接复决法律之权。"④

国民党政权进行的地方自治是争取本地人民支持的一项重要决策。地方自治主要开放县市以下地方公职的选举，包括民意代表和行政首长。地方选举的开放，为台湾人民提供了一条参与地方政治的途径，很大程度上缓解了本地人民在"二二八事件"后对国民党政权的愤懑情绪，动员和整合原先对国民党政权怀有敌意的台湾民众，并通过对地方精英势力的收编，形成新的统治联盟，以便于以地方精英为中介贯彻统治者的各项意志。

---

① 孙代尧：《台湾威权体制及其转型研究》，中国社会科学出版社2003年版，第11—12页。

② Guillermo A. O'Donnell and Philippe C. Schmitter, *Transition from Authoritarian Rule: Tentative Conclusion about Uncertain Democracies*, Baltimore: The Johns Hookins University Press, 1986, pp. 7—8.

③ 孙代尧：《台湾威权体制及其转型研究》，中国社会科学出版社2003年版，第13页。

④ 孙中山：《国民政府建国大纲》，《孙中山全集》（第九卷），北京，中华书局1986年版，第126—129页。

对国民党政权来说，选择开放有限度的选举并未在短期内构成对政权的威胁，倒是民间人士会面对两难选择：如果选择参与地方选举，无疑表示对国民党政权的认同；如果选择不参与，则有可能在政治上被孤立和排斥，而激进的反对行动更会遭到当局镇压。所以在20世纪五六十年代相当一部分地方精英选择投入地方选举，而不是在体制外挑战国民党的权威。国民党在武力手段之外采取吸纳、收编本土精英进入体制内的办法，与本地社会维持一种柔性的政治关系。这种有限开放的体制有别于国民党大陆统治时期的极权体制，按照亨廷顿提出的一个政治体制的稳定程度可以用该体制所具有的"转化反体制的异议分子成为体制内的参与者的制度性管道的强弱"[①] 来判定，那么国民党的做法在保持岛内的政治稳定方面取得了较好的成效。

这种有限开放的地方选举制度并不能表明国民党政权"宪政"的真正实施。国民党1949年在台湾就颁布了戒严令，不允许有组织的反对力量存在，人民组党的权利事实上被禁止。1960年，以雷震为首的《自由中国》杂志社的一群自由知识分子，企图与其他岛内政治精英合作筹组反对党"中国民主党"，遭到当局镇压。此后，直到民进党1986年成立，台湾再没有出现有组织的反对党。形式上存在的两个小党——民主社会党和"中国青年党"只是友党性质的"花瓶政党"，其存在的价值是向岛内外显示国民党执政党的法统地位和民主形象，并不是实质意义上的反对党。

到了20世纪70年代，台湾高度的经济增长，提高了人民的物质生活水平、教育水准，大众传播媒介发达，社会呈现多元化趋势，这些都为政治转型提供了必要的社会条件。台湾的现代化也带来了社会阶级结构的变化和各种力量对比关系的变化，为政治体系变化提供了主体条件。在开放性经济环境中形成的台湾中产阶级，在整体上具有较高的民主意识。一部分台籍中产阶级倾向从事或支持体制外的反对运动，政治反对势力从他们中间孕育出来，对封闭的国民党威权体制形成压力；也有一部分的中产阶级则要求国民党进行体制内的政治改革，他们的民主理念和对执政党的支

---

① S. Huntington, "Social and Institutional Dynamics of One-Party Systems", in S. Huntington and Moore, eds., Authoritarian Politics in Modern Social: The Dynamics of Established One-Party Systems. New York: Basic Books, inc., 1970, p. 44.

持，形成威权政治转型的动力，他们既要求民主，又要求稳定，这是台湾政治稳定转型的阶级基础。蒋经国主政后，为了克服政权的合法性危机，采取了本土化和实行"国会"增额选举的策略，以寻求社会内部更大的支持。因此也造成了选举政治更加激烈竞争，党外势力逐渐壮大成为一股政治反对势力。

1977年的"中坜事件"代表了一个历史阶段的完结与一个新时代的开始。[1] 反对势力受到"中坜事件"和选举结果的鼓舞而逐渐激进化，开始不断试探国民党容忍的上限。台湾政治自由化就此拉开序幕。

"中坜事件"引起党外势力对今后斗争方式的思考：一是以康宁祥、张德铭、黄煌雄为代表温和派，认为应该以合法斗争为主要手段，慎用中坜式的"街头斗争"手段；一是以黄信介、许信良、余登发、张俊宏为代表激进派，认为"中坜事件"显示了群众的力量和民心可用，国民党方面已不可能在当时的条件下大规模地镇压群众运动，所以其后应把"街头斗争"作为与国民党斗争的主要手段，去撼动国民党的威权统治。从1979年起，激进派开始走群众动员路线，而这种动员也不再以选举期间为限。党外组织了一连串群众集会，连续挑战国民党的权威。

在县市长选举期，党外势力利用《夏潮》、《这一代》等刊物，及竞选传单和大字报、小册子大造宣传攻势。选举停止后，党外人士又开始投入创办宣传政治改革与言论自由的刊物，《八十年代》、《美丽岛》、《鼓声》、《春风》等党外著名杂志先后创刊。蒋经国和国民党统治集团里的许多人都已看到了杂志在党外运动中扮演的角色，为此在1979年1月27日，《夏潮》杂志被勒令停刊。1979年3月1日，台湾当局宣布恢复已停止一年的杂志登记。14日又核定《出版法施行细则修正案》，规定凡出版品记载违反基本"国策"、破坏团结、动摇人心或危害地方治安者，除依出版法处理外，还要送有关机关追究法律责任。随后，余登发被捕，杂志被查禁事件的不断发生，预示着国民党政治大整肃的开始。

1979年11月爆发的"美丽岛事件"是台湾党外势力直接领导的一场与国民党当局有组织、有准备的政治较量。党外人士希望借此机会向国民党挑战，国民党当局大规模逮捕事件参与者，聚集在《美丽岛》杂志周

---

[1] Thomas Gold, *State and Society in the Taiwan Miracle*, New York: M. E. Sharpe, Inc., 1986, p. 3.

围的党外运动的核心人物几乎被一网打尽，党外运动元气大伤转入低潮。国民党与党外势力之间的矛盾进一步加深。

1983年以后，台湾新兴社会运动大量出现，构成了对国民党政府威权的挑战。据统计，从1983年至1987年间，总共发生了1500余件人民集体抗争的事件。社会运动得到反对势力的支持，[①]反过来也使得反对运动的社会支持范围和群众基础进一步加强。民众政治参与的意愿升高，党外反对势力开始朝组织反对党的方向迈进，风起云涌的社会运动使国民党当局面对来自民间的巨大压力。

蒋经国在20世纪80年代中期选择了自由化改革，允许反对势力参与制度化的竞争。1987年国民党与党外势力开始了正式接触，1987年7月14日，蒋经国宣布自15日起解除在台湾地区实施了近40年的戒严。12月25日，正式解除"党禁"，1988年1月1日，报纸杂志审查制度（报禁）解除。以戒严令、党禁和报禁的解除为标志，台湾威权政治自由化转型完成。国民党选择由上而下主导推动的政治转型，主动开启政治改革的应对方式，转型过程在当局的控制之下基本未出现大的政治动荡。

（二）新闻传播制度变迁中自由主义的脉动

国民党实行长期的"报禁"却没有实行"杂志禁"。1987年台湾只有31家报纸，但同期却有2000多家杂志，其中有120家左右是政论性杂志。原则上，只要杂志不宣传马克思主义、共产主义和"台独"言论，当局在杂志出版前，对文章内容的审查和把关较少，这就促成了《自由中国》、《文星》、《大学杂志》、《台湾政论》、《八十年代》和《美丽岛》等有一定影响力的党外政论性杂志的相继出现。

《自由中国》杂志是1949年由雷震、胡适、殷海光、夏道平、杭立武等一些国民党人和自由主义知识分子在上海创办的。当时，国民党内外交困，也需要有这样一份杂志来装点民主的门面。不久，雷震等人跟随国民党政府退台。1949年11月在台北复刊，杂志发行人由胡适担任，实际负责人是雷震。雷震在抗战结束后曾担任"政治协商会议秘书长"，"总统府国策顾问"等职，属于国民党权利圈中的人物。创刊初期《自由中国》以宣传民主自由思想、批评共产主义为主。国民党因标榜实施"民

[①] 张茂桂：《社会运动与政治转化》，台北业强出版社1994年版，第13、39—40页。

主宪政"，该刊又持反共立场，官方对杂志言论未加限制，"教育部"还以宣传费的名义给予其经费资助。但很快《自由中国》转向了批评时政，雷震在1954年12月被国民党开除党籍，《自由中国》的言论仍不断升级。1956年，在蒋介石70大寿时，该刊推出"祝寿专刊"，提出了选拔继任人才、军队"国家化"、言论自由等敏感问题。此后，《自由中国》以"今日的问题"为题发表了系列社论，就国民党的独裁统治、两岸关系问题、政府体制、新闻言论自由、党化教育及反对党问题等，对当局进行公开批评，这些言论大部分都触及国民党当局的禁忌。

当自由派知识分子从"书生论政"走向"筹组反对党"的时候，国民党终于以镇压方式结束了自由知识分子的越轨行为，《自由中国》被勒令停刊。警备总部依《惩治叛乱条例》第十条，将《自由中国》发行人雷震送交该部军法处侦讯。在雷震被捕隔日的中常会上，第四组在会上如是报告《自由中国》言论不法之处：

> 仅查《自由中国》杂志自创刊以来，歪曲事实，颠倒是非，曾公开发表诽谤"国家"元首，污蔑本党，诋毁为"立国"原则之三民主义，实已危害"国家"，流毒社会，影响士气民心……而本党及政府为尊重言论自由，曲予宽容，所冀该刊发行人认清言论界一分子之责任，有所改进，不料自今年四五月以来，在自由世界各地变乱频仍发生之中，该刊变本加厉，公然否认政府；鼓动群众，实行"流血""革命"；认定台湾人与大陆人间之唯一鸿沟，即为我政府之存在；并谓大多数军公教人员，均为被欺骗、被侮辱、被损害之对象，踪其用心，不惟要煽动民众暴动，抑且要使韩日事变重演于我反共抗俄之台海基地，以遂其颠覆政府之阴谋，此种言论实已干犯"国法"，逾越言论自由之范围，若任其继续发展，则"国家"之安全，社会之安宁，人民之生命财产与自由，均将遭受严重危害。警备总部此次遵循法律程序，侦讯该刊发行人雷震，予以有效制裁，实为堪止乱萌，维护"国家"安全，保障正当言论自由所必要之措施。①

---

① 第四组报告，《第八届"中央委员会"常务委员会会议记录》第239次会议。

《自由中国》10 年间发表了不少相对激进的言论，此时期言论自由度相对较大。这主要源于 20 世纪 50 年代国民党面临内外压力较大，威权统治尚不牢固，要争取美国和岛内人民的支持，"自由中国"的形象必须维持。

1954 年 7 月底所推动的"文化清洁运动"及同年 11 月所公布的"九项新闻禁例"，可视为国民党新闻传播制度"由宽转严"的第一个转折点。1953 年、1954 年政府内部自由派人士如吴国桢、王世杰分别被迫请辞或遭到免职，原本拥蒋的自由派完全和权力核心疏离，[①] 国民党"以党领政"的基础已进一步确立了。

到了 20 世纪 60 年代，岛内政经形势稳定，国民党当局开始采取言论紧缩政策。60 年代有"沉寂的 60 年代"一说，只有《文星》发出议论时事的孤寂之声。1965 年，主编李敖在第 98 期上发表《我们对"国法党限"的严正表示》，批评国民党文工会负责人违反蒋介石"不应凭借权力压制他人"的指示，该期杂志出刊后被停刊。[②]

20 世纪 70 年代是所谓"会说国语的台湾年轻人"开始在社会崭露头角的年代。他们聚合在政论杂志周围，前半期，政论杂志的言论以提出体制内政治改革的建言为主，后半期随着岛内党外反对势力的崛起，反对派提笔上阵向当局发起前仆后继的激烈挑战，给国民党造成很大压力。在 20 世纪 70 年代初担当台湾知识界论政主角的是《大学杂志》，该刊在台湾退出联合国的"外交挫败"和蒋经国即将上台接班的背景下，提出启用青年才俊，推动政治改革建议的，原来是自由主义知识分子放言空论的《大学杂志》，变成了知识分子汇聚的集团。[③] 年轻的知识分子逐渐进入政治领域。

此时蒋经国也积极鼓励青年发表意见，《大学杂志》的政治化在某种程度上得到了国民党的鼓励与默许。从 1971 年元月号起，《大学杂志》的言论开始大幅度关注现实政治，陆续发表《给蒋经国先生的信》、《国是诤言》、《国是九论》等文章对"国体政体"、"法统"、言论自由等问题予以批评和讨论。这些言论对蒋经国产生了一定的影响，这从他主政后推行的"年轻化"、"本土化"等一系列重大改革措施中可以看出来。

[①] 薛化元：《〈自由中国〉与民主宪政》，台北稻乡出版社 1996 年版，第 121 页。
[②] 李筱峰：《台湾民主运动 40 年》，台北自立晚报社 1987 年版，第 85—89 页。
[③] 南方朔：《中国自由主义的最后堡垒——大学杂志阶段的量底分析》，《夏潮》1978 年 2 月第 4 卷第 2 期，第 51 页。

20世纪70年代后半期和80年代，政论性杂志在台湾涌现，其中最有影响力的是党外人士和反对运动势力创办的《台湾政论》、《八十年代》和《美丽岛》等。反对派刊物言辞激烈，常遭当局没收或勒令停刊。只是一些杂志的发行人往往会登记注册几份刊名，以便在停刊处分后以新名称复刊。查禁事件的增多和政论刊物的前仆后继，也从一个侧面反映出当时许多刊物保持了相当程度的言论自主性。

总体看来，台湾20世纪七八十年代政论性刊物的言论越来越偏离官方立场，这其中有政治和商业方面的双重原因。对反对派人士来说，借刊物表达他们的异议观点并抨击执政当局，甚至诋毁国民党权贵和夸大政府的施政缺点，是获取一部分人支持的有效策略之一。而增加发行量和追求利润的动机，也使得许多刊物不愿意文章内容千篇一律，而会刻意凸显某些敏感议题甚至炒作，以吸引读者注意。面对一个日趋多元化的社会，国民党已经无法垄断思想市场，在威权政治转型过程中不得不面对舆论的监督和制衡。

第四节　对国民党新闻传播制度的评价

一　威权一党制下的新闻传播制度

（一）极权制与威权制的区别

国民党在台湾建立了既非极权又非民主的威权政治体制。在极权政体中，政治权力组织对社会全面渗透与"泛政治化"，体现出一种全能主义控制的特征，其结果是，各种社会活动和生活都不能免于政治的干预；威权政体则体现了一定程度上的政治多元主义，统治集团无力也无法实行对社会的全面控制，社会中有一些团体的出现并非来自政府的有意安排，其运作也不一定依附于政府。有些威权政府甚至以制度化的方式鼓励某些有限数量的团体参与政治，因此社会上有某种程度的竞争存在。在许多威权国家，都开放具有一定竞争性或半竞争性的各项选举，即是此一体制有限多元主义的重要体现。[①]

就政治参与和动员看，高度参与是极权体制的特质，在极权体制下，政党以及各种为执政者所控制的次级团体，以鼓励、要求或奖励方式，主

[①] 孙代尧：《台湾威权体制及其转型研究》，中国社会科学出版社2003年版，第4页。

动动员民众参与政治或集体性的社会事务；而在威权政体中，较少大规模且深入的政治动员。一般人对政治事务乃至于政治性社团集会意愿不高，民众有一种对政治的"被动的服从和冷感，退而扮演褊狭的和臣属的角色"。① 政权本身也不愿意见到群众过于热衷于参与政治，虽然有时也会有政治或社会动员，但一般无法深入，流于形式。当然，在威权政体出现初期，如果要应对某种危机状况，自然需要高度的参与和支持。

就政党与军队的角色看，极权政党体系禁止反对势力或反对党存在，党政军高度一元化，处于体制内的军队对党完全效忠；而威权政党通常允许一个以上的政党存在，即便在一党独大的"国家"中，党的角色与功能也有相当限制。执政党的组织相对比较松散，其政府内也吸纳相当一部分党外社会精英，这些人士既可能倾向于肯定也可能不认同执政党的理念。在国民党威权政体中，党军关系体现在国民党制度化的"以党领军"上。军人有其特殊的地位，且担负重要责任，军人在各项与政治有关的人事任免中，占有相当分量，分摊相当比例的资源，并且有高度的干政倾向。②

就党政关系而言，与国民党大陆时期极权统治下的"以党代政"相比，"党国"威权体制下"以党领政"的党政关系变得比较制度化。从程序上看，党的决议是通过政府机关或"议会"中的党员，按照法定程序，而变成政策和法令，并由从政党员加以贯彻执行。党政关系上的这种变化并非由于国民党败退台湾后变得"自律"了，关键在于举办的具有一定竞争性的地方选举，对党政关系的制度化程度要求比较高。地方选举的存在，使得国民党不易像在大陆时期那样完全垄断政治社会，它不得不依法律形式推行某些政策，以取得选民支持，而保证国民党提名的候选人在各种选举中顺利当选。

（二）与威权一党制对应的新闻传播制度

国民党此一时期的新闻传播制度与上述威权一党制的特征有着内在的联系。

---

① Juan J. Linz 著，陈文俊译：《极权与威权政权》，F. Greenstein & N. Polsby 主编：《政治科学大全》第 3 卷，台北幼狮文化事业公司 1983 年版，第 254 页。

② 亨廷顿认为，军人干政的重要原因不是来自军事而是政治方面，它所反映的是社会内部的政治和制度的结构不良问题。参见 [美] 亨廷顿著，王冠华译：《变化社会中的政治秩序》，生活·读书·新知三联书店 1989 年版，第 177 页。

首先，新闻传播制度具工具性，是"党国威权"统治中的一环。威权政体中的新闻传播制度则并不具有强烈的理想主义色彩，其制度更多表现了民族主义、社会正义或富"国"强兵的理念，这大都与对经济发展、维持社会秩序、避免内部争斗发生、排外等实际情况的考虑有关，这在国民党迁台初期表现尤为明显。威权体制下，党是政治资源的最大配置者，"党、国"的界限常常模糊不清，所以在新闻管制实施之时常常政出多门，政令不一，加上有军人政治倾向的影响，军队对媒体的干涉是威权时期司空见惯的事情。国民党制度化的"以党领政"、"以党领军"是为了维护自身的执政地位，对于民间社会的反对声音常常不惜采取压制方式，并用制度的外衣将其合理化。

其次，"党国威权"政体毕竟不同于极权政体，其"有限多元"的特征为这一制度留下了被突破的缺口。① 国民党的威权体制仍旧打着"民主宪政"的招牌，在私有经济制度下，民间社会出现体现言论自由的自主性私营媒体，国民党不能完全限制民间私营媒体的出现和人民的舆论监督，舆论的制衡力量甚至是国民党不能在台湾实行极权专制统治的一个因素。

20世纪五六十年代《联合报》的言论立场可以作为台湾民营报争取言论自由的代表，此一时期主要表现在两个事件上：一是1958年反对政府订定《出版法修正案》；二是1961年以言论声援"雷震案"。《联合报》对第五次出版法修正案反对到底，负责人王惕吾对报社同人讲，宁愿报馆关门，言论自由一定要维护，所以前后写了9篇社论向有关方面抗争。② 至于"雷震案"，该报因为同情雷震，极力声援雷震，先后发表《我们对雷震案的看法》、《呼吁"总统"赦免雷震言论部分刑责》等社论，造成军方以"思想不正确"为由，下令各军事机关禁止订阅《联合报》，成为该报首次遭遇的"退报运动"。

报禁时期，国民党威权管制的目的不是为了公共利益，更多的是为了维系政权，新闻传播制度只是工具，媒体则偏向"侍从"角色。一方面，"在报业管制上，'国府'为了得到私人报业的支持，因此给予特定人士以办报的特

---

① 孙代尧：《台湾威权体制及其转型研究》，中国社会科学出版社2003年版，第9页。
② 叶明勋：《有专业观念，有国际眼光》，见《王惕吾先生纪念集》，联合报系创办人王惕吾先生纪念集编辑委员会1997年版，第25页。

第四章 训政时期国民党的新闻传播制度（下篇） 163

权与优惠"。① 比如，在所有权结构上，由于官方的放任，《中国时报》与《联合报》发展成大报；另一方面，"在这个关系中，'保护主'不会予取予求，以免利益给尽、侍从离去。但是当'国府'的政权正当性危机日益严重时，便不得不给予特定报纸更多优惠，以得到其在意识形态上的支持"。② 在20世纪70年代末期，国民党面临来自内外的双重危机，为争取民营报刊支持，让当时主流的《联合报》与《中国时报》能扮演"国家"意识形态构建的角色，国民党在当时限证与限张的政策下，仍特别给予两家媒体以优待——准许购买一张报证及增张、换版。国民党以利诱的方式透过民营媒介传递其意识形态，借此作为两家"侍从媒体"言听计从的回馈。

《中国时报》和《联合报》两家的负责人余纪忠和王惕吾在1979年被蒋经国圈选进入国民党中常会，这两家报纸在政治立场上都对国民党持支持态度。但由于报业竞争的激烈，为了争取读者和扩大市场占有率，均采取较为独立的新闻观，也时常刊出一些被当局视为出格和不适当的报道，比如对1977年"中坜事件"的报道、对"江南案"的报道之事等。因此也会受到当局的刁难和压力，因此总编引咎辞职或刊物停刊处分都时有发生。

最后，威权体制下制度化的程度不得不依法律形式推行某些政策，国民党的言论管制态度转变透过相关法制变迁表现出来。以两次《出版法》修订为例，1951年"立法院"讨论《出版法》草案时，国民党党报《中央日报》声称"弥漫着新闻自由的呼声"。③ 到了1958年，国民党第二次修订《出版法》并透过"立法院"多数决议强行通过《出版法》修正案，《中央日报》多次撰文替《出版法》辩护："'行政院'对于出版法的修改，其有严正而正确的目的，决不是为了限制新闻自由，亦不至妨害新闻事业的发展"④，此外还有《出版法修正案——其法理与其实际的必要》、《拒读含有毒素书刊》及《舆论的力量及其止境》等社论来维护《出版法》的修订。随着《出版法》修正案通过，国民党对新闻言论的管

---

① 李金铨：《从权威控制下解放出来：台湾报业的政经观察》，《传播与社会发展》，1992年版，第89—91页。
② 林丽云：《台湾威权政体下"侍从报业"的矛盾与转型：1949—1999》，《台湾产业研究》2000年12月第3期，第89—148页。
③ 《"立法院"举行院会讨论出版法草案》，《中央日报》1951年9月19日。
④ 《出版法的修正问题》，《中央日报》1958年4月16日。

制也愈发严格。

(三) 压制与容忍:"党国"威权体制下新闻传播制度的策略选择

国民党在台湾建立的威权政权属于"党国威权政体"。"党国威权政体"实行一党政治,党的组织高度穿透政府、军队和社会部门,并且有居支配地位的官方意识形态作为政权的合法性基础。国民党迁台后实行的政党改造,确立了"以党领政"和"以党领军"策略,"党国"体制的特征更加鲜明。

在"党国威权体制"下,国民党以政党组织动员的方式介入和控制了政府、军队、选举部门等政治社会,对民间社会也实施高度动员与渗透,显示出强烈的"统合主义"特征。对大众传媒,极权政权都施行严格控制并享有近乎专利式的特权,威权政权对传播媒体一般也实施严格控制,但类似台湾这样正在经历现代化进程的威权体系,却有某些零星的新闻自由出现。比如台湾20世纪50年代的《自由中国》,此后的《文星》、《大学杂志》、《台湾政论》、《美丽岛》、《八十年代》等刊物的异议言论。[1] 对民间政治异议言论一定程度的容忍,是台湾"党国"威权体制的一个特色,也是它的一个软肋。

1979年8月16日,具有准政党性质的《美丽岛》杂志创刊,建立了党外反对势力的决策与指挥中心,随后在全岛设立了13个办事处,成为反对势力活动的据点。按《美丽岛》杂志发行人与党外运动主要领导人之一的黄信介在1980年"美丽岛事件"军法审判中的陈述:"建立办事处并不是为了推销杂志,而是为了发展组织与寻求支持。"[2]

党外势力的组织化和逐渐升高的群众抗争运动,在此前国民党威权统治下的台湾是没有发生过的,也促使国民党内部的强硬派主张以专政阻止抗争活动,以维护社会秩序和"国家"安全的名义终止党外势力对国民党权威的挑战。国民党强硬派和党外激进派的冲突最后导致"美丽岛事件"发生,在1979年12月10日"国际人权日",《美丽岛》杂志在高雄举行人权集会游行,结果酿成军警和群众的大规模流血冲突。事件以国民党强制镇压收场,激进势力领导人被悉数逮捕,出版4期的《美丽岛》

---

[1] 孙代尧:《台湾威权体制及其转型研究》,中国社会科学出版社2003年版,第4页。
[2] 《中国时报》1980年3月18日。

第四章 训政时期国民党的新闻传播制度(下篇) 165

被查封。

在美丽岛高雄事件发生之初,大众媒体的报道对反对势力的形象描述是负面的,尤其是国民党当局的"宣传机器"与"侍从媒体",完全以"暴徒"、"叛徒"来形容党外人士①,《中央日报》1979年12月12日的社论《依法严惩美丽岛逞凶暴徒》中指出:"暴徒们殴伤执行勤务的宪警人员,公然破坏社会秩序。"并宣示政府对本案"立即依法侦办,决不宽贷"的决心。1979年12月14日《中央日报》再发表《金刚手段,菩萨心肠:论警总除暴安良逮捕阴谋暴力分子》的社论,强调这是"出自一种有计划、有组织的预谋行动",并将此一事件定位为"单纯的法律事件",而不是"政治事件"。民营的《中国时报》在处理"美丽岛事件"上,也和国民党的宣传机关报保持一样的口径,报道中还暗示美丽岛人士与"台独"分子相关;《联合报》在"美丽岛事件"爆发后,做了相当多的相关负面报道,偏向较为明显,比如使用类似"施明德多行不义"、"施明德怙恶不悛"字眼,评论分析时也对"美丽岛事件"多做批判之论述,其基调是与执政党保持一致。②

当时国民党期待借由公开审判呈现"美丽岛高雄事件"的暴力本质,并让台湾民众与国际社会看到"叛乱者"俯首认罪的情景,同时也透过公开审判达到统治合法性的宣示。但在审判时,美丽岛被告却大谈"民主自由",将原本所谓法律事件转向追求民主的政治事件,国民党当局因此很伤脑筋,希望主流媒体能配合国民党当局,变造法庭上被告的论述内容,以消除美丽岛"流毒"思想的传播,时任《中国时报》采访主任的周天瑞说:

> 有一次,余先生跟我讲,汪道渊、楚崧秋跟他谈,国民党的意思是我们不能在新闻处理上,不要那么显著表现,意思就是要我们收敛,要我们变造。我一听就说:"这不大好吧?现场这么多人,还有国外媒体。我们若做改造,人家会说'中华民国'的新闻界太没水平了嘛,怎么跟现场看到的不一样?这样了也没有用的。"余先生听了说:"对啊,是这样。"其实(美丽岛)辩护律师不只是强而已,

---

① 李筱峰:《台湾民主运动四十年》,台北自立晚报社1987年版,第155页。
② 彭明辉:《中文报业王国的兴起:王惕吾与联合报系》,台北联经出版社2001年版,第174—175页。

包括他们的言论都对国民党不利，造成困扰，国民党本来要入他们于罪，如果辩护得很棒，显然好像没罪，而报纸又完全刊载，那最后的判决难免会是很奇怪的结果，所以国民党动脑筋就动到舆论、报社来；他们都木（没）想这种很笨的方法，但这是公开审判，那么多人看，当然不可能那样做。①

由上可知，国民党在一开始"容忍"党外政论杂志的发行，给予党外反对势力一定的发声自由，但当异议刊物触及国民党所能容忍的意识形态底线时，国民党是不会允许的。他们对"美丽岛事件"就最终采取"压制"策略，并利用公营媒体，笼络私营媒体为自己辩护。国民党采取这样的行动在于此时它面对的社会挑战力量只有党外势力，而此一时期台湾经济创下了历年来持续增长的最高纪录。在这种形势下，国民党当局预期对反对势力的容忍成本明显高于压制成本，就此采取强硬的镇压策略。

随着蒋经国发动政治自由化改革的不断深入，国民党政权一直在"压制"与"容忍"之间摇摆。在20世纪80年代中期勃然兴发的社会运动中，政治反对运动占了相当多的数量，对国民党政权的威权统治形成极大挑战。威权统治者逐渐认识到维持威权统治的成本在升高，而开放民主化的成本在下降，"当预期的压制代价增加时，政府容忍反对势力的可能性就会增加"，"压制的代价超过容忍的代价愈多，形成竞争性政权的机会愈大"。② 加上当时国民党领导层的接班问题，也因蒋经国的健康问题而浮现，促使蒋经国必须对其身后的政治发展形势预做一些制度安排与设计。蒋经国最终选择走发动改革的道路，对异见刊物和异议分子采取容忍态度，在其晚年宣布解除戒严、开放党禁、报禁的因应之道。

二 政治强人领导下的新闻传播制度

（一）政治强人

几乎所有非民主政体都需要依赖强人才能维持稳定的运作，国民党

---

① 《珍藏美丽岛》（第三册），台北时报文化出版社1999年版，第364页。
② F. Greenstein & N. Polsby 主编：《政治科学大全》第3卷，台北幼狮文化事业公司1983年版，第153—154页。

政权也不例外。国民党的组织结构形如一座金字塔,自下而上依次是小组、区分部、区党部、县市党部、省党部和中央党部。如图4-1所示,中常会的决策执行部门是中央党部,下设组织工作会、文化工作会、大陆工作会、海外工作会、社会工作会、青年工作会和妇女工作会七个具体执行机构。其中组工会和文工会是最重要的部门,组工会被称为党内第一会,除了负责党员的组织、管理、考核、培训外,还主管选举工作;文工会是主管宣传和新闻事务的部门。在"以党领政"制度下,党的中常会是最高决策部门,而党主席(总裁)就成为真正的权力核心。

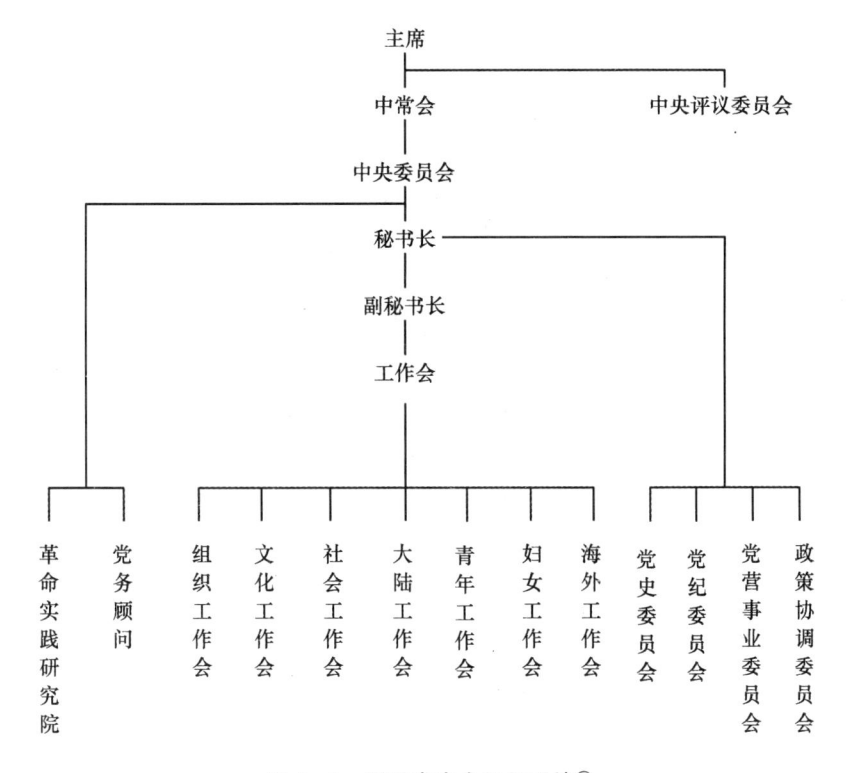

图4-1 国民党中央组织系统①

---

① 孙代尧:《台湾威权体制及其转型研究》,中国社会科学出版社2003年版,第106页。

败退台湾后，蒋介石继续其人格化权威。对大多数第一代外省人来说，他们信仰、追随、拥戴和服从蒋介石，视其为"民族的救星"，他们相信有朝一日蒋介石能带领他们重返大陆。可是对绝大多数本省人来说，与其说对蒋敬爱，不如说敬畏更恰当，因为蒋介石掌握了组织性资源及生杀予夺的大权。也就是说，如果缺乏制度化的"党国"体制的支撑，蒋氏父子的统治权威事实上是很不牢靠的。

依照1947年"宪法"规定，"总统"的任期是六年，蒋介石1948年4月当选为第一届"总统"，1954年连任，按规定任期满后只能连任一次。但蒋介石通过"国民大会"增订临时条款，规定："动员戡乱时期'总统副总统'得连选连任，不受宪法第47条连任一次之限制。"① 蒋介石自此成为事实上的"终身总统"，1975年在任内去世。蒋经国顺利接班后，也得以连任成为任内去世的"终身总统"。"蒋氏的统治方式，在某些方面虽不适合于现代化的趋势，但对治理当时台湾开发阶段的社会而言，却十分管用。"② 经济建设的成果，则进一步强化或合法化了蒋氏父子的领导权威。

蒋氏父子为贴合"民主宪政"、淡化人治色彩，尝试将其人格化权威向法理型权威迈进，力图确立一种马克斯·韦伯所言的法理型权威③，其权限扩张也依制度化方式进行。蒋介石在"行宪"后选为第一任"总统"，于是形成了"总统"兼任党总裁的惯例。这是常态，期间的短暂例外是蒋介石1975年去世，严家淦以"副总统"继任"总统"（1975—1978年），但作为财经技术官僚的严家淦继任后并未兼任党的总裁。在1975年11月，时任"行政院长"、浸淫党政军界多年的蒋经国当选为国民党主席。因此，以党政关系运作而言，蒋经国与其父亲一样的强势地位未受影响。1978年蒋经国当选"总统"后兼任党主席，此后直到2000年3月国民党丧失执政地位止，"总统"兼任党主席的惯例未再改变。

---

① 台北"国家"建设丛刊编纂委员会：《"国家"建设丛刊》（第一册），1971年10月，第233页。
② 高立夫著，艾思明译：《海岛中国》，台北洞察出版社1987年版，第56页。
③ 法理型权威的统治是"建立在相信统治者的章程所规定的制度和指令权利的合法性之上"。这些制定好的制度不是对某个具体人的忠诚，而是对"法律"的忠诚。法理型权威的统治存在于现代国家之中，其理想类型是借助官僚体制的行政管理班子进行的统治，根据等级组织起来的行政机构具有明确的职权范围，按严格的程序工作，而且官员们都是经过特殊训练的。［德］马克斯·韦伯著，林荣远译：《经济与社会》（上卷），商务印书馆1997年版，第241—269页。

（二）政治强人左右的新闻传播制度

上层"宪政体制"的实行并没有影响国民党政权对民间社会采取压制性措施。这表明国民党既要维护民主形象，又想确保威权统治的心态。它虽然不能重拾以前的极权统治，但也不能真正实行民主政治。作为统治者，即使再严厉的控制也可用合法化的方式进行。

1949年5月19日，台湾省主席兼警备总司令陈诚签发戒严令，以"确保本省治安秩序"的名义宣布自1949年5月20日零时起全省戒严。自此至1987年7月蒋经国宣布解严令，戒严状态在台湾维持达38年之久。根据戒严令，聚众集会、罢工、罢市及游行请愿等行动被严格禁止，共有10类被视为非法活动，触犯其中之一将被判死刑。蒋介石拒绝修改"宪法"，为统治运作又不得不将附属于"宪法"的临时条款变为"合法"制定政策的重要工具。该条款根据实际需要多次增修，使用40余年。在1991年该条款被废止前，很多出台的制度规章都冠以"非常时期"、"戡乱时期"、"戡乱期间"、"动员戡乱时期"的名称，加上"国家总动员"法规，共计有88种之多。[①] 新闻传播制度的制定大都据此衍生，媒体的新闻言论自由就在这些名头的条款下被禁锢。

政治强人的威权时期，国民党对台湾政治和经济资源的分配权，配合上国民党的官僚体系，成为权力本位意识的基础。政治强人的威权人格渗透到新闻传播的各个方面，《中央日报》的组织和内容尤其展示出这种风格，"代表蒋先生说话，才是书生立言之道"俨然成为党报撰述者的信条和规则[②]，"《中央日报》代表着蒋介石政府及个人"。[③] 至于分管新闻宣传的文工会，在威权时期则是有通天能力的党工组织，文工会经常威吓"不听话"的媒体："你们注意，官邸[④]对你们最近的报导有很不满的表示啊！"某些年，每逢"国庆节"或新年元旦，报纸内容经常出现惹蒋介石生气的内容，文工会每到这天的前夕，就会派人坐镇几家民营报社，表面

---

① 彭坚汶：《三民主义与台湾政治发展之策略》，《成功大学社会科学学报》1990年12月，第74页。
② 彭歌：《曹大哥欢庆九十》，见曹志涟编《一片祥和日月长：报人曹圣芬》，台北开元出版社2002年版，第289页。
③ 马之骕：《新闻界三老兵》，台北经世书局1986年版，第388页。
④ 蒋介石的居所名为士林官邸，在此代称蒋介石。

上是来沟通，实质上却是来监督。① 即使到了所谓开明领导人主政的时期，这样的情况还是存在：1985年8月5日的美国《新闻周刊》有一篇题为《台湾的"思想特务"》的报道，其中提到"年代也对——正是1984年；用的词语也很有欧威尔的味道。去年10月，台北的几个高级人员在军官俱乐部讨论'不法言论的泛滥'。一个官员说：'文化战斗务必加强。'另一个说：'污蔑元首的一定要重惩！'这些高阶政府官员所计划的，正是欧威尔'思想特务'所擅长的，那就是以钳制言论来压抑反对者的力量"。② 在强人政治环境下，除了受到硬性的新闻检查和意识形态的控制，还对传媒进行软性的间接控制，这种控制已经达到"洗脑"的地步：

> 台湾新闻自由的威胁，实际并非来自新闻检查或记者被捕那些事件，而是来自记者们心理上，有意无意间受到必须警惕的一种压迫。这种提高警惕的心理作用经常像一把利刃般刺伤新闻自由。这是新闻记者，一方面警戒不当新闻的刊载会引起敏感官方的责难，一方面受着自己爱"国"心、道德观念，甚至普通常识所要求的合理判断，而形成的自我检查。
>
> 自我检查压在"自由中国"新闻记者心头的重量比什么都大，这一个职业的要求跟其他更重要问题的要求，构成不能解决的矛盾，煎熬着"中国"新闻记者的心……政府当局经常要求新闻工作者合作，支持"国策"，大家顾念台湾面对共产主义不断渗透与宣传的威胁，确实处在一个紧急状态之中，那末，政府的这种要求不能说是过分。因为，我们享受的自由生活，一旦受极权共产主义的控制，就将变成奴隶生活，没有其他选择。至于新闻记者接受政府要求到如何程度，还是由每一个记者自己决定的……③

蒋经国主政后，采取了一系列对此后台湾政治发展产生深远影响的措

---

① http://blog.chinatimes.com/chao/archive/2006/11/24/131301.html，中时部落格。
② 龙应台：《野火集》，上海文汇出版社2005年版，第104页。
③ 曾虚白：《中国新闻史》，台北三民书局1984年版，第885—886页。

施：第一，确立了起用青年才俊的人事新政策；第二，大量吸引台籍党员，使国民党成为以台湾人为主体的政党；第三，在国民党中常会和"行政院"部会首长中增加台籍比例；第四，实行"国会"增额选举，增加台湾和海外华侨代表人数，不再举行大陆代表选举。蒋经国的上述举措开启了国民党本土化的历史转变进程，"这些措施的推行及蒋经国对政治异见活动和反对声音的一定程度的容忍，表明台湾的政治体系已开始由刚性的威权体制转为柔性的威权体制"。[1] 这种政治体系的转变为戒严令、党禁和报禁的解除打开了缺口。

蒋经国从1972年以来所扮演的角色及其操纵策略，是影响台湾走向民主化的主要因素。蒋经国在1986年仍是国民党的政治强人，身兼所谓"国家领袖"和国民党党主席的要职，从某种意义上讲，其政治强人的身份直接且强烈地主导着民主化发生的进程。1986年10月15日，蒋经国在国民党中常会上说："时代在变，环境在变，潮流也在变，因应这些变迁，执政党必须以新的观念，新的作法，在民主宪政体制的基础上，推动革新措施，惟有如此，才能与时代潮流相结合，才能与民众永远在一起。"[2] 政治强人蒋经国强有力地启动自上而下的"政治革新"——解除戒严令、党禁和报禁，采取主动的措施以"新的观念"和"新的做法"来争取国民党主政的"新的优势"。从这个层面上看，蒋经国无疑扮演了一个相当重要的正面角色。

---

[1] Edwin A. Winckler, *Institutionalization and Participation on Taiwan: From Hard to Soft Authoritarianism? The China Quarterly*, No. 99, September 1984, pp. 481—499.

[2] 蒋经国先生全集编辑委员会编：《蒋经国先生全集》（第20册），台北"行政院"新闻局1991年版，第36—37页。

第五章

宪政时期国民党的新闻传播制度

> 这是最好的时代，也是最坏的时代；这是智慧的时代，也是愚蠢的时代；这是信任的年代，也是怀疑的年代；这是光明的季节，也是黑暗的季节；这是希望的春天，也是失望的冬天；我们的前途无量，同时又感到希望渺茫；我们一齐奔向天堂，我们全都走向另一个方向……
>
> ——狄更斯：《双城记》

1988年台湾党禁开放后，出现了急速的"民主化"。国民党在"十三大"上把其政策重点从"反共复国"转变成"偏安等待"。1991年，台湾当局迫于岛内外形势，由李登辉宣布终止实施40多年的"动员戡乱时期"。在顺应民主改革潮流之时，政府对报业采取完全解禁的模式，在市场导向新闻理念下，媒体展开激烈市场竞争，党办媒体的优势地位不复存在。

1996年，台湾首次举行"总统"公民直选，李登辉当选第九任"总统"，此次选举标志着台湾威权体制的民主化转型结束。国民党开始由过去的支配性、垄断性政党走向竞争性政党。在野党不断挑战执政党的权威地位，以增强在政治、经济、文化等各个层面的影响力。获得政治平等后的政党开始了"政治站队"，台湾社会被分化成鲜明的"蓝绿"两营。蓝绿的政治光谱映射到媒体，则是媒体受制于老板的政治立场，各报依其老板的政治立场，分化成"颜色媒体"。

2000年3月18日，执政50年的国民党败选，民进党执政，陈水扁当选"总统"。国民党失去政权后，一方面决定逐步退出传媒的经营，另一方面进行党报改革以挽颓势，但最终《中央日报》还是于 2006 年停止发行。党营媒体的弱化和民进党的上台，并没有改变台湾媒体为政党服务的状况，媒体的政党背景依然根深蒂固。

第一节 舆论环境及新闻事业发展

一 李登辉时期的新闻传播事业

（一）报业市场新格局

"报禁"解除后，台湾报纸从 1987 年底的 31 家激增至 1989 年底的 275 家，但能如期发行的不过 50 家左右。[①] 解禁后报业市场开放，自由竞争中，原来受保护的公、军、党营报纸均受冲击。以《中央日报》为例，解禁前每年依靠摊派公费订阅至少 3 万份，解禁后党费订阅滑落至 1000 份以下。

自 1992 年起，《自由时报》以其财团背景迅速发展，将大赠奖、免费报、低价广告、本土定位等策略多管齐下，短短几年时间就从一家小报跻身为与《联合报》和《中国时报》平起平坐的三大报之一，至 1997 年左右成为台湾发行量第一大报。《自由时报》的迅速蹿升，很大程度上得益于老板林荣三敏锐的政治嗅觉。在国民党内省籍矛盾与派系之争愈演愈烈，而反对党实力膨胀之时，李登辉想站稳脚跟，便极力寻找"有公信力的强势媒体，特别是本土意识强烈的媒体，成为自己的呼应者"，尽管"公信力"和"强势"是否存在尚需存疑，但台湾本土意识却毋庸置疑，《自由时报》便采取"强烈、完全支持李登辉'总统'的取向"，在当局或明或暗的关照下，加上雄厚的经济后盾，《自由时报》得以在报业市场上叱咤风云。

20 世纪 90 年代台湾报业最大的特点是报纸张数的增加，这样做的目的一方面在于争取广告，另一方面也企图借着张数及内容，维持读者之信赖。[②] 报禁开放初期，各报大都以出版 6 大张为目标，但随着白报纸售价的飞涨，报纸发行量的减少，以及人力及技术上的负担，加之读者有限的阅报时间、需求及接受能力，20 世纪 90 年代中期，台湾报业市场遭遇寒

[①] 刘燕南：《台湾报业争战纵横》，北京九洲图书出版社 1999 年版，第 103 页。
[②] 王洪钧：《台湾新闻事业进入新纪元》，《中华民国新闻年鉴》，1996 年版，第 8 页。

冬，急剧萎缩。到了 20 世纪 90 年代末期，包括《中央日报》在内的几家报纸纷纷缩减张数，稳定在 4 大张至 5 大张，不过实力雄厚的中时、联合、民生、自由等几家大报，每日发行张数仍维持在 10 张以上。

党办媒体风光不再。1988 年李登辉上台后，对以两蒋势力为依托的《中央日报》并不像两蒋那样重视，这无疑降低了《中央日报》在国民党权力体系中的位置，进而带来广告和市场资源逐步丧失的多重效应。与此同时，《中央日报》也丧失了与最高当政者的直接关系，《中央日报》于是演变成少数主政者搏取权力核心欢心的工具。他们眼睛朝上，讨上级欢心，只面对上级，以上面满意不满意为标准。① 1999 年 4 月，《中央日报》实施创设 70 年来，最大规模的裁员方案，将七百多员工精简一半。国民党中央还区隔《中央日报》与《中华日报》两家党报的市场，中央重北，中华重南；在此原则下，《中央日报》除了高雄外，新竹以南各地方版全部缩版，桃园以北则维持不变，使各省各县市的地方版紧缩只剩下 7 个版。

（二）杂志的多样化发展

国民党正式开放报禁，报纸数量的剧增对杂志出版产生了很大的冲击，杂志的生存备受考验。直到 20 世纪 90 年代初，杂志市场才相对稳定下来，但很快杂志出版业又面临外来杂志的冲击。

从杂志数量上看，20 世纪 90 年代，在平均每天都有一种杂志被注销的同时，每天又都有近两种新杂志创刊。台湾业界自称"台湾是全世界杂志发行密度最高的地方"，1988 年台湾杂志有 3922 种，1996 年增加到 5480 种，这些杂志主要集中在大台北地区。②

在杂志种类分布上，此期杂志几乎涉及各种专业及人们生活的各个角落。政治形态的变革导致杂志出版空间的全面扩展，随着解禁令的实施，过去所有的禁区皆不复存在，杂志中对当局的批判、军中笑话、口水书、成人漫画等内容无所不及。20 世纪 90 年代，财经类杂志稳居首位，其后是教育文化类、宗教类、通信类与社会类。这 5 类杂志在 20 世纪 80 年代中期

---

① 唐海江：《党报"转型困境"的政治文化分析：以〈中央日报〉为中心》，《新闻学研究》2008 年 10 月第 97 期，第 127—177 页。

② 《台湾期刊业略瞰》，《中国出版》1998 年第 10 期，第 46 页。

以后，始终居各类杂志的前五名。① 纯文艺类杂志数量剧减，严肃的人文类杂志进入了举步维艰的阶段。与此同时，电脑及休闲、养生、娱乐、体育、旅游等各种休闲杂志层出不穷，成为阅读的新时尚。20世纪90年代末期，财经、新闻、科技、语言、休闲与女性时装6大类最受市场青睐。在经营策略方面，杂志出版开始走向集团化，外来杂志纷纷抢占台湾市场。②

政治解严后，以往的禁忌不再成其为禁忌，报刊言论自由的空间扩展，昔日风靡一时的党外政论杂志对一般读者的吸引力减低，没落停刊不可避免。复刊不过两年便告结束的《文星》在停刊词中表示："在泛政治意识高涨的今天，社会上对长远性文化思想问题寄予深切关怀的人，似乎愈来愈少；整个社会的走向，与我们一向所怀抱的理想，好像距离愈来愈远。这是《文星》难以继续的真正原因。"

（三）电波逐渐开放的广播事业

到20世纪90年代初期，台湾的广播仍然分国民党党营电台、军营电台、公营电台、民营电台四大体系，密布和覆盖台湾并向四周形成辐射状。全岛广播电台共有33个单位，其中公营7个单位，军营5个单位，民营的有21个单位，电台188座，发射机379部，全部功率达11325.2千瓦，收音机数已超过1848.8万台，平均每户约4台。③

解严后开放频率电台的呼声迭起，地下电台纷纷出现。地下电台的大量出现，主要是广播业者与政治人物刻意运作的结果。地下电台或非法电台是当时一般人、媒体或官方对于未经合法授权擅自使用放大器等器材设备播音者的称呼，但这些播送者比较倾向接受"没有执照的电台"或"体制外电台"之名称；至于一些民进党色彩较浓者则自称"民主电台"；此外，亦有学者将其归为"异议媒体"的一种。④ 早在1990年底，广播节目供应业者吴乐天就利用未开发的调频广播频率，自行设立"民主之声"电台，在台北地区播放节目，可说是地下电台的滥觞。同年，民进党秘书长

---

① 辛广伟：《解禁以来的台湾杂志出版》，《期刊年鉴》，2002年版，第155页。
② 向芬：《台湾杂志70年》，《社会科学战线》2005年第5期，第144—145页。
③ 岳淼：《台湾解除"戒严"后的广播多元化和竞争格局》，《海峡两岸文化与传播研究》，厦门大学出版社2005年版，第43—45页。
④ 冯建三：《台湾异议媒体的停滞与流变：从政论杂志到地下电台》，《台湾社会研究》七周年学术研讨会，1995年，第4页。

张俊宏为突破媒体垄断，全力打破广电禁忌，陆续在各地设立"民主之声"广播电台，在半年内这些电台都遭到停播的命运。① 1992年底，张俊宏进一步成立"全民电台"，并在其"立委办公室"内向台北地区进行收音机广播，内容以"立法院"院会、委员会问政实况与相关新闻为主。1993年11月，许荣棋等人经营的"台湾之声"正式播音，由于电台规模、节目品质、信号功率方面都与小功率正规电台接近，引起较大关注。

此类未经合法申请执照而自行设立播音的"地下广播电台"，举着"打破频率垄断"、"争取言论自由"的大旗，吸引许多人加入其中，间接鼓励了其他地下电台的出现。地下电台成为不同团体与势力宣传与动员的工具，并促发党派与省籍间的严重对立，封闭已久的台湾广播出现了多元的声音。地下电台立场鲜明、话题尖锐、语言不加修饰，完全颠覆既存的广播理念与文化，迅速吸引大批听众，形成主流广播之外的新亮点。1994年间地下电台发展到最高峰，最多达40余家。②

台湾政府在各界的强烈要求与压力下，1992年3月宣布电波频率开放政策，将空余未用的频率释出，供作社会大众申请设立新的广播之用，为台湾地区广播事业立下新的里程碑，民营广播事业长达33年的冻结期至此宣告结束。随着冻结民营电台申设而形成的"市场垄断"、"重公营轻民营"、"频率分配不公"等问题，都在广播频率大量核配予电台申设者后，产生显著的改善。

"新闻局"会同"交通部"将可供民间设立调频或调幅广播电台的频率加以整理。1993年2月1日由"新闻局"公告第一梯次开放中功率调频电台28个广播频道。1993年5月"新闻局"正式受理新电台的申请，至2001年，"新闻局"共接受10个梯次1069件申请报告，批准151台（件）。释出的频道以中、小功率之地方性电台为主，以地方化、民营化、专业性和区隔化为取向，音质佳的调频广播电台占了绝对多数。申请设立电台的多是来头不小的财团、政治人物或社会名流。新、旧电台都以调频台为主，新成立的调频及调幅电台，改变台湾广播资源分配不均的生态环

---

① 管中祥、刘昌德：《战后媒体反对运动》，《台湾史料研究》2000年12月第16号，第34页。

② 关尚仁：《台湾广播事业的再生》，《90年代"我国"新闻传播事业》，台北"中国新闻学会"1997年3月，第71页。

境，一改"重公营，轻民营"、"重政府宣传，轻公共利益"的格局。新电台夹带着新技术、新观念、优质的音质、新节目策略及经营，在民营电台和公营电台之间展开了激烈的竞争，也与其他媒体分食广告市场。①

（四）电视资源的释放

解严之后，国民党当局仍以频道已满为由拒绝开放电视频道，长期控制着三台，操控舆论。但迫于民间要求开放电波的压力，不得不逐渐释出电视资源，从有线电视等非主流媒体到无线电视这一主流媒体，再到公共电视台的成立，国民党以此消减在野党对其政党经营媒体的批判，同时保有继续控制主流媒体优势。

20世纪90年代初期，地下电视媒体——第四台的兴起是值得注意的。所谓"第四台"是民间对有线电视的俗称。由于有线电视法修订之前，在台湾设立有线电视属"非法行为"，因此民间习称为台视、中视、华视三台以外的"第四台"。初期第四台并不受《共同天线电视设备设立办法》约束，它透过卫星天线，即大、中、小耳朵来接近邻近国家和日本电视台的节目，此外，也有盗录的节目及深夜播出的成人节目。当时的第四台只是纯粹的商业行为，并不具有反对既有政治体制的意义。直到1990年2月28日，民进党支持者设立"中和民主台有线电视台"后，线缆媒体才和政治反对运动正式结合，成为日后通称的"民主台"。民主台打破数年来国民党对资讯和媒体的垄断，并企图借由有系统地串联建立起有线电视网。②

1990年"中和民主台"顺利开播之后，民进党公职人员便纷纷投入第四台的经营，一时间民主电视台于全岛遍地开花达两三百家之多。③ 民主电视台除了播放一般节目外，还包括有比例甚高的政治性内容，包括提供有关"立法院"、"地方议会"质询的实况，街头运动、演讲会的剪辑报道等，部分内容来自"绿色工作小组"、"新台湾工作室"、"第三新闻室"的另类录影工作者。

---

① 岳淼：《台湾解除"戒严"后的广播多元化和竞争格局》，《海峡两岸文化与传播研究》，厦门大学出版社2005年版，第44页。
② 翁秀琪：《台湾的地下媒体》，见郑瑞城等合著《结构广电媒体：建立广电新秩序》，台湾澄社1993年版，第473页。
③ 《第四台能不能麻雀变凤凰》，《财讯》1991年2月，第166页。

随着激烈的市场竞争，民主台的性质也开始发生变化，从浓厚的政治性电视台转变为一般性电视台，大量的院线片、综艺节目和色情片取代了政治节目。侵犯版权、色情暴力等问题逐渐显现，"新闻局"采取措施依法取缔第四台，主要手段是剪线和没收器材，但第四台与"新闻局"长期周旋。

自1983年起"新闻局"就连续数年实施"顺风专案"，开始查扣非法录影带及第四台，但取缔行动一直无法彻底收效。当1990年部分第四台业者与反对党势力结盟，并开始投入选战，对国民党造成极大威胁之后，当局的取缔力度转趋积极而严厉。1990年至1993年间政府各级单位共编列2601万元用于第四台的取缔工作，仅1990年至1992年就取缔第四台发射器222件，架线154件，剪除575076公斤线缆，没入强波器45101个。[1]

相关单位的取缔行为遭到来自经营者本身的抗争，也受到在野党的强烈抗议。如1993年10月26日，基隆市政府会同警方人员剪断大基隆民主台线缆，引发近百名民进党党员包围市政府抗议，并发生冲突，最后市政府方面表示负责修复剪断电缆后风波才告平息。[2] 在民进党取得部分县市执政权之后，其党中央即要求执政县市首长，对于"新闻局"的取缔要求不予配合。[3] 由此形成了从基层至中央抵制取缔要求开放的声势。

在此压力之下，同时也是为维护与争取自身更大利益计，国民党逐渐认可了开放有线电视市场。于是1993年7月《有线电视法》三读通过，非法的第四台可逐批次通过法定程序取得执照就地合法化。1994年，政府受理第四家无线电视台申设，民间全民电视台脱颖而出，台湾的无线电视台由三台增为四台。1995年5月，政府正式开放有线电视市场，首梯次共有26家系统申请者过关，此后陆续受理申请，原本非法的第四台自此走入历史，有线电视事业终于从无政府进入政府管理状态。

在台湾，由国民党长期垄断着无线电视资源。由于主流的无线电视比区域性的"第四台"影响力更大，党外势力在营运第四台的同时也极力争取创设无线电视台。1989年11月，民进党因申请设置广播电台及电视台不

---

[1] 冯建三：《广电资本运动的政治经济学》，台北唐山出版社1995年版，第130—131页。
[2] 《民主台电缆被剪，民进党员昨包围基隆市府抗议》，《中国时报》1993年10月27日。
[3] 《民进党要求党籍县市长不予配合》，《联合报》1990年10月18日。

果，为抗议执政党不公，私下进口电视器材，于30日在民进党籍台北县长候选人尤清的竞选总部开播，名为"绿色电视台"，对外作无线播出。1990年3月1日，亲民进党的民俗艺人吴乐天与部分海外政治异议分子合资筹设"民主之声无线电视台"，该台无线发射器设在菲律宾某小岛，透过位于台湾的6个中介站传送节目，发射范围可覆盖全岛。1991年2月，民进党公布所谓的"电视解禁计划"，开始更为积极地开展要求当局释出无线电视频道的行动。1992年3月8日，民进党正义连线发起打破电子媒体垄断的彩绘行动，前往华视喷漆抗议，并与警方发生数度冲撞。①

民进党亦联合澄社、台教会等9个社运团体，于1995年2月共组"党政军退出三台运动联盟"，逼迫国民党释出三台股份。在此压力下，国民党宣布开放第四家无线电视台。1995年6月16日审议委员会做出决议，由民间全民联合无线电视台筹备处取得第四家无线电视台的筹设许可。② 民间全民电视公司（简称民视）于1997年5月开播后，又开播卫星频道，成为民进党重要的传播基地。

台湾公共电视台的诞生也颇费周折。1990年，"新闻局"成立了"公共电视筹备委员会"。筹委会中的学者于1991年6月完成了"公共电视法草案"，该版本被称为"学者版"。然而学者的草案交到"行政院"之后，被改得面目全非，如明确规定"'新闻局'为公视主管机关"、"公视董事直接由'行政院长'聘任"，以及"'新闻局'主导公视经费运用"等。当"行政院版"草案送交"立法院审议"，民进党"立委"谢长廷提出将公视的主管机关由"新闻局"改为"文建会"，这是民进党为了反对国民党当局主导公视的重要步骤。③ 在国民党与民进党力量相持之下，"公视法"拖至1997年6月才获得通过。1998年7月，公共电视台终于开播。可是此时有线电视台有90家左右，观众可选择余地大，公视的影响力被大大稀释了。

（五）通讯社的转变

报禁开放后，随着报纸数量的增加，通讯社也逐年成长，到1991年已达到183家（见表5-1）。

---

① 《彩绘行动遭到警力阻挡，正义连线叫华视轻微挂彩》，《自立早报》1992年3月9日。
② 《民间全民取得第四台筹设许可》，《自立早报》1995年6月17日。
③ 王文昌：《透过电视看台湾》，香港未来文化出版有限公司2003年版，第200—204页。

表 5 - 1　　　　　　　　　通讯社数量变化情形

年份	1987	1988	1989	1990	1991
数量	44	130	157	179	183

资料来源：《金鼎奖二十周年特刊》。①

除了中央通讯社外，绝大部分通讯社都是走专业化路线，从事专业的新闻报道。比如以军事新闻为主的军事新闻社，以文教、青年活动为主的幼狮通讯社及以财经新闻为主的产经通讯社等，都是具有代表性的通讯社。总体来说，诸如中央通讯社、军事新闻社、幼狮通讯社这类有政府财力支持的通讯机构业务尚在拓展中，一般民营的地方性或专业通讯社，经营普遍处于窘困状况。

此时中央通讯社仍是台湾最大的通讯社，但中央通讯社的角色定位一直遭到质疑。1988 年"立法院"审议 1989 年政府总预算时做出一项附带决议："中央通讯社由'外交部'编列预算支应不当，应筹设'国家通讯社'。""行政院"将此项附带决议交由主管新闻行政业务的"新闻局"研究处理。"新闻局"决定将未来"国家通讯社"的组织架构及法律地位定位于"接受政府补助、独立经营"的财团法人，成立董事会，由政府每年编列预算补助，并指定一机关负责督导其运作；至于有关未来"国家通讯社"的名称，则继续沿用原名"中央通讯社"。

在筹备将中央通讯社转变成"国家通讯社"期间，争论的焦点大致在于：是否有设立"国家通讯社"的必要？如果要设立"国家通讯社"，为什么要将国民党的党营通讯社直接改制为"国家通讯社"？改制为"国家通讯社"后，其原有之员工是否要照单全收？将来这些人的年资、资遣、退休等问题应如何处置？② 从 1988 年"立法院"要求研议成立"国家通讯社"，到 1995 年 12 月 29 日中央通讯社改制条例三读通过，费时几近 8 年。在此期间，中央通讯社补助费一直由"外交部"编列。③ 1996 年 2 月，中央通讯社正式改制为"国家通讯社"。

---

① "行政院新闻局"：《金鼎奖二十周年特刊》1996 年，第 17 页。
② 刘志祥：《中央通讯社的转型》，台湾风云论坛出版社 1998 年版，第 82—83 页。
③ 黄天才：《新闻通讯事业》，《90 年代"我国"新闻传播事业》，台北"中国新闻学会" 1997 年 3 月，第 30 页。

二　2000年后台湾的新闻传播事业

进入21世纪，随着台湾经济的低迷，报业恶性竞争以及电子网络媒体的压力等，台湾报业经历寒冬。先是坐拥中文报业王国的"联合报系"大举裁员约两千人后，再宣告实施"五报合一"，仅保存一家"联合报股份有限公司"。"自立报系"旗下的《自立早报》、《自立晚报》相继停刊。2001年《劲报》成为又一家台湾经济不景气的受害报纸。2005年底，中时报系的《中时晚报》也宣布停刊。据台湾的"新闻局"网站公布[①]，截至2005年12月，台湾登记的报社有2442家，杂志社4825家，通讯社1108家。重要媒体仍集中在台北地区，原来具有一定地位的地方媒体及政党经营报纸，发行量与影响力则逐渐式微。《中央日报》与《中华日报》因为背负宣传党意的色彩，导致市场竞争力减低，2005年底欲出售给《中国时报》集团负责人余建新董事长所设立之"荣丽投资公司"，但是对方无接受意愿，中广、中视、中影由荣丽投资公司收购，但来年又取消了中广与中影的买卖合约，改由中时集团直接单独购买亏损额度较少的中视。目前财团或大报团仍然掌控台湾的媒体产业，而且竞争更加激烈。

由于国民党失去政权，加上台湾经济不景气，党营机构的经营困难，而国民党又决定将逐步退出传媒的经营，因此，党报改革不得不为之。2001年6月，《中央日报》进行大改版，打出"中央日报变脸"的宣传口号，推出文教版、两岸经贸与留学之路版。改版的《中央日报》重新定位为分众的报纸，诉求对象以教师、台商、国民党党员为主；发行策略仍以零售为主。[②] 面对艰难的经营环境，国民党决定党营媒体朝"招牌还在、人员精简、企业合并、新闻平台"的方向改革。

"有包袱，受限制，很难纯粹以市场为导向办报"的国民党党报《中央日报》因不堪财务亏损，在2002年5月1日减薪减张，对全部380多名员工实施"优惠退休方案"，最终缩编为90人。2002年3月下旬，《中央日报》、《中华日报》、《新生报》三报合并成一个党营报系，共建新闻

[①] http://info.gio.gov.tw/，"行政院新闻局"。
[②] 《为求生存，众报纸经营丕变》，《动脑》2001年8月第304期，第21页。

平台，三报的编采部门仍独立出报。2003年1月7日《中华日报》确定接管《中央日报》，《中央日报》保留名称，编采、广告及发行则由《中华日报》负责。自2006年6月1日起，《中央日报》停止发行，国民党的文宣工作从此少了一个重要的阵地。关于《中央日报》的衰落，至今尚无正面论述，一些学者从经济学角度出发，将《中央日报》作为一般性的产业，突出其在市场竞争中的弱势（如发行竞争、企业化经营、新闻和版面竞争）；还有学者从传播政治经济学出发，将国民党党营事业在台湾的历史看作是权力与市场的交换过程，认为随着国民党权力的消退，由权力所支撑的党报，必然在市场上衰落；另有学者强调制度因素对于《中央日报》的影响，如解严、政党轮替等因素。①

民进党上台之后，媒体的政党背景依然根深蒂固。台湾媒体的发展并没有像人们所期待的那样向客观公正的方向发展，党营媒体的弱化并没有改变台湾媒体为政党服务的状况，只不过媒体的政治光谱日趋"绿化"，民进党控制媒体的手法更为高明与隐蔽而已。

执政后的民进党对台湾的主要媒体实行了高层大换血，将自己的亲信、支持拥护民进党的人安插在具有决策权的岗位上。比如：让辅选有功的李登辉的女婿赖国洲任台视董事长一职，同时对台视董监事进行大换血，委派大批"亲绿"的空降部队，如董事江霞即是陈水扁好友，在最短时间内实现了台视的"绿"化。②华视方面当局指派亲绿人士徐璐出任华视总经理，其新增的董事中多人皆为民进党籍公职人员或亲民进党人士。由前"新闻局"局长苏正平出任"中央通讯社"的董事长，社长胡元辉及副社长兼总编辑刘志聪等也均是纯正的"绿色"人物。通过这一系列的人事任命案，台湾以政府持股为主的公营媒体无一例外地走上了"绿"化之路。

在绿化了公营媒体之后，民进党继续运用经济手段对民营的大小媒体

---

① 唐海江：《党报"转型困境"的政治文化分析：以中央日报为中心》，《新闻学研究》2008年10月第97期，第127—177页；苏衡：《竞争时代的报纸：理论与时务》，台北时英出版社2002年版；许甘霖：《政治支配或市场逻辑：党营事业概念的再检讨》，《台湾社会研究季刊》1997年第28期，第175—208页；张宏源：《解构媒体环境变迁与报业发展趋势》，台北亚太图书公司1999年版；黄东烈：《台湾民主化对党营媒体经营影响之研究——以中央日报为例》，世新大学传播研究所论文，2002年。

② 《台华视内部有异声》，《中央日报》2001年11月24日。

进行招徕收编,"让政治力戴着商业的面具影响媒体"。① 主要从银行信贷资金及广告经费两个方面对民营媒体进行控制。当局为了达到打压修理异己媒体的目的,而授意已绿化的"金融机构"收紧银根,抬高借贷门槛,掐住媒体资金的来源。许多媒体在经营压力之下纷纷修正言论立场,倒向民进党一边。而对于立场与其接近的媒体,民进党又可透过银行资金的援助扶植其扩大发展。此外,因为民营媒体绝大部分的资金依靠广告收入,民进党还通过对媒体广告的控制来挟持民营媒体。2001年5月,由亲民进党的企业发起成立了一个号称辖有上百亿广告费的"广告主协会",该协会理事长高志明是陈水扁政府的"国策顾问协会"的发起人,名单中更是"绿"意盎然。② 明眼人一见便知其实际上是配合民进党,以广告作为威胁手段,以政治正确为标准,借鼓励优质的媒体节目及正面的新闻报道之名,行监督控制媒体言论之实。

民进党的经济手段还包括利用执政资源给"绿色媒体"以政令宣传经费,比如从2001年1月到2002年5月政府的外包文宣预算来看,亲民进党的《台湾日报》获得165万元,居平面媒体之首。电子媒体方面,台视得到3500万元的政令宣传节目经费,民视也获得1500万元,分别高居第一、二位。③ 2003年4月,"新闻局"更推出了高达11亿元的"媒体通路组合案"进行媒体招标,各电子媒体和平面媒体可以不同的组合方式参与竞标。该方案计划将当局的政策宣传广告融入新闻娱乐谈话节目中,即所谓的"置入性行销"。④ 这一做法引起极大争议,这种以广告入侵新闻版面及节目内容的做法,与新闻专业要求完全背道而驰。当局以广告利诱收买媒体,希图进而控制其言论自由,而招标的结果更毫无悬念地由民进党掌控的"民视"取得。

在政党和财团控制的台湾媒体市场中,香港《苹果日报》异军突起,打破了台湾报业的传统格局,2003年5月,在台湾报业严重衰退时《苹果日报》创刊,该报不以政治新闻挂帅,不针对特定政治立场的读者作报导,不以千万赠品打促销战,也不重视"置入性营销"。但是,它采取

---

① 《操弄媒体还有更直接的方式》,《联合报》2003年2月11日。
② 高志明:《广告主协会的成立其实对媒体是有益的》,《新新闻》总第740期,第73页。
③ 《"绿色执政"肥了"绿色媒体"》,《新新闻》总第808期,第94—98页。
④ 《统包采购,另类进占媒体》,《中国时报》2003年3月11日。

"业编分离"政策,还定期召开"读者会议",让读者在会议中畅所欲言,描述他们期望看到的报纸。[①] 加之,港商办报没有本地人情包袱,《苹果日报》很快坐上了台湾报业的头把交椅。在 A. C. Nielson 的阅读调查中,其阅读率连年增加,2004 年为 11.9%,2005 年增加到 16.5%。[②]

2000 年以来,对电子媒体影响较明显的事件就是党政军退出媒体的运动,以及电视媒体的"公共化"与"商业化"模式之争。由于"政治力侵扰新闻自由"的阴影挥之不去,学者与民众希望传媒的内容能日益精致化与洁净化。2003 年 12 月台湾通过《广播电视法》、《有线电视法》、《卫星广播电视法》部分条文修正案,明定政府、政党不得直接、间接投资民营广播、电视事业,已有投资者自修正案施行日起二年内改正;明确规定政府、政党、政党党务工作人员,及选任公职人员不得担任广电事业之发起人、董事等职务,已担任者,应于六个月内解除其职务。为落实"广电三法修正案",2005 年 12 月 24 日,国民党将拥有中视、中广、中影、中央日报、中华日报的华夏公司的 100% 股权出售给中国时报集团负责人余建新董事长所设立之"荣丽投资公司",[③] 结果中时集团只直接单独购买了亏损额度较少的中视。

这场运动直到 2009 年还在讨论中,"为力行党、政退出媒体,'国家通讯传播委员会'(NCC)今(4)日公布'卫星广播电视法修正草案',明订若发现电视媒体有党、政直接或间接投资,将处以新台币 20 万元以上,200 万元以下罚缓,逾期不改可连续处罚,而情节重大者,可以废止许可并注销执照"。[④] 由此可见这场运动曾经沦为政党变更媒体势力版图的工具,NCC 在这场运动中与党政军的角力走向何方,还得看马英九执政时期的政策所向和决心。

---

① 邱奕嵩、陈雅莉:《办一份有现代感的报纸:专访〈苹果日报〉总编辑陈裕鑫》,《目击者》2003 年第 33 期,第 24—29 页。

② 林丽云:《变迁与挑战:解禁后的台湾报业》,《新闻学研究》2008 年 4 月第 95 期,第 183—212 页。

③ 倪鸿祥:《张哲琛否认卖三中被坑买家会依约支付 40 亿》,台北市中国国民党产业工会网站,http://www.kmtunion.org.tw/news/php/view.php? SN=1371&SNSOB=20,2006 年 2 月 22 日。

④ 《开放党、政间接投资媒体转向! NCC 以注销执照严令禁止》,雅虎新闻 http://tw.money.yahoo.com/news_article/adbf/d_a_090204_29_1c1ma,2009 年 2 月 5 日。

至2010年7月底,"行政院"原本要审查NCC提出的"党政军退出媒体"修法条款,也就是《卫星广播电视法》修正草案,欲放宽党政军可间接投资媒体10%的限制,亦明订罚责与解除权利等相关条款。之前,NCC发言人陈正仓就已表示,2003年订定的党政军条款,如今的时空背景已不同,早期限制党政军投资媒体,是顾虑党政军控制媒体报道,现在少数媒体控制或影响言论的疑虑已不存在;而且旧法限制经济发展,站在建构公平竞争机会的立场,NCC决定适度开放党政军投资媒体。修法将采渐进式管制,党政军还是不能实际控制媒体,只能间接持股10%以下[1]。草案的方向是希望在法律可预见性的前提之下,只要党政军机关依法投资,且无涉及经营事业,也就是在无法实质控制媒体的可能下,其投资行为是被允许的。但经媒体报道后,该法案临时喊停,"行政院院长"吴敦义强调,任何政党不应该间接、直接投资或经营媒体,而"党政军退出媒体"的条款是否要一体规范,可再行研议。[2]《卫星广播电视法》修正草案只好撤回修正。对于政治力介入媒体生态和言论的担心,使得开放投资的议案受阻。NCC未来重提草案时,可能会加强说明修法原意,争取政府机关的认可,避免社会和媒体的误解和扭曲,草案生效后或许能够达到促进媒体产业发展的执行效果。

从党政军推出媒体运动中,也可见NCC态度的反复,并使得外界质疑NCC近年来的作为。质疑者称NCC这个具有神圣光环的独立机构,其形象和功能正在被某些人践踏和毁坏。长期以来,由于不少被提名出任NCC的委员出身学界,对实务界缺乏了解,又往往强以虚幻的理念、想法加在产业界身上,而且多以处罚业者为能事,缺乏辅导协助产业发展与升级之做法与政策,结果是NCC所主管的通讯传播电信等产业多年来难以成长进步。[3]

---

[1]《台湾"党政军退出媒体"将解禁 可间接持股10%》,中国网 http://www.china.com.cn/news/tw/2010—1/21/content_19280399.htm,2010年1月21日。

[2] 褚瑞婷:《"党政军退出媒体"法规改革之评析》,"国家政策研究基金会"网站 http://www.npf.org.tw/post/3/7966。

[3]《内外相煎 台湾NCC下一步怎么走?》,中国评论新闻网,http://www.chinareviewnews.com/doc/1021/2/9/9/102129927.html? coluid=7&kindid=0&docid=102129927。

第二节 国民党新闻传播制度及对新闻传播业的影响

自20世纪80年代中后期起,台湾当局一直在推动所谓"宪政体制改革",对图书、出版、新闻和舆论界的政治控制大为减少,随着一些维持专制统治的法律法令的调整,新闻传播制度方面也发生重大变革。本书主要从法规政策及主管单位的变更两方面探讨:

一 有代表性的法规政策

(一)废除《出版法》

废除《出版法》一直是台湾各界尤其是图书、出版、新闻、舆论和学术界的共同心声,"宪政改革"开始后,更是成为台湾社会的主流民意。进入90年代以来,台湾有关当局也多次承诺要修改甚至取消《出版法》。

1997年7月,在"行政院新闻局"举办的"共塑出版业美丽春天跨世纪研讨会"上,出版界与会代表提出应修订《出版法》的建议。1998年2、3月,"新闻局"出版处草拟了《出版法》修订草案,希望删除《出版法》中不合时宜的规定,如放宽发行人条件限制、允许海外媒体在台发行、言论限制事项大幅缩小等。5月,由报业、图书业、杂志业等主要出版业界代表召开的有关修订《出版法》的研讨会上,近半数代表认为在目前《出版法》的架构下,难以修订成合乎时代所需的法令,并且目前《出版法》的管理事项已有其他相关法令管理规范,所以《出版法》已无继续存在的必要。8月,"新闻局"陈报"行政院",建议废止《出版法》。9月,"行政院"通过废止案,10月,"立法院"通过废止《出版法》案。1999年1月12日,台湾"立法院"院会通过废止《出版法》案。25日正式颁令终止。有近70年历史的《出版法》宣告废除,这条被媒体工作者与反对运动人士视为钳制新闻自由、言论自由、出版自由的"恶法",从此走入历史尘埃。

《出版法》实施近70年,以管制出版业为主要政策导向,其中包括明定出版品不得为"触犯或煽动他人触犯内乱、外患罪"、"触犯或煽动他人触犯妨害公务、妨害投票罪或妨害秩序罪"、"触犯或煽动他人触犯亵渎祀典或妨害风化罪"等；并规定出版品如违反本规定，主管官署得以禁止出售、散布、进口或扣押、没收，甚至撤销登记。随着报禁的开放，《出版法》已不合时宜，在联席会担任主席的立委叶菊兰表示：在威权时代，无数出版者与作者动辄以挑拨政府与人民之间的感情，被没收出版品，甚至失去生命。废止《出版法》将是历史的一刻，也还给台湾言论自由一个真正的面貌。① 《出版法》废除后，那些配合其实施而颁布的近30种相关法令也随之废止或予以修正，如"新闻局"负责制定和实施的《出版法实施细则》、《出版奖助条例》、《出版品管理工作要点》、《邮寄进出口出版品核验联系要点及作业程序》等6项法令一并停止使用，另外18项法令将予以修正。

《出版法》的废除，得到了台湾业界及学者专家的一致肯定。《出版法》废止后的第二天，《联合报》发表社论《废出版法：更应该体现实质的言论自由》，认为此举只是朝野各自做了自己应该做的事，不必歌功颂德，也无须沾沾自喜，倒是废除《出版法》，台湾是否就能真正能有"实质上"的言论自由？这才是应该关切和探讨的。② 台湾政治大学新闻系郑瑞城教授认为："《出版法》原本就不应存在。"徐佳士认为，《出版法》废止只是第一步，新闻界下一步该努力的目标是将诽谤罪从刑法中删除。③ 潘家庆则指出：真正的自由、民主不能单看一法的废止，要看的是社会人心是否成熟健全、政治文化能否走上轨道、财经势力是否能自媒介撤退、媒体本身能否免于自甘堕落等，政府、"国会"、社会、媒介仍有许多事情待做，《出版法》的废止，只是社会争取真正新闻出版自由的第一步，如果让我们社会有一个自由而开放的沟通体制，如果让我们媒介是一个真正自由而负责任的新闻事业，就要看各方面的努力，才能确定。④

在赞成废除《出版法》的同时，也有学者呼吁业界应自律。法政评论家张学海认为，《出版法》废除后，新闻自由仍要以自制、自律为自由的范畴，记者不能以个人偏见作为"自由泛滥"的借口。尤英夫透过"读者投书"强调：恶法废除当然值得欣喜，但没有相关配套法令，其实是美中不

---

① 陈嘉宏：《立院昨通过无异议废止，出版法走入历史》，《联合报》1999年1月13日。
② 《废出版法：更应该体现实质的言论自由》，《联合报》1999年1月13日。
③ 王雪美：《废止出版法，言论自由开历史新局》，《联合报》1999年1月13日。
④ 潘家庆：《废止出版法，只是新闻自由的第一步》，《联合报》1999年1月13日。

足,例如,已无法律规范出版品应于发行前分送"新闻局"、地方主管官署及"国立图书馆"等单位,"国立图书馆"即减少出版品的收藏来源,无法充实馆藏,保存"国家"文化;另外,从此媒体无法律规范强迫文字的更正,但因攸关报道涉及之人的权益,可能增加滥行提出诽谤诉讼的机会,也可能使法院案件负荷更趋严重。① 台湾商务印书馆总经理郝明义指出:"《出版法》废止只是跨出的第一步,目前仍有许多行政法令对于出版业者有许多限制,例如有关大陆出版品在台发行就尚未合理开放。"②

《出版法》的公布废止,使出版事业有了更自由的发展空间,也提升了台湾"民主自由"的形象。

(二)广播电视法规

自1993年起,"交通部"和"新闻局"正式宣布开发电波的政策,与之配套的广播电视法规相继出台。

1993年8月及11月《有线电视法》、《有线电视节目播出系统暂行管理办法》相继发布实施。此后,"新闻局"即依相关规定划分有线电视经营区域为51个经营区,并在1994年10月1日起受理有线电视系统申设登记。"新闻局"依法成立"有线广播电视审议委员会"进行审议,各家取得筹设许可的有线电视业者分别在指定的经营区内筹设,筹设完成后须经"新闻局"会同"交通部"及地方政府进行工程查验,合格后始得开播营运。

1998年,"新闻局"积极推动电视节目分级制度,以保护未成年人的权益。为配合《电信三法》,1999年2月修订《有线电视法》为《有线广播电视法》,解除有线电视与电信产业互跨经营的限制,并放宽外资参与经营,另订立专章规范订户权利保护事宜,规定系统经营者与订户所订契约包含事项,对消费者的收视权益有了更进一步的保护。《有线广播电视法》使得有线广播电视的发展有了法源基础,这也是有线电视从非法迈入合法的分水岭。③ 此后,《有线广播电视法》又经过5次修订。解禁后,《广播电视法》曾5度修改,《广播电视法施行细则》更是经过了数十次的修订。

---

① 尤英夫:《终结出版法后,还要那些配套?》,《中国时报》1999年1月13日。
② 袁伟:《台湾废除"出版法"始末》,《中国青年报》,http://www.people.com.cn/GB/channel1/14/20000714/144314.html,2000年7月14日。
③ 蔡念中:《有线电视》,《90年代"我国"新闻传播事业》,台北"中国新闻学会"1997年3月,第148页。

1997年"为健全公共电视之发展,建立为公众服务之大众传播制度,弥补商业电视之不足;以多元之设计,维护国民表达自由及知之权利,提高文化及教育水平,促进民主社会发展,增进公共福祉"。《公共电视法》出台,并于2001年和2004年做出两次修订。

1999年相继发布《电视节目分级处理办法》和《限制级节目锁码播送的规定》。同年,《卫星广播电视法》与《卫星广播电视法施行细则》出台,并分别于2003年两度修改。

(三)《新闻记者法》的废除

《新闻记者法》是抗战期间国民政府针对新闻记者资格、业务责任、工会组织及惩处的法律依据。于1943年公布,战后随即于1945年8月23日明令暂缓实施。国民党迁台之后则又成为有效的法律规范。其中,除明确规定新闻记者是在日报或是通讯社担任发行人、撰述、编辑、采访或主办发行及广告业务的人之外,并要求其必须在台湾有住所。同时,明示新闻记者只有在法律允许的范围内,才有自由发表言论的权利,并规范了新闻记者的义务及与罚金为主的各种惩处措施,这也是强人威权体制下对新闻记者相关限制措施的"非常体制"。2004年1月20日,《新闻记者法》废止。基于言论自由的原则,似乎台湾现行的法律中并没有明确规范记者的行为及言论。

二 主管单位的变更

(一)党管单位的转变

1988年1月"报禁"解除后,"过去的禁忌没有了,各种形式的深入报道与调查报道出现,媒体加速了台湾政治民主化"。"我们已经没有了前辈记者的感受,什么地方是禁区,什么地方要曲笔,我们已经没有这个概念。"[1] 除了媒体和媒体从业人员的这些转变,以往主管媒体的党工单位"文工会"也发生了重大的转变,"文工会偶尔还会来电话,让我们不要报道什么事……报社老板有时候会给面子,但是下面的编辑记者,谁也不会理会这样的招呼了"。"以前都是文工会的中层直接打电话给各个媒体的高层,解严之后就反过来了,文工会的高层打电话给媒体中层,人家

---

[1] 郭力、余力、Audrey:《台湾解严20年》,http://www.infzm.com/content/5725,南方周末网站,2007年7月18日。

也爱理不理了。""文工会"后来改制成为"文化传播委员会",主要职责也变为"与媒体沟通,为媒体服务"①。可见,文工会已失去往日尊荣,国民党对媒体的这种硬性干涉已经在解严后不具成效了。

虽然,为因应民主自由潮流,党管媒体的单位不断变迁(见图5-1),但学者陈世敏仍然认为:"不论国民党的宣传机器如何绞尽心思藏匿自己的真面目,如何由'中央宣传部'改名为'第四组'、'文工会'、'传播委员会',它主导统治思想的角色,一脉相承,建构了台湾媒体文化的深层结构,并将统治者的主导灌输到传媒产业,直到报禁解除为止。"②

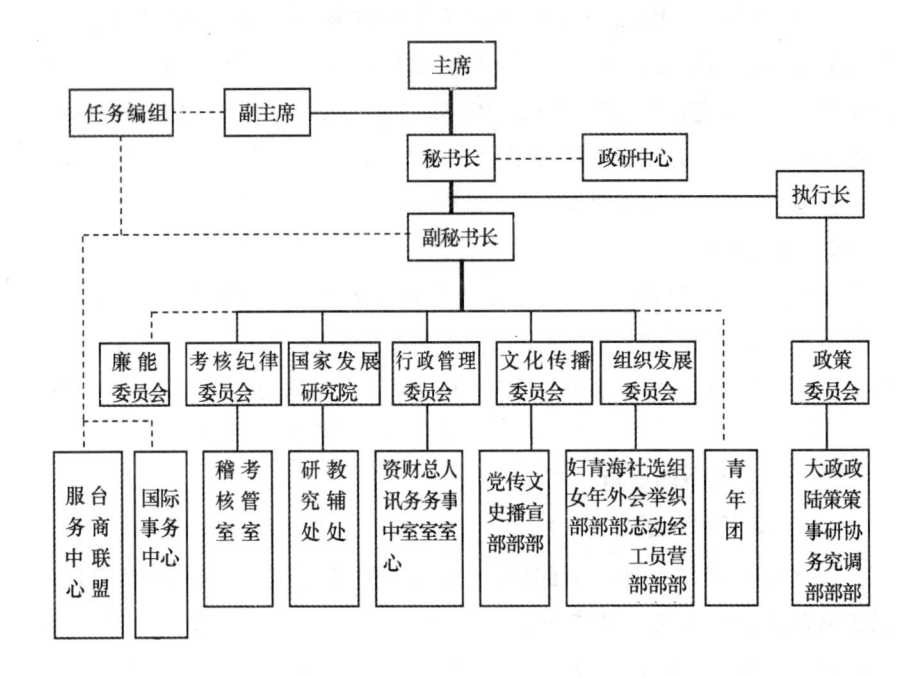

图 5-1 国民党组织图

资料来源：中国国民党全球资讯网，http://www.kmt.org.tw/hc.aspx?id=15。

---

① 郭力、余力、Audrey：《台湾解严20年》，http://www.infzm.com/content/5725，南方周末网站，2007年7月18日。
② 陈世敏：《记者节谈记者工会与传播基本法：大声疾呼制订"大众传播基本法"》，http://www.e-journalism.org.tw/modules/news002/article.php?storyid=65，卓越新闻网。2000年文工会才改称为中国国民党文化传播委员会，所以报禁解除时还没有"传播委员会"，笔者认为陈世敏的这一说法不够严谨，在此引用主要是因为笔者对其主体观点的认同。

（二）行政主管单位的变化

解禁后，"新闻局"作为新闻传播管理机关也常遭质疑。一方面是"新闻局"角色冲突，能力有限。"新闻局"的任务包括政府发言人、辅导与管理大众传播事业及国际宣传三大项。这三项功能不但角色混淆不清，容易引人非议，尤其在社会环境趋于多元化，广电媒体营运背后常有各种力量介入之际，从取缔地下电台、有线电视断讯风波，直到"新闻局"执行的政府统包媒体文宣采购案，以及有意针对平面媒体的产业调查、电子媒体记点评鉴等监督媒体的做法，都在社会上引起轩然大波，这也促使人们对"新闻局"作为管理机关的争议。另一方面"新闻局"政出多门、权责不清。广电与电视事业主管机关是由"新闻局"广电处负责软体部分，"交通部"邮电司负责硬体设备的政策规划，执行部分则仰赖电信总局，另外反托拉斯部分由"行政院"公平交易委员会负责，广电行政的救济由"行政院"负责，而"新闻局"对于出版、电影、编译等部分职能和文建会重复，政府发言人的职能与"行政院"发言人、"总统府"部分职能和文建会重复，而国际宣传部分又和"外交部"新闻文化司、"教育部"国际文化教育事业处重复。如此造成事权叠床架屋，层级混乱且政出多门。"新闻局"的角色和功能亟须改变。

但直到2000年修订的《有线广播电视法》第3条还规定："本法所称主管机关：在中央为'行政院新闻局'（以下简称'新闻局'）；在直辖市为直辖市政府；在县（市）为县（市）政府。有线广播电视系统工程技术管理之主管机关为'交通部'。前项有关工程技术管理之规则，由'交通部'定之。"① 党政军完全退出媒体的运动最终促进了"新闻局"角色的转变。

党政军退出媒体的运动由来已久。要实现完全退出需要创立一个新的单位，因为原本隶属于政府单位的"新闻局"，往往被解读为执政政府利用其"打压某些通讯传播媒体，并使大众收到对执政者较有利的新闻"的工具。早在1995年台湾学界便已经开始讨论成立效仿美国联邦通讯委员会（FCC）的"国家通讯传播委员会"（NCC）。2003年12月24日

---

① http：//db. lawbank. com. tw/FLAW/FLAWDAT0801. asp? lsid = FL016426&ldate = 20000119&modify =1，法源法律网。

《广播电视法》第 3 条规定："广播、电视事业之主管机关为'国家通讯传播委员会',独立超然行使职权。前项委员会组织,应于本法修正施行后一年内以法律定之。前项组织法律未施行前,广播、电视事业及广播电视节目供应事业之主管机关为'行政院新闻局'。电台主要设备及工程技术之审核、电波监理、频率、呼号及电功率之使用与变更、电台执照之核发与换发,由'交通部'主管;其主要设备,由'交通部'定之。"这项法令表明台湾成立独立超然之通讯传播管理机构的事项已初具成效。

2003 年台湾通过"广电三法修正案",要求党政军退出媒体。其中 2003 年 12 月 24 日修订的《有线广播电视法》第 20 条规定:

> 政党党务工作人员、政务人员及选任公职人员不得投资系统经营者;其配偶、二亲等血亲、直系姻亲投资同一系统经营者,其持有之股份,合计不得逾该事业已发行股份总数百分之一。本法修正施行前,系统经营者有不符规定者,应自本法修正施行之日起二年内改正。
>
> 政府、政党、政党党务工作人员及选任公职人员不得担任系统经营者之发起人、董事、监察人或经理人。本法修正施行前已担任者,系统经营者应自本法修正施行之日起六个月内解除其职务。前二项所称政党党务工作人员、政务人员及选任公职人员之范围,于本法施行细则定之。①

2005 年 11 月 9 日《"国家通讯传播委员会"(NCC)组织法》出台,组织法第 1 条规定:"为落实'宪法'保障之言论自由,谨守党政军退出媒体之精神,促进通讯传播健全发展,维护媒体专业自主,有效办理通讯传播管理事项,确保通讯传播市场公平有效竞争,保障消费者及尊重弱势权益,促进多元文化均衡发展,提升'国家'竞争力,特设'国家通讯传播委员会'。"并指出:"自本会成立之日起,通讯传播相关法规,包括电信法、广播电视法、有线广播电视法及卫星广播电视法,涉及本会职

---

① http://db.lawbank.com.tw/FLAW/FLAWDAT0801.asp? lsid = FL016426&ldate = 20000119 &modify = 1,法源法律网。

掌，其职权原属'交通部'、'行政院新闻局'、'交通部'电信总局者，主管机关均变更为本会。其他法规涉及本会职掌者，亦同。"①

2006年11月15日，"新闻局"配合部分业务移拨"国家通讯传播委员会"，并根据业务需要，将广电产业辅导小组裁撤，同时设置广播电视事业处。② 在2007年7月13日《广播电视法施行细则》（修正案）部分条文修正总说明中也提示："依据'国家通讯传播委员会'组织法第二条规定，电信法、广播电视法、有线广播电视法、卫星广播电视法涉及本会执掌，其执掌原属'交通部'、'行政院新闻局'、'交通部'电信总局者，主管机关均变更为本会。为因应机关改制，爰配合修正本细则之主管机关，以资明确。"③ 自此，作为独立机关角色的NCC担负起管理"有线、无线、卫星或其他电子传输设施传送声音、影像、文字或数据者"等通讯传播事业的工作。

第三节　国民党新闻传播制度变迁分析

"1988年元旦起，任何人只要有钱、有人就能够申请台湾的报纸执照，在任何地点印刷、也能随意增加报纸的版数。俗称'报禁'的行政限制，自此解除。资本的竞争开闸20年以后，光景迥异……1986年9月1日与16日，《中国时报》与《联合报》先后宣称，在当时人口仅在2千万之谱的台湾，各自的发行量已经分别达120万与144万份。2008年，两报静默无语，转由另两报站上擂台，它们说自己的发行量是70多与50多万，而现在台湾人口已有2千3百万。"④ 台湾媒体欢天喜地迎来了全面解禁，谁曾料想像《中国时报》与《联合报》这样的解禁鼓吹者和受惠者，现在却成了受害者。与世事难料、纷繁复杂的新闻传媒相比，台湾宪政时期新闻传播制度变迁其清晰脉络的后面，深藏着各种社会力量的运作与制衡。

---

① www.ncc.gov.tw，"国家通讯传播委员会"全球资讯网。
② http://info.gio.gov.tw/，"行政院新闻局"网站。
③ http://db.lawbank.com.tw/FLAW/FLAWDAT0801.asp? lsid = FL016426&ldate = 20000119&modify =1，法源法律网。
④ 冯建三：《编辑室报告》，《新闻学研究》2008年4月第95期，第1—2页。

一 宪政语境下新闻传播制度的变迁

（一）民主和权威的竞逐

李登辉主政后，国民党在不到 8 年的时间里就完成了台湾政治体制的民主化转型。李登辉从 1988 年继任"总统"到 2000 年 3 月下台，在台湾民主化进程中扮演了重要角色。

尽管李登辉顺利继承了党政领导的职权，却无法拥有蒋氏父子所拥有的权威。在 1990 年 3 月"总统"大选前，围绕"总统"候选人的提名，国民党内发生严重的冲突，并分化为"主流派"和"非主流派"。与此同时，朝野政党在"国民大会"问题上的对立也趋于激化，由此引发反对党所动员的一连串体制外抗争，三月学运便是代表。

三月学运自 1990 年 3 月 16 日起至 1990 年 3 月 22 日结束，又称"台北学运"或"野百合学运"。1990 年 3 月 16 日，民进党主席黄信介在递交"解散国代"抗议书的过程中，被宪兵从"总统府"门前架走。此事引发"立法院"一下午的混乱和打斗，下午 5 点几十名大学生开始在中正纪念堂广场静坐抗议。当局并未驱散也未宣告校际串联和罢课不合法，到 18 日抗议学生和市民暴增至 3 万人，他们正式提出"解散'国民大会'、废除临时条款、召开'国是会议'以及拟定政经改革时间表"四大诉求。22 日傍晚，李登辉接见五十余名学生代表，表示在现存体制内，"总统"无权解散"国民大会"与废除临时条款，但承诺在近期内召开"国是会议"。这场迄今为止台湾最大规模的学潮结束。[①]

这次学运激起整个台湾社会对于"宪政"改革的反省，也使象征国民党本土化改革并成为台湾民族主义代言者的李登辉，得以脱颖而出，得到人民的支持而赢得"总统"选举。三月学运带来的政治力与社会力的冲击表现在该次学生运动后，"总统"李登辉一方面依照其对学生的承诺，在不久后召开"国是会议"，另一方面也在 1991 年废除《动员戡乱时期临时条款》，并结束所谓"万年国会"的运作，由此揭开了台湾民主宪政改革的序幕。李登辉顺水推舟接受学生运动所提出的要求，以寻求社

---

① 何金山、官鸿志等：《台北学运——1990.3.16—3.22》，台北时报文化出版公司 1990 年版。

会和反对势力的支持,透过反映民意象征的"国是会议",李登辉确立了其领导的正当性和权威。①

1996年,台湾首次举行"总统"公民直选,李登辉当选第九任"总统",此次选举标志着台湾威权体制的民主化转型结束。驱动李登辉在不到8年间完成政治转型的诱因,很大程度上是因为民主化可以帮助他与国民党内非主流派及在野党的斗争中处于有利地位。李的省籍背景,使得他废除"万年国会",开放从省长、"国会"到"总统"等所有职位的公民直选,让台籍精英在选举中壮大,不仅无损于他的权力地位或政治生存,反而可以增加他与党内非主流派斗争的实力,最终有利于合法化和扩张其个人的权力和权威。

李登辉"总统"任内,一共推动了六次"修宪"(分别为1991年、1992年、1994年、1997年、1999年、2000年),修改频率相当高,以致"宪法"内容不断更动。从"修宪"结果来看:首先,是解决了国民党从执掌全国政权到偏安一隅,所产生的若干"宪政"与实质运作不配套、不适用的问题,克服了自身体制上的某些缺陷和不足;其次,是实现了"总统"和民意代表的直选,终结了国民党迁台以后长期实行的一党专政和威权体制;再次,是满足了民众争取参政议政权的愿望和诉求,"定期选举的民主机制"正在被民众所普遍接受,并日渐演变成一种人们习以为常的社会生活方式。

宪政的实质是控权政体,基本原则是对权力运行实施有效控制,以防止权力滥用。轮到民进党上台后,在2005年进行第7次"修宪"。回溯这7次"修宪",在其初始阶段,的确有结束专制、回归宪政、落实主权在民的用意,这是值得肯定的。但每一次"修宪"又都伴随着朝野之间、各派政治势力之间为了自身权力和利益所展开的明争暗斗、相互攻讦。修改通过的新条文仅仅只是为实现即时政治目的而定,不管是国民党,还是民进党,都将"修宪"视为自己当下政治斗争的筹码,罔顾"宪政"之整体规划和长远发展,而每个个体,都在既有的权力分配规则中,寻求最有利于自身的"修宪"结果。②

---

① 李炳南:《"宪政"改革与"国是"会议》,台北永然文化出版社1992年版,第34页。
② 张喆:《台湾"宪政改革"的演进历程及未来走向评析》,《社会科学论坛》2007年第6期,第23页。

（二）宪政视野中的新闻传播制度

宪政意味着一种有限政府，即政府只享有人民同意授予它的权力并只为了人民同意的目的，而这一切又受制于法治；它意味着权力的分立以避免权力集中和专制的危险；它还意指广泛私人领域的存在和每个个人权利的保留；宪政也许还要求一个诸如司法机构的独立机关行使司法权，以保证政府不偏离宪法规定，尤其是保证权力不会集中以及个人权利不受侵犯。①

在宣布解除报禁时，"开放报禁项目研究小组"召集人王洪钧在当时提出愿景，期许报禁开放后，人民将享有出版自由与知的权利，报业将提供更多元与充分的信息，形成健全的舆论，提高民主政治的质量②。在宪政视野中的新闻传播制度要保障新闻自由，新闻自由是现代宪政体制的重要支柱。现代宪政体制的重要组成成分，包括民主、法治和社会互助等，都有赖新闻媒体充分发挥报道、批评和监督功能才能够得到确保，因此西方民主社会的宪法，毫无例外地均明文规定对新闻自由的保障。也就是说，宪政政府不再是政治全能主义的包办政府，政府的管理和政策的出台都诉诸法律的形式。正如哈耶克所说，剥离掉一切表层以后，自由主义就是宪政，亦即"法治的政府而非人治的政府"。③

1947年1月1日公布的《中华民国宪法》现在仍为台湾的根本法，其中第二章第11条明文规定"（表现自由）人民有言论、讲学、著作及出版之自由"。"报纸杂志及广播电视等新闻媒体，是以印刷或以摄影录音的办法，将其欲传达的各种资讯或意见散布于众，属于'出版'的形式之一，因此'宪法'第11条规定的'出版'自由亦应包含有保障新闻媒体出版的'新闻自由'在内。"④ "宪法"第23条"对基本人权之限制"规定："以上各条列举之自由权利，除为防止妨碍他人自由、避免紧急危难、维持社会秩序，或增进公共利益所必要者外，不得以法律限制之。"这一规定常被认为"'宪法'第11条保障出版之美意，可能因其他

---

① ［美］刘易斯·亨金：《宪政·民主·对外事务》，生活·读书·新知三联书店1996年版，第9—11页。
② 王洪钧：《开放报纸登记及报业新环境》，《"中华民国"七十七年出版年鉴》，台北"中国"出版公司1988年版，第19—20页。
③ ［英］哈耶克著，邓正来译：《自由秩序原理》，生活·读书·新知三联书店1997年版，第243页。
④ 杨秀菁：《台湾戒严时期的新闻管制政策》，台北稻乡出版社2005年版，第279页。

源于'宪法'第 23 条所制定之法律,而大打折扣"。《出版法》就是"假借'宪法'第 23 条之空泛文字授权而制定的限制出版自由的法律"之一,所以最终在民主法治践行过程中被废止。①

李登辉执政期间先后 6 次"修宪",从《中华民国宪法增修条文》的主要内容来看,大多集中在"中央政府"的调整方面,对"总统"地位的设计及产生方式,与其他单位的关联互动这些聚焦议题。有关民生、社会福利、人权的部分,历来只占"修宪"条款中的一条。② 陈水扁上台后的第 7 次"修宪"也主要是与"立委"、"总统"、"国民大会"相关的内容。不过,就现行"宪法"的相关规定是否足以确保新闻自由的充分展现,以及在新闻自由受到妨害时,政府的力量是否应该介入,以维护新闻自由得以成行的基础架构,仍存在很大的争议。

与新闻传播相关的其他法规,如《有线电视法》的公布与修订、《出版法》的废除、《新闻记者法》的废除等,无不表现出执政当局自由化、多元化的民主法治精神。不过,正如"修宪"过程中各派各系的相互斗争与攻击,新闻传播相关法令的出台也是各派势力斗争的结果。以《有线电视法》为例,社会各界对地下电台的看法呈现两极化,持正面态度的认为地下电台业者打破媒介资源垄断的弊病,带给政府压力,加速政府对电波频率释出,并且提供弱势大众接近使用广播的机会,也促使节目言论更多元化;持反对立场者认为,地下电台是一种非法行为,节目品质低下,造成电台传播负面效应,并且破坏法律尊严、扰乱电波秩序、挑拨族群对立、制造社会不安。就事实而论,地下电台是时代的产物,是政府长期误用广播媒介所造成的广播生态的畸形发展,政策、法规与频率开放措施未能全面配合"民主"政策来修正实施。因此,国民党不得不逐渐认可开放有线电视市场,并出台《有线电视法》,国民党数年来对电视媒体的垄断被打破。

(三) 践行"第四权"的声音

报禁开放政策的基本构想在于确保民众知的权利,并透过自由竞争市

---

① 尤英夫:《从宪法出版自由探讨我国现行出版法制》,台湾《新闻学研究》1991 年 3 月第 44 集,第 14 页。
② 吴重礼、吴玉山:《"宪政"改革背景、运作与影响》,台北五南图书出版股份有限公司 2006 年版,第 75 页。

场，促使报纸媒介善尽言论的职责，发挥社会公器的作用，承担监督政府之守望功能，成为行政、立法和司法体系外的"第四权"。并期望透过报业市场的完全公开，避免言论市场的垄断，并由于报纸媒介开放登记，使更多具有专业新闻素养人士参与其中进而提升报业品质，以使其真正代表社会正义，促进社会整体发展。"第四权"所表达的内涵是新闻传播媒体总体上构成了与立法、行政、司法并立的一种社会力量，对这三种政治权力起制衡作用。新闻传播制度则以维护媒体"第四权"角色为出发点。

就报纸的言论立场来看，过去报纸对于既存政治权力中心或人物，习惯以肯定、赞许、歌颂的内容加以报道，但近年，批评、责乱、质疑的内容到处可见。这种转变意味着，报纸脱离政治系统的控制，逐渐成为既存于政治机构之外的反对力量。换言之，报纸独立自由的监督角色近年已大为凸显。其次，过去政治比较保守，许多言论在既定之政治意识形态下根本不能谈，但是随着政党政治的发展、大陆政策的逐渐开放，以及强人政治时代的结束，多元化的意识形态已渐渐成形，这种情势呈现在报纸上便是各说各话，投读者之所好。① 也就是说，媒体在一定程度上实现了"第四权"的监督功能。

由于施行全面开放，一些弊端也不可避免地呈现出来，"从报禁开放3年后的事实来观察，这种提升报业品质，避免报业垄断言论市场不但没有降低或消除，报纸媒介为扩充本身的生存空间，以更煽动性之内容攻讦政府官员，并严重侵犯个人隐私，甚至于制造新闻，深受社会大众诟病，将报业认定为'制造业'、'修理业'和'屠宰业'的讽刺。报禁开放后，报业品质反而下降，这亦是开放报禁之初，所无法设想和预测的。"②

总体来说，解禁后，台湾媒体并没有扮演好"第四权"的角色，"媒体对于曾经发生的执政者的沉沦，没有发挥挽救匡正的功能；对于曾经出现的执政治台时的重大错失，没有发挥有效防范的作用"。解严至今，"台湾的媒体界仍然被政治操作和市场区隔而切成两半，未能在同业之间建立以'第四权'为脊柱的专业角色，亦未能在同业之间建立媒体人对

---

① 潘家庆等：《解严前后政治新闻报道的转变》，台湾《新闻学研究》1990年7月，第112页。

② 杨孝濚：《报社经营策略的观察》，《"中华民国"新闻年鉴80年版》，台北市新闻记者公会，1991年9月，第85页。

执政者无可退让的专业价值共同底线，不幸沦于被政客分化及操弄的境地；这或许也是台湾民主社会的一个重大遗憾！"①

在号称民主的台湾，媒体"第四权"角色的缺失，与新闻传播制度的制定实施受到政商勾结、媒体所有权集中、恶性市场竞争等影响有关。以"党政军退出媒体"为例，这一运动自1995年便有所动作，但由于党政军势力与媒体深厚的渊源和利益关系，全面退出的动作迟迟未能完成，新闻法规的明文规定化作一纸空文。也因为党政军浸淫媒体多年且与媒体关系盘根错节，导致媒体陷入党派、统独和颜色政治的泥淖中谋求政治和商业利益，无法力行"第四权"的角色。2008年12月，"党政军退出媒体条款"的修法程序开始进行，2009年11月，公布修正草案前召开至少4场咨询、商讨会议，12月举办公听会，2010年1月20日，修正草案经NCC委员会议通过后，2月提请"行政院"审查。但是，2010年7月争议多时的"党政军退出媒体条款"政策出现大转弯，初审草案放宽政策即党政军可在媒体间接投资10%，"党政军退出媒体运动"走了回头路，民进党炮轰修正草案是为国民党量身订做，批评当局的黑手再次伸入媒体。其实，民进党一直喊着要党政军退出媒体，到国民党退出了，把"中国电视公司"卖给了《中国时报》，国民党有媒体民营了，民进党却接控了媒体。

二 言论自由的制度空间

（一）全面开放的制度选择

解禁前夕，官方学者在探讨新闻自由的时候认为"根据过去五十年的痛苦经验，我们实行自由新闻制度的结果，是商业独占，与资本家的极权控制，而使新闻自由的神圣权利，竟完全落入极少数人的手里。所以我们讨论新闻政策的问题，应仔细分析过去五十年中，到底哪些因素，危害了新闻自由？这些因素，必须借助行政、立法的力量，解除这些因素的威胁。至于政府对新闻自由的威胁，亦需立法预防，新闻评议会的监督，与

---

① 《台媒应担负起"第四权"角色，免被政客分化》，中国台湾网，http://www.chinanews.com.cn/tw/thsp/news/2008/04—02/1209910.shtml，2008年4月2日。

新闻事业共同奋斗"。①

当政府于1987年2月5日预告将开放报禁时，曾提到要建立规范，要求报业负起社会责任。当时的"行政院院长"俞国华指示"行政院新闻局"：以积极态度重新考虑报纸的登记与张数问题，并在兼顾新闻自由与报业应善尽社会责任的原则下，尽速制定合宜的规范与办法，以促进"我国"的报业与发展。② 政府还提出四个原则：维护新闻自由，确保公共利益，避免集中垄断，及促进健全发展③。基于这样的原则，社会各界对于开放后建立健全良性竞争的传媒环境充满了期待。

对于该如何解除报禁，当时社会上提出三种方式：

一是完全解禁。完全取消对报业的所有管制，大报老板和一些主张市场自由的学者支持这个方式。这个论述的预设是"市场决定论"，即政府应取消一切管制，完全由"市场"调节。《中国时报》的社论以"新闻自由"为由，要求政府解除报禁。《联合报》社论也以"市场调节"的理由，要求政府完全解除管制。报团期望看见这样的未来，在束缚完全解除的模式下恣意驰骋，迅速扩张报业版图。

二是有限解禁。也就是解除部分管制，部分中小规模的报刊提出这种主张。一些中、小型报刊之前因报道较多反对运动而有所成长，它们期待在报禁开放后，能够发展成大报。在这样的情况下，它们希望能逐步开放，不要立即放宽张数的限制，以免大报立刻吃下广告市场④；地方报则早就吃过两大报的苦头，因此在风闻解禁消息时，立即设想到日后可能面对的威胁，期望政府予以再规范。但这种管制的想法，是中小型报刊站在自身的立场着眼而发的，它们并未要求重建报业秩序。

三是重建秩序。部分传播学者主张，报禁时期并未建立合理的秩序，因此应先建立合理的市场秩序。他们基于信息多元化的理念，主张应防止报业的垄断。第一，在所有权上，应将"反托拉斯"的理念应用于报业，

---

① 李瞻：《"中华民国"新闻政策之研究》，《新闻学研究》1985年10月第35期，第146页。
② 王洪钧：《报业媒质受到严酷的考验》，《"中华民国"七十九年出版年鉴》，台北"中国"出版公司1990年版，第103页。
③ 王洪钧：《开放报纸登记及报业新环境》，《"中华民国"七十七年出版年鉴》，台北"中国"出版公司1988年版，第20页。
④ 沈冬梅：《自立晚报还要办一份日报！吴丰山谈自立晚报的应变之道》，《报风圈：报禁开放震荡》，台北久大文化出版1987年版，第17—22页。

限制报业本身垄断、报业跨媒介的垄断，以及报业跨产业的垄断。第二，在内部治理上，基于"产业民主"的理念，报纸老板不应垄断言论与出版自由。因此他们主张：所有权与经营权上应分离，而且应建立记者工会，保障新闻人员的工作权与专业地位，以避免"新闻记者成为利益团体的工具"。第三，在市场行为上，基于社会责任与公共利益，报业应对公众负责。他们主张，应设立研究基金会，调查产业的状态，建立销数稽核制度，建立公平的游戏规则。[1]

对于这三种选项，台湾当局选择了第一种。自此，报业从威权管制走向完全解禁之路。

（二）放任管制的政策

1987年8月26日报禁开放前，"新闻局"主事者出席国民党新闻党部会议，对该党部的同志报告报禁政策时即说道："（行政）'院长'一再提示，这是新闻界自己的事情，应该尊重新闻界自己的协议，行政部门尽量不要干扰。"[2]

政府长期以来从自身利益出发来管制报业，未曾从公共利益的角度来考虑；他们很难在短时间内立即转换思维逻辑，因此未能采纳重建秩序的模式。其次，面对大报与中小型报纸不同的立场与利益，管制者无法做出公平的裁量。于是管制者采取放任政策，放手不管，让业者自行协调。1987年12月1日"新闻局"宣布将于来年1月开放报禁；宣布当天，报业协会联合发表八点协议，但是，报界的协议与自律并没有法律基础，也不具约束力，不久便形同虚设。两个多月后《中国时报》便无视报业的八点协议，从六大张增加到七大张，所增加的一张全部都是广告。[3]

"政府应该介入媒体发展吗？"这个议题在欧美主流立论中似乎都保持反对态度。梭罗在其《论公民的不服从》一书中，写下这句名言："最好的政府，就是管事最少的政府。"弥尔顿在《论出版自由》中强调："人类天生就有理性，因此各种观念唯有在公开的意见市场中自由竞争，

---

[1] 林丽云：《变迁与挑战：解禁后的台湾报业》，《新闻学研究》2008年4月第95期，第183—184页。
[2] 《中国国民党新闻党部第七届第二十六次委员会议纪录》1987年8月26日。
[3] 谭士屏：《台湾报纸产品市场竞争行为分析（1988—1999）》，台湾政治大学新闻所硕士论文，2000年，第68页。

才能获得真理，因此言论自由与出版自由都不应该遭到政府的干预与禁止。"① 美国新闻自由之父②杰佛逊认为："人是可以受理性和真理支配的，因此我们的第一个目标是使人打开所有通向真理的道路。迄今为止，找到的最好的办法是新闻自由……由于我们政府的基础是人民的舆论，首先就应当使舆论保持正确；如果让我来决定，到底应该有政府而没有报纸，还是有报纸而没有政府，我将毫不犹豫地选择后者。"③

在顺应民主改革潮流之时，台湾必然也受到这些西方思想史主流思潮的影响，政府对报业采取完全解禁的模式，在市场导向新闻理念下，媒体展开激烈市场竞争。遗憾的是，竞争机制并未在一开始引入合理的游戏规则，导致报业发展面临种种问题。其他媒体在解禁后也出现和报业同样的问题——"自由放任论"下出现媒体乱象。

台湾实行了竞争性的宪政框架，但并不意味着这个社会能过上大家所期待的民主生活。国民党内部分裂成"主流派和非主流派"，社会则出现"外省人和本省人"的区别，政治上是国民党和民进党两党的争斗，公共言论的表达工具由派系和财团所控制，民主环境下的多元化思想最终被媒体垄断变成了单调的声音，从媒体上很难听到接近真相的东西。

也有观点认为报禁解除后的开放是表面的开放，只是对新闻自由的干涉更为隐蔽。"报禁开放等于有了新闻自由这一点，对大多数人而言，就是毋需加以挑战的现实。过去几年修正或新近通过的新闻传播法规……所反映的，是报禁'解除'而非报禁'开放'。也因此对新闻的践踏和扭曲，由台面转入台下，控制的机制日渐隐晦，益使得新闻专业为之蒙尘。"④ 于是认为"外部新闻自由"并不能真正保障新闻自由，同时，由于媒体在市场中的发展偏离理想，"社会责任论"被用以改善自由放任下的媒体乱象，社会责任论认为新闻自由不是个人权利而是社会权利，媒体享有新闻自由的同时附有义务的道德权利。

---

① 林子仪：《言论自由与新闻自由》，台北月旦出版社1993年版，第18页。
② 徐耀魁：《西方新闻理论评析》，新华出版社1998年版，第15页。
③ 朱曾汶：《杰佛逊选集》，商务印书馆1999年版，第391页。
④ 期刊编辑部：《内部新闻自由：专业意识的觉醒》，《新闻学研究》1996年1月第52期，第1页。

新闻传播界转而寻求内部民主机制以保障新闻自由,"一个尚未萌芽、比较激进的思想,认为只有'内部新闻自由'才能够捍卫新闻事业的专业性"。这样的新闻思想转折,源自《自立晚报》股权转移事件①,加上社会对新闻报道的公正性质疑,使得新闻从业人员开始反思专业威望的失落,并展开了相应的初步行动——成立"台湾记者协会"、推动"新闻伦理公约"运动、出炉"编辑室公约草案"等。"新闻界终于有人理解报禁开放不是甘美的果实,而是一种淬炼、一种诱惑、一种迷障;终于有人认真去质疑在政治力和财团操弄下的新闻专业性之真正专业面貌。"②

三 执政党与在野党的政治角力

蒋经国晚年解除戒严和党禁,其后民进党的成立,使得国民党开始由过去的支配性、垄断性政党走向竞争性政党。在野党也不断挑战执政党的权威地位,以增强在政治、经济、文化等各个层面的影响力。

(一) 媒体是政治竞技角力场

在现代社会中,民意是民主政治的基石。由于民意之趋向能决定社会上各种政治力量之地位及其存在价值。因此各政治利益团体无不希望通过各种途径控制媒体,影响民意,将民意推至他们希望的方向,以赢得更大的正当性和支持度。

伴随宪政改革所带来的政治多元化和开放性,是台湾社会"极端化"的倾向。获得政治平等后的政党开始了"政治站队",加之省籍矛盾的不可调和,制造了族群对立和统独冲突,台湾社会被分化成鲜明的"蓝绿"两营。蓝绿的政治光谱映射到媒体,结果是媒体受制于老板的政治立场,各报依其老板的政治立场,分化成"颜色媒体"。政治力对媒体的控制隐

---

① 1994年7月爆发的"自立事件",起源于台北市"议员"陈政忠买下"台南帮"拥有的自立报系股权,自立报系员工高度忧虑其独立采编风格无法确保,因此内部员工联合外部各界人士发起"挽救自立"行动,时间延续两个月之久。在行动中,台湾新闻工作者首度有组织、有计划地密集性聚会,一方面分析传播大环境的变化;另一方面与会者后来组成"九〇一小组",发起大规模"推动编辑部公约运动"、举办"九〇一为新闻自主而走"游行,来回应社会各界对于新闻界专业自主、媒体改造的期待,并将自立事件全面提升至社会公共议题层次。9月1日记者节当天,台湾两三百新闻工作者顶着台风来袭走上街头,为争取新闻自由游行。之后在"立法院"召开记者会,宣布催生新闻专业团体。

② 期刊编辑部:《内部新闻自由:专业意识的觉醒》,《新闻学研究》1996年1月第52期,第1—2页。

含于新闻生产流程中，媒体通过言论政策与新闻偏向，抓住特定意识形态的读者，比如《自由时报》占了绿色的地盘，而《联合报》与《中国时报》则固守蓝色天空，导致三大报只能固守基本盘，20世纪80年代百万大报的光景一去不返。

在解严以前，一般人认为政府与政党的控制是对台湾新闻自由的最大威胁，而今，则是媒体所有人与媒体组织对新闻的影响。台湾媒体生态虽然从早期的"一元体制"发展到目前的表面"多元"，但遗憾的是，从其内核来看，媒体仍然为政党及有政党背景关系的人士或团体所抢占，致使台湾主流媒体从未在政治上真正独立。准确地说，主流媒体具有的族群与党派属性的历史烙印，即便在历经家族交棒、政治民主化之后仍然挥之不去，没有发生根本性的改变。

台湾各政党为争夺对媒体的控制权而进行长期、激烈的斗争，这与民主政治理性多元的要求相去甚远。就报业而言："台湾并没有真正称得上自由与独立的报业；只有以新闻自由之名，实际上营求私利的报业，也只有假装自己自由的'自由报业'，实存的却是'不自由报业'。"[①] 即使台湾已经宣称"宪政"时代的到来，但政党的渗透、市场的压力等因素，使得"媒体会提供有所偏袒的讯息，符合私有制的方针及利益，过度依赖来自于官方与团体等新闻来源，其存在的前提乃是避免得罪具有权势者"。媒体的"新闻自由是个神话、谎言，因为媒体实际上是所有者与广告商的人质"。[②]

媒体如是，长久以来国民党的新闻传播制度也未能实现宪政多元而理性的理念，所拥有的还是执政者的现实考虑，"无线电视公共化"、"地下电台合法化"、"有线电视频道重整"等传播政策，无不显示出执政当局基于自身利益对媒体及新闻传播制度的染指。

（二）政党意识形态斗争中制度杠杆的运用

台湾当局素来以台湾"民主"的推动者自居，解禁后极力显示民主化后台湾媒体的自由独立。然而，事实上，台湾政党从未停止通过媒介外部与媒介内部的双重控制，将大众传媒玩弄于股掌之中。虽然从表面上看，

---

① McChesney, R. W. & Scott, B. (2004) (Eds). *Our unfree press: 100 years of radical media criticism*. New York: The New Press.
② 胡兴荣：《新闻哲学》，新华出版社2000年版，第32页；苏正平：《新闻自由的理论和实践》，《新闻学研究》1996年1月第52期，第21—33页。

《出版法》取消了，媒体资源的垄断打破了，但政党通过制度化运作以实现意识形态斗争和权力斗争的真实企图，却与民主政治的原则背道而驰。

在意识形态领域争夺中，一些违背民主自由精神的举措自然发生。比如20世纪90年代部分反对党所管辖县市禁止订购《中央日报》，[①] 即便到了2000年后，还会出现陈水扁政府拒绝为《中央日报》提供重要政治消息等非理性行为。

就台湾解严后媒体与政党关系可发现：在不同阶段，发生变化的只是政党媒体控制力的强弱对比，以及由此决定的媒体势力大小。媒体版图在各政党之间分化重组，媒体资源的主控权在各政党之间置换转移，但政党控制大众传媒的大格局始终没有改变。比如，1989年底，台湾发起"电波开放运动"，争取更多民用电波段。1993年电台"锁台"禁令结束，电台频道陆续开放，但民进党为了挑战国民党，仍不管《广播电视法》，率先以"新汉网电台"开播，竟然扩张至14家之多，这些"在野频道"因有政治目的，故肆无忌惮。其后，能使地下电台之《电讯法》第58条通过，使其抄台有据，地下电台则以"反抄台，废恶法"游行抗议；地下电台似不应全视之为在野党代言工具，它的"媒体异议角色"，应更广扩地视为"公共论坛"另类功能，有利于保障言论自由基本民权。[②] 民进党打着"打破政党垄断"、"争取言论自由"的旗号不断给国民党当局施压，最终导致国民党媒体垄断的松动，并取得法律形式的保障；陈水扁上台后，又是另一派光景，民进党利用执政机会和政治权力，把原有国民党党营、属于军警系统的"中央广播电台"、"警察广播电台"等一大批媒体，以"军警中立"之名占为"绿"有；把按照规定公营企业和"新闻局"必须支出的巨额"媒体预算"，作为收买、利用和控制媒体的资本，让媒体与当局结成利益同盟。与此同时，民进党借"民主自由"之名，逼退国民党出让党营媒体，并抓紧时机乘机上位，发展"亲绿媒体"。而同时沦为在野党的国民党，也不忘时时利用蓝营媒体敲打民进党，对民进党的执政发出质疑与批评，除此之外，以往国民党曾消极面对的"党政军退

[①] 秦富珍：《陈水扁炮轰〈中央日报〉》，《联合晚报》1996年6月25日第2版。
[②] 彭家发：《五十年来台湾探索新闻自由之历程及其意义》，"五十年来的香港 中国与亚洲学术讨论会"，珠海大学亚洲研究中心，2000年1月。

出媒体"主张,同样以"宪政民主"之名,反过来针对性地用到民进党身上,其结果就是政党合谋,心照不宣地延迟退出时间。

公营媒体是政党更替之时,意识形态争夺战中的主要战场,公营媒体牵涉政党势力的消长。在面临不同政治势力主政时,原有公营媒体必须做出转变,以民进党上台后台北市的台北电台为例,执政的民进党当然不可能再让台北电台继续为国民党服务,而在议会占多数的国民党和新党也不愿看见台北电台"绿化"变成民进党的喉舌。利益团体采取在"编辑室公约"里协商确立台北电台的基本立场,并保证电台工作人员遵从编辑基本立场所做出来的工作,不会遭到政治力量的干扰,由此生发出朝野都可以接受的折中方案。[①]

第四节 对国民党新闻传播制度的评价

李登辉时代的"宪改"是国民党统治台湾50年来政治发展过程中重大的事件之一,也是台湾政治生态衍变的一个节点,它关系着台湾当局"法统"的转换。一系列的政治改革,不可避免地引发了社会各层面的制度革新,新闻传播制度也在其列。

一 政党政治下的新闻传播制度

1987年国民党当局宣布"解严"之后,台湾政党政治迅速发展。解除"党禁"后,岛内形成了一股组党热潮,组党数目急剧增加。除民进党外,同期新建的党还有中国自由党、民主自由党、中国民主正义党、工党、中国民众党、劳动党、和平统一党、自由民主党等。除民进党有一定规模和实力外,其他多为不具备完整形态和规格的小党,没有实质性的政治影响。

1989年8月,国民党籍的"立法委员"赵少康、郁慕明、李胜峰发起成立国民党内一个色彩鲜明的次级团体——"新国民党连线",这是一个以促进国民党的政治革新、维护国民党的执政地位为宗旨的党内革新

---

① 苏正平:《新闻自由的理论和实践》,《新闻学研究》1996年1月第52期,第21—33页。

派。1993年,"新国民党连线"部分核心成员正式宣布脱离国民党,成立新党,这是国民党退台40多年来首次出现的公开分裂。新党成立后,一些地方的确出现了国、民、新三党之间的竞争,但总体上说,全岛的选举仍然是国民党、民进党之间的竞争。新党的出现,并未从根本上改变台湾国、民两党竞争的格局。1998年之后,新党的力量急剧下降。

2000年"总统"选举后,台湾形成从多党竞争到两大联盟对峙的格局。在2000年"总统"选举中,同属国民党的连战与宋楚瑜双双落败,民进党陈水扁上台执政,台湾实现了政党轮替,国民党执政50多年的历史宣告结束。选后,一些人拥戴宋楚瑜成立了亲民党,宋的支持者也主要是从国民党分裂出来的,标志着国民党的再次分裂。台湾出现了国、民、亲三党竞争主导的局面。2001年激进"台独"势力成立了台联党,国、民、亲、台联党形成了多党之间的竞争,而国民党、民进党仍然是主角。从意识形态来看,国、亲、新三党具有比较相同或相近的"泛国民党"意识形态,而民进党与台联党位于意识形态与统独光谱的另一端。[①] 到2004年"总统"选举之时,则渐成泛蓝、泛绿两大势力的对决。伴随着选举制度的改革,台湾逐渐走向两党政治,台湾政治社会的二元化结构已是台湾社会一个不争的社会事实。

(一) 朝野多元利益集团的制衡

从台湾政党政治的发展过程来看,多元利益集团一直交织在一起,这也符合宪政的特质——宪政是多元利益集团之间斗争和妥协的产物。"近代宪法与宪政制度的建立,就是这种多元政治力量进行斗争、协商与妥协的结果。"[②]

昂格尔将多元的利益集团及其关系的存在作为法律秩序存在的一种首要的历史条件,"法律秩序要发展,必须以这样一种环境为前提,既没有一个集团在社会生活中永恒地占据支配地位,也没有一个集团被认为具有一种与生俱来的统治权利。集团之间这样一种关系可以被称为自由主义社

[①] 孙云:《台湾政治转型后政党体制的演变及发展趋势》,《台湾研究集刊》2004年第4期,第13—14页。

[②] 段啸虎:《协商精神与宪政建设》,《宪法研究》(第1卷),法律出版社2002年版,第146页。

会，或者用一种当代美国政治科学的更生动的语言，称其为多元利益集团"。① 多元的利益集团之间的斗争和妥协能够消解一元化绝对统治力量的出现，消解政治集权和专权出现，从而成为宪法和宪政的社会控权基础。

李登辉主政后台湾的民主化转型也体现了协商和对抗交替的特点。面对"一党独大、两党抗衡、多党竞争"的政党政治态势，李登辉把"宪政改革"提上议程，对国民党的"宪政体制"加以改革和改造，将台湾的民主政治改革推动下去。"宪政改革"推行后，国民党当局对新闻报道、出版发行、社会舆论的直接控制逐渐放松。1999 年 1 月 12 日"废止出版法案"的正式通过，标志着国民党当局对意识形态领域管制的松绑。在个人言论和思想方面，政治控制方式也有大的调整，以言定罪、以思想定罪已经成为历史，法治的概念已经在社会逐步确立。

李登辉时代，国民党主流派重视与民进党的高层沟通，甚至在必要时与民进党联手来打击党内反对势力，以达到扩张李登辉个人权力和权威的目的，在民进党内部出现"李登辉情结"也不足为奇。可见，当多元利益集团谁也无法消灭谁，他们之间若要和平相处、共同发展，订立和遵守彼此之间的契约就成为必要。正如基佐所说："既然谁也不能消灭谁，那就必须让各色各样的原则一起存在——他们应该在他们之间订立某种协定。大家都同意各自去进行可以属于自己的那部分发展。"② 由此来观照 20 世纪 90 年代《有线广播电视法》、《广播电视法》、《公共电视法》等新闻传播法令的出台、实施与修订，其中无不体现出多元利益集团的政治合谋，在民主氛围下垄断为人诟病，国民党必须向民间逐渐释放一些独霸多年的资源以平息种种"杂音"。

多元权力或多元的利益集团之间的争斗和制衡，从某种程度上抑制了破坏法治的专制权力的出现，形成和发展出认同法律秩序或法律至上的社会环境。"所谓公权力不过是法令的约束力，当民众拒绝受它约束而向它挑战的时候，一个负责的执政者所亟须做到的，不在于如何强硬地贯彻始

---

① ［美］昂格尔著，吴玉章等译：《现代社会中的法律》，中国政法大学出版社 1994 年版，第 59 页。

② ［法］基佐著，程洪逵等译：《欧洲文明史》，商务印书馆 1998 年版，第 24 页。

终，而在于重新审视这个不断受到挑战的法令，应改则改，应废则废，否则，守着一个与现实脱节、与民意不合的法，执行，与人民起冲突；不执行，让人民嘲笑，执行或不执行都做不到理直气壮等于是执法者拿石头砸自己的脚。"① 多年来的《出版法》就是一个很好的例子，当《出版法》废除之时，台湾新闻界获取了形式上的言论自由。

李登辉执政时期共进行了6次"修宪"，每一次都充满着朝野之间、政党之间的恶斗。"修宪"的结果满足了某些利益集团的要求，又造成另一些利益集团的不满。朝野之间、党派之间因利益需要时而结盟，时而反目，形成台湾政治乱象。与此相对应的是媒体乱象频生，在相对自由放任的新闻传播制度下，被政党和市场操纵的媒体更被视为乱源。

2008年，国民党再次上台，"绿媒"批判的说辞是"马英九政府上任数月，箝制媒体的本质逐步现形。箝制新闻自由的恶灵正重现台湾"。"马政府上任之后，掌控媒体机器为其要务。去年七月，中央通讯社人事改组，不仅马萧助选大将入列，董事长除外，'行政院长'任命的董事至少七成与刘兆玄同属外省族群。中央社自此内部人事整肃，专业倒退，'国家通讯社'竟沦为马政府的拉拉队。两个月后，中央广播电台遭清算，先是马政府要求言论节目'不能对中国有太大的批评'，有任期制的董事长与几位董事，随之在当局发动政媒连手羞辱之后，被迫辞职，央广尽入掌控之中。同样地，存在廿五年的广电基金，只因主其事者被戴上'亲绿'帽子，竟遭强制裁撤。至于以取缔非法为名，打击批评时政的基层电台，也凸显当局丝毫不容异己。"② 可见，即使台湾所谓的民主巩固至此，政党在意识形态领域的斗争却从未停止。宪政中多元利益集团如何良性协商互动，似乎是未来一个值得考虑的问题。

（二）李登辉的新强人政治

李登辉自命为台湾民主的开创者。他从旧的威权体制内通过明争暗斗获取了权力，然后以省籍为号召，打着"台湾人的'总统'"的旗号，通过民主选举获得了合法性和正当性。蒋经国和李登辉在台湾都被视为政治强人，政治强人的意思一般指具有权威专断的个性并且能够贯彻其个性意

---

① 龙应台：《野火集》，文汇出版社2007年版，第161页。
② 谢秩禄：《箝制媒体　恶灵重现》，《自由时报》2009年1月21日。

志的政治人物，除了个人行事风格外，还指整个政治体制能够被一人所操纵。从某种程度上说，蒋与李都达到了强人政治的高度。

比较蒋经国和李登辉，就可以发现新旧强人政治的不同：蒋经国是在威权专制的体制下拥有权力的，他以强力手腕控制着台湾的"党、政、军、情"体系，整个政治体系贯穿了他的个人意志，个人独裁十分明显；而李登辉式的强人政治却是在所谓的民主政体下，运用民粹主义手法，达到由其"独自裁决"的程度。因此，李登辉当政下的台湾政治可以称为"新强人政治"，或者说是一种"威权式民主"。

李登辉式的新强人政治的要害，在于他在民主框架里偷梁换柱，造成他一人"独自裁决"的局面。其表现在如下几点。第一，操纵"修宪"，使台湾形成了"直选总统"和"行政院院长"并存的局面，在"总统"和"行政院长"同属于一个党的情况下，前者可以完全地支配后者，可以将后者作为政治过失的"替罪羔羊"。李登辉一旦当选就成为"有权无责"的强势"总统"。第二，通过各种手段掌握了台湾"党、政、军、情"各系统的权力，特别是将国民党党内权力独揽在手。"党内无民主"是李登辉的一贯作风，李登辉掌握了国民党内的绝对权力就依然可以全盘掌控台湾的政治局面。第三，在"党"、"政"等正式的体制之外，直接诉诸民众，以民意来压制体制内的反对意见，甚至将自己作为"民意的化身"去回避体制的约束，或者干脆改变规则。① 可见，李登辉其政治行为虽然是在民主的框架下进行的，比蒋经国时代的强人政治似乎多了些民主的色彩，但在权力的使用、分配方面的实质是一样的。追溯李登辉时期的新闻传播制度，一系列法规和新闻传播主管单位的变迁似乎都是在民主框架下进行，岛内的新闻媒体也有了更多对官方严厉批评的自由，多元的、分属不同雇主、不同利益集团的媒体，以及一群高水平且能发挥监督功能的读者群逐渐形成。

李登辉确实看准了台湾在解严后的社会心理的风向标，在迎合民意方面，十分下力气，不仅经常发表一些"民之所欲，长在我心"的讲话，而且以貌似民主的改革获得了支持，这就奠定了"李登辉情结"的社会

---

① 王茹：《李登辉的权威人格与台湾的新强人政治》，《台湾研究集刊》1999年第4期，第6—11页。

大众心理基础。他甚至能得到最大的在野党"民进党"里的许多人的谅解，以至于还能够利用民进党来增加其在国民党党内斗争的资本。当然，在民主化转型的过程中，李登辉为了巩固权力而与其他利益群体或势力所做的大量制度外交易，造成了政府功能软化、改革政策推动不力甚至被扭曲、黑金政治的风行，形成政治腐败及社会不安的局面，而这种局面又成为民粹主义生长的温床，进一步激化了族群和省籍矛盾。

这种政治精英之间以及政治精英与商业精英之间"非正式政治交易"同样发生在媒体身上，亲国民党的《中国时报》与《联合报》的老板，由于有政治上的倾向及关系，因而过去能享有特殊的优惠。但是也因为过去的倾向及"关系"，他们主动参与了20世纪90年代国民党主流派与非主流派的政治斗争。① 政争期间非主流派的新闻讯息不少是透过《联合报》发布的，②《联合报》的亲非主流立场可从李登辉对该报的反应看出。1990年2月政争期间，李登辉曾不止一次向"总统府"官员表示，有报纸如《联合报》对他的报道失去了新闻工作者的准则。③ 1992年11月，李登辉更两次公开暗指《联合报》在报道中国共产党官员李瑞环的谈话时"恫吓了我们的老百姓"，"造成两岸关系紧张倒退，更是不应该"，"总统府"也曾多次更正或澄清《联合报》的报道。④

媒体会陷入党争旋涡，政治颜色长久以来都对新闻传播制度加以非理性的涂抹，"即令在野，泛蓝政党也要仗其国会多数，搞出违宪的'国家通讯传播委员会'（NCC）组织法，透过控制NCC以掌握媒体。如今班师回朝，除了同样祭出置入营销手法，有些媒体编采主管带头访问政府首长有价码，更重要的是对不听话的媒体及从业员大肆威吓清算"。⑤

李登辉主导下的"宪政改革"证明了宪政主义立足于双重人性的预设："对执政者，持性恶的假定，这样才能防止统治者作恶；对民众，持性善的假定，所以才要去尊重他们作为人所应有的尊严，去保障他们的自由、财

---

① 林丽云：《台湾威权政体下"侍从报业"的矛盾与转型：1949—1999》，《台湾产业研究》2000年第3期，第89—148页。
② 周玉蔻：《李登辉的一千天》，台北麦田出版股份有限公司1993年版，第172页。
③ 同上书，第157页。
④ 丁玄养：《王惕吾为何惹火李登辉？联合报面临空前压力》，《财讯》1993年第130期，第252页。
⑤ 谢秩禄：《箝制媒体 恶灵重现》，《自由时报》2009年1月21日。

产和权利。"宪政是指对政治权力的行使施加限制的一种政治制度。① 尽管在民主法治下，执政当局"权力的使用、分配方面的实质没有根本性的改变"，最令宪政主义者放心不下并为之困扰的难题即政治家们营私损公的嗜好，在台湾执政者的身上也一一应验（李登辉如是，陈水扁更是极端的例子了）。可见，宪政主义者所孜孜以求的用宪法和法律约束住政治家们扩展权力的欲望是极有必要的，台湾的民主宪政之路还只是开端。

二 认可市场机制的新闻传播制度

（一）在自由之名下的媒体市场化操作

"开放之初，乍见气象新猷，但旋即竞逐利润，恶性竞争，日渐沉沦而积重难返，读者和观众也在高度商业主义的媒体氛围下加入了口味越来越重的新闻报道的因果循环。报纸之退步堕落，其负面外部性更延伸到电视媒体，特别是号称24小时有线电视的新闻台。媒体越多，收视率因为观众分散而零碎化，但广告有限，结果是（有质量的）新闻越少，新闻广告化、娱乐化越多。漫无限制放任媒体的开放政策，和过去报禁与党政军电视的封闭政策，一样都是自由报业的杀手。"②

台湾走过长期的威权体制，新闻媒体基本上是用"党（官）控商营"的方式经营③，政府自由放任的开放政策使得媒体演化为新政商工具。在政治民主化的过程中，政府和政党力量从来没有放弃对媒体的操纵，而商业力量却又在资本主义自由化的大旗下，堂皇进驻媒体，甚至主控一切。于是，台湾的媒体非但没有朝向一个更具民主特性的公共服务机构转型，反而逐渐成为一部充斥着煽情内容与政治偏见的营私机器。资本家与政治势力在媒体场域里恣意进行最丑恶的利益结合，践踏着原本应该属于公众的公共空间，也啃蚀着台湾民众辛苦建立的民主根基。④

---

① ［美］斯科特·戈登著，应奇等译：《控制国家——西方宪政的历史》，江苏人民出版社2001年版，第239页。
② 罗世宏：《自由报业谁买单？新闻与民主的再思考》，《新闻学研究》2008年4月第95期，第213—238页。
③ 李金铨：《台湾的广播电视蓝图》，见郑瑞城等合著《结构广电媒体》，台北澄社1993年版，第521—553页。
④ 《为台湾带来真正的民主：从改造媒体开始》，《媒体改造学社成立宣言》2003年5月4日，http://www.twmedia.org/modules/xoopsfaq/index.php?cat_id=3。

媒体市场必须兼顾发行与广告，发行量（或收视率）和广告对传媒表现具有强大的影响力。新闻媒体与广告主之间的关系，变成买方（广告主）市场，新闻媒体的独立性与抗压性降低，广告主（包括政府、政党和大企业）有更大可能间接或直接左右新闻内容，而且新闻媒体也越可能降低新闻生产成本，从而降低新闻的报道质量。台湾电视频道过多，又缺乏优胜劣汰的正常市场机制，政府无力出台相关媒体政策，使得台湾媒体新闻报道质量低落，"媒体乱象"频仍，甚至变成"新闻公害"。[①] 台湾的"新闻自由异化成为媒体老板和新闻工作者掏空民意的借口，用来服务资本主义。公共论坛的形成，乃无可能"。[②] 当前台湾新闻媒体面临的显然不是媒体经营或新闻言论自由不够的问题，而是媒体公信力和对媒体本身权力监督。

假"新闻自由"之名的新闻媒体，带给台湾的真实困境，正如一学者所言："媒介既然向民众宣称它的任务在于监督社会和政府，一旦监督者信用破产，或变成凌驾一切的巨大怪兽，无人能敌时，我们不禁要问：究竟谁来为我们监督这个超级监督者？"[③] 民主社会对于媒体的要求，理应高于是否能在市场存活这个标准，而"公信力"则是最基本的标准。台湾媒体乱象引起的公信力不足，一方面反映了媒体本身缺乏外部监督，另一方面则反映了媒体"内部新闻自由"不足的两极现象，[④] 这一切都透露了商业新闻媒体本身缺乏民主机制、专为权力和资本服务的性格。

（二）市场主导下的泥沙俱下

陈世敏在解除报禁20年之际曾这样谈道："社会病了，媒体病了；媒体这行业既不受社会尊敬，也没有远景；在专业媒体人心目中，报禁到报禁解除这两套戏码，说穿了只是'走了警总，来了经理人'，行业的作业标准固然改变了，产业结构也遭逢翻天覆地的重组，其实基本价值观未变。从专业发展的角度来看，解除报禁二十年的媒体表现，可以论定为

[①] 林元辉：《新闻公害的批判基础》，台湾巨流出版社2006年版，第53页。
[②] 陈世敏：《媒介的监督与改造》，见周典芳、陈国明编《媒介素养概论》，台北玉山社出版2005年版，第437页。
[③] 同上书，第440页。
[④] 翁秀琪：《工作权与新闻记者的自主性》，见翁秀琪、蔡明诚编《大众传播法手册》，台湾政治大学新闻所1992年版，第297—327页。

'进一步，退两步'。"[1]

台湾一百多个电视频道争逐有限的市场，收视率调查变成紧箍咒，收视率是为了广告而存在的，当台湾广告市场根本养不起那么多电视新闻频道的时候，新闻台只得诉诸色、煽、腥的内容来吸引眼球。同时降低媒体从业人员的工作成本，减少成本高但收视未必有保证的调查与深度报道。而且，为了抢食因为过多频道瓜分而切割零碎的广告收入，只好用各种"项目"、"业务配合"的名义为（政商）广告主做"置入性营销"。[2] 加上传媒天生存在着高门槛，经营者一旦进入，便难脱身。电视台几十亿资金加上每天的费用，迫使经营者逐利。

作为一般民众则既依赖媒体又不满媒体，不满媒体却又不知所措。媒体工作者面对社会的强烈不满，但是承受组织制度的要求与压力，同样困顿无助。每一个人都知道台湾媒体环境有问题，但是总有人说，台湾的政治不健全，民间社会不成熟，所以不可能造就健全的媒体。然而，"作为一个最重要的社会再现和符号生产的机制，媒体和社会从来无法分立而论；如果台湾社会病了，媒体环境的恶质发展不仅是病征，也是病因。悲观与放任的论调，只会让我们的媒体环境持续沉沦、民主化进程举步维艰，而在这个不正常结构中得利的资本家和政治势力，依然故我"。[3]

台湾报禁解除后政府采取开放自由的政策，开放而没有规划，听任媒体在所谓市场导向下自生自灭，媒体在这样的脉络下发展，最终乱象蜂起：政商黑手透过置入营销钳制媒体、染色媒体的党同伐异、新闻与广告不分、查证不实的新闻报道、不顾媒体伦理等。台湾的新闻自由被滥用，彭家发认为："台湾之有欧美定义之新闻自由，实拜政治自由化所赐，是政治自由化后之副产品，而非欧美那样，有争取的空间和求义不怕死之士。"[4]

---

[1] 陈世敏：《记者节谈记者工会与传播基本法：大声疾呼制订"大众传播基本法"》2008年9月5日，http://www.feja.org.tw/modules/news007/article.php?storyid=65，卓越新闻奖基金会。

[2] 刘昌德、罗世宏：《电视置入性营销之规范：政治经济学观点的初考察》，《中华传播学刊》2005年8月，第46页。

[3] 《为台湾带来真正的民主：从改造媒体开始》，《媒体改造学社成立宣言》2003年5月4日，http://www.twmedia.org/modules/xoopsfaq/index.php?cat_id=3。

[4] 彭家发：《新闻学勾沉》，台北亚太出版社2000年版，第31页。

宪政对新闻自由的保障主要透过两种制度上的设计体现：一是限制政府对新闻媒体的干预；二是对私有财产权的尊重。根据这套设计，社会上所有希望对公意有所影响的人，都可以成立媒体、发表言论，而最后决定媒体兴衰的，则是新闻和言论市场上的受众。这整个想法和现代民主的选举制度以及自由经济的理论是一致的。① 台湾在报禁解除后，也基本实现了上述的种种设计，政府放宽政策，公营特别是民营媒体得以较为自由的发展，然而新闻和言论市场的运作，是否合乎宪政体制给予新闻自由的目的？亦即是否产生客观真实的报道和独立多元的评论？台湾媒体后来的发展证明答案是否定的。媒体的垄断以及媒体受到政商利益的干涉，都使新闻自由变得越来越遥不可及，媒体在解禁后多元性反而降低，媒体被视为"公害"，而且一时之间似乎还看不到改善的可能。

三 对理想新闻传播制度的探索与追求

（一）引导创建符合公共利益的媒体

期待媒体在科技与商业高速发展之时，能够节制逐利心态，改善台湾已然恶化的媒体生态，并自动提供符合公共利益及民主社会需求的公共服务，这似乎并不现实。因此，政府的引导和适度的介入，共同创立符合民主社会与公共利益需求的媒体是亟须进行的工作。

一方面，譬如针对报纸，政府部门可以通过政策鼓励部分商业报纸向"公共报纸"转型②，同时设置"报业多样性保护基金"③。针对广播电视，抑制媒体集中化的所有权管制仍是保障媒体内容多样性的必要手段，而频道及节目应保有更高的公共义务，以有效的管制手段（罚款、停播、撤照或不予换照）制裁媒体的政治或商业置入性营销，甚至应该考虑因地制宜，立法限制对频道及节目进行收视率调查，从而引导广告主及媒体购买公司依据频道及节目的声誉或内容差异性来购买广告；另一方面，同时应以政治和法律的制度性措施，确保媒体的独立性，并且增益媒体监督政府的能力，例如，《政府信息公开法》应对媒体近用政府信息提供更大

---

① 苏正平：《新闻自主的理论和实践》，《新闻学研究》1996年1月第52期，第21—33页。
② 罗世宏：《传统报业　另类出路》，《苹果日报》2003年6月27日。
③ 罗世宏：《让报纸有尊严的存活》，《中国时报》2006年11月30日。

便利，并且应透过政治及司法改造，防止政党及政治人物针对媒体（或记者）任意兴讼或滥诉。①

管控商营的媒体经营模式所带来的弊端，在20世纪80年代已经有相关讨论，官方也对此做出过一定的回应，台湾公共电视就是据此发展起来的。早在1980年，当时台湾的"行政院院长"孙运璇就第一次提出了成立一家公共电视台。辗转十几年，在官方和民间社会力量的共同努力推动下，1997年5月31日，《公共电视法》三读通过。1998年7月1日，台湾的第一家公共广播电视机构公共电视台成立。去商业化的公共电视台其经费来源主要是政府资助、个人捐赠、企业捐赠以及代制节目收入、贩卖收入、租金收入等。其使命是：制播多元优质节目，促进公民社会发展，深植"本国"文化内涵，扩展国际文化交流。

但一开始，"台湾的公共电视往往给人严肃、服务小众、不易亲近的印象"。"台湾对公共媒体的想象一直停留在'制作优质、小众节目'的阶段，认为公共电视的节目没有收视率、不具竞争力。"② 而且囿于《公共电视法》中对公视"弥补商业电视之不足"的定位，使得公视的节目制作方向必然远离耸动、刺激。台湾媒体观察教育基金会董事长管中祥从正面认识到："台湾公共电视的新闻虽然不够耸动、刺激，也不会将蓝、绿政客当作大侠或魔鬼般的赞扬与厌弃，但至少听不到亲蓝或亲绿的批评。"③ 可以说，公共电视的设计，是超越党派利益，防止政党和政府介入的优选方案。

公共电视台所扮演补充商业电视之不足的角色，及其提供的倾向精英品位的节目，加上每年并不宽裕的9亿元政府预算，都桎梏着公视发挥其积极和广泛的影响力。政府和民间所期待的"公共服务为目标，以公共利益为准则，提升台湾媒体品格"的愿望与现实还存在一定的差距。无论如何，作为公共利益代表的公视代表了一种进步的力量。

总之，台湾媒体所面临的改善不良商业媒体、传播工作者专业与意识

---

① 罗世宏：《自由报业谁买单？新闻与民主的再思考》，《新闻学研究》2008年4月第95期，第213—238页。
② 《公共广电集团问与答》，媒体改造学社，http://www.twmedia.org/modules/xoopsfaq/index.php?cat_id=2#q10。
③ 管中祥：《党政军退，谁接手？》，《台湾立报》2003年2月20日。

养成、受众媒体素养，以及传播教育改革等问题，还需要政府与民间合力解决，有些需要更详尽的法律和制度修正，有些则还要有很多外围条件的配合。

（二）"新闻局"存废之虞

台湾在长期禁锢媒体市场之后，突然开放却又未积极协助建立优胜劣汰的市场机制，实属可惜。部分论者认为面对饱受批评的新闻媒体，政府固然不见得应该去干涉，但是也不能完全不闻不问。

有不少人对政府并不信任，对政府新闻传播制度的正当性也存有疑异，这是可以理解的，因为政府控制媒体的历史还让人记忆犹新。政府管制媒体的行政单位"新闻局"一直以来都未获得美誉，在威权时代被称为"镇压民主的专制打手"，后来又转变成"斗争在野党的政治打手"。对此，从"新闻局"高层人事背景中可以获得大致诠释（详见本书附录附表一）。

其一，就"新闻局局长"的教育背景来看，在所有的28位局长中，就有钱复、宋楚瑜、张京育、胡志强、苏起、李大维、程建人、赵怡、黄辉珍、林佳龙、姚文智、史亚平、苏俊宾、江启臣14人在台湾政治大学进行过正规学习，或与政治大学有密切关联。教育是个人政治意识和信仰形成的常规机制，特别是在威权时代，政治大学与蒋介石的个人政治信仰有着密切关系，这一点可以作为理解"新闻局"组织文化的参考。

其二，就"新闻局局长"的起家背景看，大致有董显光、魏景蒙、赵怡、苏正平、黄辉珍、姚文智、谢志伟等在任前有媒体相关从业经历。他们的政治背景也是被看重的，比如沈剑虹曾任蒋介石的秘书，沈昌焕也曾任过蒋的英文秘书，到后期的郑文灿曾任陈水扁竞选指挥中心文宣群新闻暨媒体公关部主任，苏俊宾之前则是马英九、萧万长竞选总部发言人。此外，"新闻局"主事公关、形象宣传、政府发言等工作，因此历任局长多半为专精于外务的人才，如沈昌焕、钱复、丁懋时、胡志强、程建人皆出任过"外交部长"；董显光、沈剑虹出任过"驻美大使"，钱复、胡志强、程建人、李大维出任过"驻美代表"。

"新闻局局长"历来被视为台湾撤换率最高的政府官员，其存在的价值一直遭人质疑，裁撤"新闻局"，台湾前后喊了20年。历任的"新闻局长"在接受媒体采访时也都认为该裁撤"新闻局",包括《新新闻》在内的台媒更是认为台湾民主发展至今,已不需要"新闻局"来监管媒体。① 特别是仿效美国"联邦通信委员会"(FCC)成立 NCC 后,之前"新闻局"与"交通部"、电信总局等单位负责审查的通讯传播业务(包括广电、通信等),交由严守客观、中立及专业立场的独立机关 NCC 负责监理。因此,有论者称:"'新闻局'依出版、电影、广电三法成立三处,但是出版法早已废除,电影也不审查了,广电法早已如同具文,且不说是否该废'新闻局',人员和机构也要缩减,辅助广电、电影、出版等功能应该分割至其他部会。"而"新闻局局长"的角色本身既要扮演政府发言人,又要充当媒体文化事业主管,也存在冲突。2008 年,年轻局长苏俊宾上台之初就有人期待他勇敢地推动废局,成为末代"新闻局局长",将会留下历史美誉。②

支持政府干预的人士拿欧美的例子来佐证其合理性,"若干国家对于少数族群的报纸与电台的营运施行保护政策,北欧与南欧政府对报纸提供邮政补贴、发行免税、采访交通补贴,或是如芬兰政府补助第二大报一年约合台币 4 千余万,或是透过政党对于广告与发行市场占有率较为弱势的报纸进行间接补助,目的都在保障多元观点不至因为产权集中化或报纸商业竞争而消失"。③ 也就是说,政府的积极介入对于媒体市场的健全发展非常关键,放任市场自由竞争反倒是政府的失职。台湾关于政府是该介入还是退出干涉媒体的讨论未有定论,利益的博弈一直继续。

2010 年 2 月 24 日,江启臣继任"新闻局长",在任期间曾有记者向"行政院院长"吴敦义陈情:很难向"新闻局长"江启臣问新闻,每次问"新闻局"有什么新闻,总是得到"没有、不知道、要问部会"的回答,记者们"快要没工作了"。2011 年 5 月,江启臣卸下"新闻局长"职务,投入到来年"立委"选举中。新任"新闻局长"杨永明则在上任时宣称:

---

① 《苏俊宾:最后的新闻局局长?》,《凤凰周刊》2009 年 2 月 5 日第 317 期,http://blog.ifeng.com/article/2137053.html。
② 段宇宏:《台湾新闻局裁撤危机》,《凤凰周刊》2009 年 2 月 25 日,http://news.ifeng.com/opinion/meiti/ph/200902/0225_1901_1033045.shtml。
③ 冯建三:《国家与传媒社会责任:从〈报业四种理论〉出版 50 年谈起》,《中华传播学刊》2006 年第 9 期,第 17—36 页。

希望台湾媒体未来能够加强报道幸福新闻、国际新闻以及调查新闻的力度。"幸福新闻"是杨永明的自创名词，是指希望媒体能多报道让阅听大众增加其与社会联络与认同的新闻，并增加民众幸福感，包括正面新闻、小区新闻和台当局及县市政府政策作为及成果等。[1]

与此同时，在媒体管理机构建制方面，台湾"行政院新闻局"和"文建会"选择逐渐淡出，NCC继续行使其大众传媒管理和辅助职责，"文化部"的作用开始浮现。2010年1月台湾"政府组织再造四法"三读通过，原有"行政院""部会"将从39个"部会局处机关"精简为29个。其中，媒体曝光度最高的行政机构"行政院新闻局"从2012年5月20日起裁撤，改组为"行政院发言人室"，负责"行政院"的公共关系、政策宣传、形象推广、政府发言等工作。该局其他原有业务移转如下：广播、电视、出版（流行音乐部分）业务分别移拨"影视及流行音乐产业局"及"文化部"，国际宣传业务移拨"外交部"，国内新闻联系业务移拨"行政院"。[2]

---

[1] 《记者陈情没新闻发布"新闻局长"江启臣好尴尬》2009年1月19日，东南网 http：//www.fjsen.com/b/2011—01/19/content_ 4028655. htm。

[2] "中华民国行政院新闻局"网站，http：//www. gio. gov. tw/mp. asp？mp = 1。

第六章

结　　语

> 没有专制政权，并不等于民主。
>
> ——托瑞音（Touraine）①

在国民党新闻事业的发展过程中，其新闻传播制度与孙中山"建政三序"的路径设计有着直接关系。

按照孙中山的理论建构，国民党在军政时期实行"以党建国"，此期的国民党还未实质性地掌握国家政权，也没有形成系统的新闻传播制度。在南京国民政府成立之初，曾力图建立"以法治报"制度，但最终由于政权的丧失而无法继续践行和深化。这一时期的国民党只不过是"各种各样政客组成的集团，他们大多数很少关心孙逸仙所拥护的主义，只是为达到各自的目的利用孙逸仙在民众中的崇高威望"。②

国民党在大陆阶段的训政时期，其"以党治国"的实质是"一党治国"，"党放国上"，③ 其他任何政党和主义都被视为非法。此期国民党的基本政策经历了"黄金十年"抓国家建设、从对日妥协到抵抗日寇、从全力剿共到联共抗日—战时国共合作、团结抗战—战后重整版图、反共内战的发展过程。随着国民党在不同时期基本政策的转变，国民党的新闻传播制度为宣传和贯彻基本政策服务也相应改变。

---

① Touraine, Alain, *What is Democracy?* Boulder, CO: Westview, Translated by David Macey, 1997, p. 184.

② [美] 费正清：《剑桥中华民国史》（下卷），中国社会科学出版社 2007 年版，第 119 页。

③ 《关于组织国民政府案之说明》（1924 年 1 月 20 日），《孙中山全集》第 9 卷，第 103～104 页。

党国体制下形成了新闻统制制度,厉行严格的新闻检查。不过,国民党也有过开放言禁的尝试,比如在人权运动及新闻自由运动之时的开放,但结果总是开而不放,国民党空谈新闻自由却在实际行动中背道而驰。原因是什么呢?国民党南京政府力图在全国确立自己的"三民主义"意识形态,它的权力意志不容其他势力的挑战。一方面,在权力一元的极权体制下,新闻传播业受制于党权,施行所谓的新闻一元主义;另一方面,蒋介石对法西斯主义的推崇之心,使得国民党逐渐形成以蒋介石为轴心的一党专政的党政体制,上层领袖意志对新闻传播制度产生直接的主导作用。

国民党南京政府为表示要走一条民主共和的道路,注重法制建设。但是,独裁政治是以人治和实力为基础的,人治之下,宪法和法律不是治国安邦的依据。最高统治者行使其权力时不受民意与法律的拘束,任意推行其自以为正当的政治。虽有宪法和法律,但独裁政党的决议高过宪法和法律。所以,此期制定和颁布的数量众多的新闻传播法律、条例、规则、办法,往往窒碍难行或形同虚设,在权力面前,法律往往是软弱的。

国民党迁台后的训政时期,国民党实行威权政治,仍以孙中山的"三民主义"为官方意识形态。国民党有效控制台湾的源头可以追溯到"二二八事件","'二二八事件'后新闻从业员被杀戮之惨,超过法界、医界、民意代表、企业家、学者等,其实情迄今仍受掩盖或巧饰。台湾人经营的媒体全被捣毁或查封,多数在媒体工作的领导者遭杀戮,幸免于难的或逋逃不敢留台湾,或没门路逃只能留在岛内隐姓埋名苟生,自以为纯良没犯忌还留在原工作岗位的(指官党营媒体,民营媒体已全歼灭),也很快就或遭革职,或资遣,或排挤。总之,本地人在这一行已留不住,替补的当然是国民党政军系统的人。从此,本地人再也不能发声,媒体全入国民党政军系统手里,一致以'镇压结果,台湾安定'的报导粉饰太平。媒体工作者的结构大换血,不只影响了如何'定调''二二八事件',也确保蒋氏政权日后实施戒严、报禁以及1960年代起厉行白色恐怖统治,社会上都不会有逆耳异声"。①

国民党从1950年开始实施戒严法,从而将专制和镇压推到了极致。在近40年的戒严期间,威权政权对传播媒体实施严格控制。到了20世纪

---

① 此为笔者对台湾政治大学林元辉教授访谈中的内容。

60年代，国民党统治控制机制愈趋系统化，报禁制度和言论控制加强，进入所谓的"白色恐怖"时期。但面对一个日趋多元化的社会，国民党逐渐无法垄断思想市场，异见言论和零星新闻自由得以在威权体制下自然出现，在威权政治转型过程中，国民党统治不得不面对舆论的监督和制衡。20世纪80年代中期勃然兴发的政治自由化运动，对国民党政权的威权统治形成极大挑战。蒋经国最终选择走发动改革的道路，对异见刊物和异议分子采取容忍态度，在其晚年宣布解除戒严、开放党禁、报禁。

　　20世纪80年代中后期，台湾当局一直在推动"宪政体制改革"，台湾进入所谓的宪政时期。国民党在此期对图书、出版、新闻和舆论界的政治控制大为减少，随着一些维持专制统治的法律法令的调整，新闻传播制度方面也发生重大变革。台湾走过长期的威权体制，新闻媒体基本上是用"党（官）控商营"的方式经营①，政府自由放任的开放政策使得媒体演化为新政商工具。台湾报禁解除后政府采取开放自由的政策，开放而没有规划，听任媒体在所谓市场导向下自生自灭。媒体在这样的脉络下发展，最终乱象蜂起。"解除戒严使新闻检查告终，固然是了不起的成就；但以前受压制的市场能量解放以后，却反过来压抑财力较弱的新生声音，严重背离民主的理想。"②

　　如今，台湾社会政治的二元化结构已是一个不争的社会事实。民进党执政期间，媒体的政治光谱日益发生"绿化"的倾向，执政后的民进党对台湾的主要媒体实行了高层大换血，运用经济手段对民营的大小媒体进行招徕收编。也有学者认为："整个政府机器各部会（包括一些公营媒体）只是头换人，但底下没换（好意想是宽容不换？没那么多人换？换不动？都有），某些数据说民进党绿化（公营）媒体，指的是冰山海面上的部分，我说没这回事，指的是冰山海面下全部都是蓝色的。即使绿色执政时期，绝大部分媒体仍在国民党徒手里。"③

　　综上所述，在所谓宪政时期之前，以"三民主义"为唯一正确的意

---

① 李金铨：《台湾的广播电视蓝图》，见郑瑞城等合著《解构广电媒体》，台北澄社1993年版，第521—553页。
② 李金铨：《政治经济学的悖论：中港台传媒与民主改革的交光互影》，《二十一世纪》2003年6月总77期，http://www.cuhk.edu.hk/ics/21c。
③ 此为笔者对台湾政治大学林元辉教授访谈中的内容。

识形态，以追求思想和舆论的高度统一，以国民党为独掌一切权柄的执政党而排斥异己，将传媒定位于训导民众的宣传工具，实行较为紧缩的新闻传播制度。对于曾执掌全国政权又偏踞一隅的国民党来说，其新闻传播体制，无不受到了孙中山"建政三序"理念和制度设计的深刻影响。

我们可以看到"一切已死的先辈们的传统，像梦魇一样纠缠着活人的头脑。当人们好像刚好在忙于改造自己和周围的事物并创造前所未闻的事物时，恰好在这种革命危机时代，他们战战兢兢地请出亡灵来为他们效劳，借用它们的名字、战斗口号和衣服，以便穿着这种久受崇敬的服装，用这种借来的语言，演出世界历史的新的一幕"。[①] 等到了20世纪80年代中期，当国民党循着西方民主宪政的步伐前行，不再"请出亡灵来为他们效劳，借用它们的名字、战斗口号和衣服"之时，却离国民党2000年失去政权为期不远。

2008年，国民党再度上台执政，有论者说："现在国民党重新执政，全部公营媒体又全部归蓝，手段更蛮横无理（比如任期还没到也逼下台），民间媒体也多属蓝营。"[②] 虽然言论中难免存在个人立场问题，但却可以作为我们分析国民党新闻传播制度时的一个视角。

"有怎样的社会，就会有怎样的媒介；而有怎样的媒介，也就会有怎样的社会。没有一个传播媒介是完全封闭自足的系统，他们都是特殊政治、经济和文化传统的产物，自然也反映了这些独特传统的风格与环境的限制。"[③] 国民党曾经建构跟随权力结构起舞的、"党有、党治、党享"的新闻传播制度，又因民主自由之名和为回应市场经济的勃兴，而极力摆脱权力的禁锢，与政党立场脱钩。事实上，国民党新闻传播制度反映的是其主流社会内居于主导的党派、族群和阶层的利益，它常常受到意识形态的制约而不自知。

[①] 马克思：《马克思恩格斯全集》（第8卷），人民出版社1961年版，第121页。
[②] 此为笔者对台湾政治大学林元辉教授访谈中的内容。
[③] 李金铨：《超越西方霸权》，牛津大学出版社2004年版，第263页。

附　　录

附表一　台湾"行政院新闻局"历届局长（27任）相关经历与背景

姓名	出生年月	教育背景	任职时间	经历
董显光	1878年11月9日	密苏里大学新闻学院	1947年5月至1948年12月	国民党军委副部长，国民党宣传部副部长，"中国广播公司"总经理及《中央日报》董事长
沈昌焕	1913年10月16日	上海光华大学、燕京大学毕业 美国密执安大学政治学硕士	1948年12月至1949年1月	驻印度专员公署二秘兼新德里总领事，蒋介石英文秘书，"外交部"礼宾司司长，"行政院新闻局"局长，国民党宣传部副部长，"外交部"政务次长，驻西班牙"大使"，"外交部长"，驻梵蒂冈大使，驻泰国"大使"，"外交部长"，后历任"外交部顾问"，"总统府"国策顾问，"总统府"秘书长，"总统府"资政，大陆工作指导小组指导委员
吴南如	1897年8月8	北洋大学毕业，曾入美国华盛顿大学、哥伦比亚大学深造。	1954年1月至1956年2月	历任北洋政府国务院秘书，国闻通讯社北京分社主任，驻英使馆一等秘书。后入国民政府外交部任职，累升司长，"行政院新闻局"局长，驻伊朗、科威特"大使"，"外交部"顾问，外交人员训练所主任
沈锜	1928年10月1日	印度婆罗尼斯大学文学博士	1956年2月至1961年7月	历任"总统"秘书、"行政院新闻"局长、"外交部"政务次长等职
沈剑虹	1908年7月2日	北平燕京大学文学士 美国米苏利大学硕士	1961年7月至1966年11月	"总统府"秘书 "外交部"情报司司长兼"总统"秘书 "行政院新闻局"局长 "总统"秘书 驻澳洲"大使" "外交部"次长 驻美国"大使" "总统府国策顾问"

续表

姓名	出生年月	教育背景	任职时间	经历
魏景蒙	1907年8月	燕京大学毕业	1966年11月至1972年6月	中国国民党中央宣传部专门委员 中国国民党中央宣传部国际宣传处上海办事处主任 "行政院新闻局"上海办事处处长 路透社特派员 英文《中国日报》(China News)创办人 英文《中国日报》发行人 中央通讯社副社长 "中国广播公司"总经理 台湾电视公司筹备委员会主任委员 "行政院新闻局"局长 "中央通讯社"社长 "总统府国策顾问"
钱复	1935年2月17日	台湾大学政治系毕业 美国耶鲁大学国际关系哲学硕士 美国耶鲁大学国际关系哲学博士	1972年6月至1975年5月	"行政院"秘书 政治大学兼任副教授 "外交部"专员 "外交部"北美司第一科科长 "外交部"北美司副司长 "外交部"北美司司长 "行政院新闻局"局长 "外交部"常务次长 "外交部"政务次长 北美事务协调委员会驻美代表 "行政院"政务委员兼"行政院"经济建设委员会主任委员 "外交部部长" "国民大会议长" "监察院"（第三届）委员 "监察院"（第七任）院长 三一九枪击事件特别调查委员会主席
丁懋时	1925年10月10日	法国巴黎大学毕业	1975年至1979年	驻卢安达代办 驻卢安达"大使" 驻扎伊尔共和国"大使" "中华民国"出席联合国大会第24届、25届常会代表团副代表 "外交部"非洲司司长 "行政院新闻局"局长及政府发言人 国民党文工会主任 "外交部"常务次长 驻韩国"大使" "外交部"政务次长 "外交部"政务部长 驻美国代表处代表 "国家"安全会议秘书长 "总统府"资政

续表

姓名	出生年月	教育背景	任职时间	经历
宋楚瑜	1942年3月16日	台湾政治大学外交系毕业 美国加州大学柏克莱校区政治学硕士 美国天主教大学图书管理学硕士 美国乔治城大学政治学哲学博士	1979年至1984年	台湾政治大学国际关系研究中心兼任研究员 "行政院"简任秘书 "国立"台湾大学兼任副教授 "国立"台湾师范大学兼任副教授 "行政院新闻局"副局长 "总统府"简任秘书 "行政院新闻局"局长　政府发言人 中国国民党中央委员 中国国民党中央文工会主任 "总统府"简任秘书 中国国民党中央委员会副秘书长 中国国民党中央常务委员 中国国民党中央委员会秘书长 台湾省政府主席 台湾省省长 亲民党主席
张京育	1937年4月27日	台湾大学法律系毕业 台湾政治大学外交研究所法学博士 美国哥伦比亚大学比较学博士 美国哥伦比亚大学政治学博士	1984年9月至1987年4月	"行政院"法规委员会委员 台湾政治大学国际关系研究中心副主任 台湾政治大学国际关系研究中心主任 "行政院新闻局"局长 台湾政治大学国际关系研究中心主任 台湾政治大学校长 "行政院"政务委员 "行政院"大陆委员会主任委员 "总统府国策顾问" 中华欧亚教育基金会董事长 "中华民国"团结自强协会理事长 公关基金会董事长
邵玉铭	1938年11月3日	美国芝加哥大学历史学博士	1987年4月至1991年9月	台湾亚洲与世界社主任 台湾政治大学外交所所长 台湾政治大学国际关系研究中心主任 "行政院新闻局"局长 台湾政治大学国际关系研究中心主任 中国国民党中委会副秘书长 《中央日报》董事长兼社长

续表

姓名	出生年月	教育背景	任职时间	经历
胡志强	1948年5月15日	台湾政治大学外交系毕业 英国南安普顿大学政治系国际关系硕士 英国牛津大学国际关系博士	1991年9月至1996年6月	"中华民国全国大专学生联合会"执行秘书 "中华民国"出席联合国世界青年大会代表团团长 旅英中华学术专业协会会长 英国牛津大学圣安东尼学院院士及当代中国研究中心研究员 "国立"中山大学中山学术研究所副教授 "国立"中山大学学术研究中心副主任 中华战略学会兼任副秘书长 "总统府"第一局副局长 "总统府"新闻秘书 "行政院新闻局"局长、政府发言人 驻美国台北经济文化代表处代表 "国大代表" "外交部"部长 "中美洲经济合作发展基金会"董事长 中国国民党"总统"竞选总部总干事 国民党中央文工会主任 国民党文化传播委员会主任委员 国民党中央委员会副秘书长 台中市市长
苏起	1949年10月1日	台湾政治大学外交系学士 美国约翰霍甫金斯大学国际关系硕士 美国哥伦比亚大学政治学博士 美国哈佛大学博士后研究	1996年6月至1997年5月	台湾政治大学外交系副教授 台湾政治大学外交系秘书室主任 "行政院"研考会委员 台湾政治大学外交所教授兼国际关系研究中心副主任 国民党陆工会副主任 "行政院"陆委会副主委 "行政院新闻局"局长 "行政院"政务委员 "总统府"国策顾问 "总统府"副秘书长、"国家统一委员会"研究委员兼召集人 "行政院"陆委会主任委员 "国家政策研究基金会国家安全组"召集人 台湾第六届"立法"委员、淡江大学中国大陆研究所专任教授

续表

姓名	出生年月	教育背景	任职时间	经历
李大维	1949年10月15日	美国维吉尼亚大学外交事务博士、硕士 台湾大学政治系国际关系组学士	1997年5月至1998年2月	亚洲与世界社执行主编 北美事务协调委员会驻美国代表处咨议 "外交部"部长秘书 台湾师范大兼任副教授 "行政院新闻局"国际新闻处副处长 "外交部"北美司副司长 哈佛大学费正清东亚研究中心研究员 北美事务协调委员会驻波士顿办事处处长 "外交部"北美司司长 "行政院新闻局"副局长 "行政院新闻局"局长 "外交部"政务次长 驻欧盟兼比利时代表 驻美代表
程建人	1939年8月11日	台湾政治大学外交系 英国剑桥大学国际法学学士 西班牙马德里大学研究 美国乔治城大学研究	1998年2月至1999年11月	驻美国"大使馆"二等秘书 驻美国"大使馆"一等秘书 北美事务协调委员会驻美国办事处业务组组长 "外交部"北美司司长 北美事务协调委员会驻美国代表处顾问 北美事务协调委员会驻美国代表处副代表 "外交部"常务次长 "立法"委员 国民党中央海外工作会主任 "外交部"政务次长 "行政院新闻局"局长 "外交部"部长 驻美代表 驻欧盟兼比利时代表
赵怡	1940年4月12日	台湾政治大学企业管理系毕业 美国明尼苏达大学新闻暨大众传播学硕士 美国南加州大学传播学博士	1999年11月至2000年5月	"中国"电视公司新闻部记者 国民党中央海工会驻洛杉矶中国文化服务中心主任 美洲《中国时报》总经理、副社长 "中华电视公司"企划室经理、新闻部经理、总管理师兼训练中心主任 台湾智讯传播公司总经理 国际环球多媒体公司总经理 东森媒体科技公司首席顾问、副董事长 台湾政治大学兼任副教授 玄奘人文社会学院副校长 "行政院新闻局"局长 东森媒体集团副总裁 台湾有限视讯宽带路发展协进会理事长 东森文化基金会董事长

续表

姓名	出生年月	教育背景	任职时间	经历
钟琴	1953年11月8日	台湾大学经济系毕业 美国夏威夷大学东西中心研究 美国康乃尔大学经济研究所硕士 美国康乃尔大学经济研究所博士候选人	2000年5月至2000年10月	水牛出版社编辑 中华语言视听教育中心中文编辑 美国康乃尔大学经济系助教 中华经济研究院大陆经济研究所助理研究员 中华经济研究院大陆研究所副研究员 中华经济研究院中小企业研究中心执行秘书 中华经济研究院大陆研究所国际金融组召集人 "行政院新闻局"局长、政府发言人 "行政院"政务委员 "行政院"南部联合服务中心主任 "中华经济研究院"知识经济与智慧财产研究中心筹备处主任 太平洋崇光百货公司董事长、"中华民国"百货零售企业协会理事长
苏正平	1950年11年28日	台湾大学经济学系毕业 德国法兰克福大学国民经济学硕士	2000年10月至2002年2月	台北德国经济办事处资深专员 台湾东吴大学经济学系兼任讲师 自立报系政经研究室主任 《自立早报》总编辑 《台湾日报》总主笔 "行政院新闻局"局长 中央通讯社董事长
叶国兴	1952年11月4日	中兴大学法律学系毕业 日本早稻田大学政治经济学科肄业 美国哥伦比亚大学国际关系学硕士 美国纽约大学比较法学硕士	2002年2月至2003年7月	"国家政策研究资料中心"副执行长 台北县选委会副总干事 台湾综合研究院国际暨战略研究所研究员 "国家"安全会议咨询委员 "行政院新闻局"局长 "行政院"政务委员 "行政院"秘书长
黄辉珍	1954年12月1日	台湾政治大学法律系 美国华府国会运作研究	2003年7月至2004年5月	《中国时报》副总编辑兼副总主笔 "国家"政策研究中心执行长 《中央日报》社发行人兼社长 "总统府国家统一委员会委员" 中国国民党中央文化工作会主任 "国策研究院"执行副院长 中华文化复兴运动总会秘书长 "行政院"政务委员 "行政院新闻局"局长 "总统府国策顾问"、财团法人中技社董事长

续表

姓名	出生年月	教育背景	任职时间	经历
林佳龙	1964年2月13日	台湾大学政治学学士 台湾大学政治学硕士 美国耶鲁大学哲学硕士 美国耶鲁大学政治学硕士 美国耶鲁大学政治学博士	2004年5月至2005年3月	台湾大学大陆问题研究社社长 美国富尔布莱特（Fulbright）访问学人 北美洲台湾研究会会长 联合国大学高等研究所访问研究员 台湾中正大学政治学系助理教授 "国家"安全会议咨询委员 财团法人台湾智库董事 "行政院"顾问兼发言人 "行政院新闻局"局长
姚文智	1965年12月4日	台湾辅仁大学大众传播系新闻组毕业 台湾政治大学政治研究所毕业	2005年3月至2006年1月	《自由时报》记者 《自由时报》编辑 谢长廷"国会"助理 彭明敏竞选"总统"新闻秘书 谢长廷办公室主任 高雄市政府新闻处处长 高雄市政府副秘书长 台湾电视公司董事 台视文化公司总经理 "行政院新闻局"局长
郑文灿	1967年7月6日	台湾大学社会学系毕业 台湾大学"国家"发展研究所硕士班	2006年1月至2007年4月	台湾大学学生会副会长、学生报社社长、台湾研究社社长 三月野百合学运决策小组召集人 新"国会"联合研究室研究员 邱垂贞"立法委员国会办公室"主任 桃园县议员 民主进步党中央党部文宣部副主任 陈水扁"总统"竞选指挥中心文宣群新闻暨媒体公关部主任 民主进步党中央党部文宣部主任 "行政院新闻局"局长
谢志伟	1955年1月6日	台湾东吴大学德文系毕业 台湾辅仁大学德国文学研究所硕士 德国波鸿鲁尔大学德国文学博士	2007年	台湾东吴大学德文系主任 台湾东吴大学德文系专任副教授、辅仁大学德研所兼任副教授 德国波鸿鲁尔大学博士后研究 "中华民国"德语文学者暨教师协会副理事长 台湾辅仁大学德研所兼任教授 "中华民国"德语文学者暨教师协会理事长 台湾东吴大学德文系专任教授 台湾东吴大学外语学院院长 "教育部"人文社会科学兼任顾问 德国宏博基金会研究、德国柏林自由大学比较文学系客座研究教授 "国家科学委员会"补助德国柏林大学研究 台视"谢志伟呛声"节目主持人 《自由时报》专栏作家 驻德国特任代表 "行政院新闻局"局长

续表

姓名	出生年月	教育背景	任职时间	经历
史亚平	1962年7月27日	台湾政治大学外交学系学士 台湾政治大学外交研究所硕士	2008年	"外交部"新闻文化司荐任科员 英国语言训练 "外交部"北美司荐任科员 驻美代表处秘书 "国家"安全会议简任秘书 "外交部"人事处副处长 "外交部"礼宾司副司长 驻澳大利亚代表处组长 驻澳大利亚代表处副代表 "外交部"秘书处副代表回部办事 "外交部"非政府组织国际事务委员会副主任委员 "行政院新闻局"局长
苏俊宾	1976年7月8日	台湾成功大学环境工程学系学士 台湾成功大学环境工程研究所硕士 台湾大学环境工程学研究所博士候选人	2008—2010年	"立法委员"徐中雄委员"国会"助理 "立法院"永续发展促进会执行秘书 马英九竞选党主席办公室发言人 新台湾人文教基金会副执行长 桃园县政府环保局局长 国民党文化传播委员会副主任委员兼发言人 马英九萧万长竞选总部发言人 桃园县政府环保局局长 "行政院新闻局"局长 国民党文化传播委员会主任委员
江启臣	1972年3月2日	台湾政治大学外交学系学士 美国匹兹堡大学公共暨国际事务学院国际事务硕士 孙中山留学奖学金 美国南卡罗来纳大学国际关系博士	2010—2011年	台湾经济研究院副研究员 台湾东吴大学政治系专任助理教授 太平洋经济合作理事会"中华民国"委员会副秘书长 "台湾经济研究院国际处"副处长 "台湾经济研究院国际处"代处长 中央社二〇〇六年台湾十大潜力人物 台湾东吴大学政治系专任副教授 "中华台北"APEC研究中心副执行长 "行政院新闻局"局长

资料来源：笔者根据"中华民国行政院新闻局"全球资讯网资料整理。

参考文献

中文专著

蔡铭泽：《中国国民党党报历史研究（1927—1949）》，团结出版社1998年版。

程其恒编：《记者经验谈》，天地出版社1944年版。

陈果夫先生百年诞辰纪念会筹备会编：《陈果夫先生百年诞辰纪念集》，国民党党史会1991年版。

周典芳、陈国明编：《媒介素养概论》，台北玉山出版社2005年版。

曹伯森：《政治学》，台北三民书局1985年版。

曹伯一：《"中华民国"政治发展史》，台北近代中国出版社1985年版。

台湾政治大学传播学院编：《台湾电视四十年回顾前瞻研讨会专题论文》，2002年版。

储建国：《调和与制衡》，武汉大学出版社2006年版。

当代中国广播电视编辑部选编：《中国的广播电台》，北京广播学院出版社1987年版。

党营文化事业专辑编纂委员会编：《中央日报》，中国国民党中央委员会文化工作会1972年版。

党史委员会：《陈布雷先生文集》，1984年版。

党史委员会：《叶楚伧先生文集》，1983年版。

段啸虎：《协商精神与宪政建设》，《宪法研究》（第1卷），法律出版社2002年版。

方汉奇：《中国新闻事业史》，中国人民大学出版社 2009 年版。

方汉奇：《中国新闻事业通史》，中国人民大学出版社 1996 年版。

方汉奇：《中国新闻事业编年史》，福建人民出版社 2000 年版。

方鹏程：《中央社六十年》，中央社六十周年社庆筹备委员会 1984 年版。

复旦大学新闻系新闻史教研室编：《中国新闻史文集》，上海人民出版社 1987 年版。

冯志翔：《萧同兹传》，传记文学出版社 1975 年版。

F. Greenstein & N. Polsby 主编：《政治科学大全》第 3 卷，台北幼狮文化事业公司 1983 年版。

戈公振：《中国报学史》，中国新闻出版社 1985 年版。

高立夫著，艾思明译：《海岛中国》，台北洞察出版社 1987 年版。

国父建党革命一百周年学术讨论集编辑委员会编：《国父建党革命一百周年学术讨论集》（第四集　台湾光复与建设史），台北近代中国出版社 1995 年版。

胡道静：《中国国民党党报溯源》，上海世界书局 1946 年版。

胡有瑞：《六十年来的中央日报》，台北中央日报社 1988 年版。

黄瑚：《中国近代新闻法制史论》，复旦大学出版社 1999 年版。

黄天鹏：《中国新闻事业》，现代书局 1931 年版。

黄立人、张克明：《白色恐怖下的新华日报》，重庆出版社 1987 年版。

胡适：《胡适演讲集》，台北远流出版社 1986 年版。

何贻谋：《台湾电视风云录》，台湾商务印书馆 2002 年版。

蒋经国先生全集编辑委员会编：《蒋经国先生全集》（第 20 册），台北"行政院新闻局" 1991 年版。

李瞻：《"我国"报业制度》，台北幼狮月刊社 1972 年版。

李瞻：《中国新闻史》，台北学生书局 1979 年版。

李彬：《中国新闻社会史（1815—2005）》，上海交通大学出版社 2007 年版。

李泽厚：《中国近代思想史论》，天津社会科学院出版社 2004 年版。

李云汉：《陈果夫先生文集》，国民党党史会 1993 年版。

李筱峰：《台湾民主运动40年》，台北自立晚报社1987年版。

李金铨：《超越西方霸权》，牛津大学出版社2004年版。

李登辉口述历史小组：《见证台湾——蒋经国"总统"与我》，台北允晨文化出版社2004年版。

李松林：《中国国民党大事记》，解放军出版社1988年版。

李敖：《戳蒋介石的底》，中国友谊出版公司2001年版。

李敖：《扒蒋介石的皮》，中国友谊出版公司2001年版。

李敖：《蒋介石研究》（上下），中国友谊出版公司2006年版。

李敖：《国民党研究》，中国友谊出版公司2006年版。

李敖：《胡适评传》，中国友谊出版公司2001年版。

赖光临：《中国新闻传播史》，台北三民书局1978年版。

赖光临：《七十年中国报业史》，中央日报社1981年版。

赖泽涵：《二二八研究事件报告》，时报文化出版企业股份有限公司1996年版。

林毓生：《中国传统的创造性转化》，生活·读书·新知三联书店1998年版。

林元辉：《新闻公害的批判基础》，台湾巨流出版社2006年版。

刘哲民编：《近现代出版新闻法规汇编》，学林出版社1992年版。

刘建清：《中国法西斯主义资料汇编》，中国人民大学出版社1987年版。

刘燕南：《台湾报业争战纵横》，北京九洲图书出版社1999年版。

龙显召：《张澜文集》，四川教育出版社1991年版。

龙应台：《野火集》，上海文汇出版社2005年版。

毛泽东：《毛泽东选集》（第2卷），人民出版社1991年版。

马克思：《马克思恩格斯全集》（第8卷），人民出版社1961年版。

马光仁：《中国近代新闻法制史》，上海社会科学院出版社2007年版。

马光仁：《上海新闻史》，复旦大学出版社1996年版。

马星野：《新闻自由论》，南京中央日报社1948年版。

马之骕：《新闻界三老兵》，台北经世书局1986年版。

彭明：《中国现代史资料选辑》，中国人民大学出版社1989年版。

彭明辉:《中文报业王国的兴起:王惕吾与联合报系》,台北联经出版社2001年版。

彭家发:《新闻学勾沉》,台北亚太出版社2000年版。

钱福臣:《宪政哲学问题要论》,法律出版社2006年版。

钱端升:《民国政治史》,上海商务印书馆1945年版。

秦孝仪:《中华民国重要史料初编·对日抗战时期》(第四编第二册),中国国民党中央委员会党史委员会1988年版。

荣孟源:《中国国民党历次代表大会及中央全会资料》,光明日报出版社1986年版。

人民大学新闻系编:《新闻学论集》(第11辑),中国人民大学出版社1987年版。

广东省社会科学院历史研究室、中国社会科学院近代史研究所中华民国研究室、中山大学历史系孙中山研究室:《孙中山全集》,中华书局2006年版。

戚长诚:《新闻法规通论》,侨光出版社1966年版。

上海档案馆编:《旧中国的上海广播事业》,中国广播电视出版社1985年版。

尚海、孔凡军、何虎生:《民国史大辞典》,中国广播电视出版社1991年版。

史全生:《中华民国文化史》,吉林文史出版社1990年版。

史和、姚福申:《中国近代报刊名录》,福建人民出版社1991年版。

沈剑虹:《半生忧患》,台北联经出版事业公司1989年版。

沈云龙:《近代中国史料丛刊》,文海出版社1985年版。

萨孟武:《政治学》,台北三民书局1986年版。

孙代尧:《台湾威权体制及其转型研究》,中国社会科学出版社2003年版。

台湾中华文化基金会:《扫荡二十年》,1978年版。

伍尔岗·莫尔著,韦正光译:《现代中国报业史》,影印本。

吴相湘:《中国现代史料丛书》(第二辑),台北文星书店1962年版。

吴相湘:《陈果夫的一生》,台北传记文学出版社1980年版。

王兆刚:《国民党训政体制研究》,中国社会科学出版社2004年版。

王天滨：《台湾新闻传播史》，台北亚太图书出版社 2002 年版。

王泰栋：《陈布雷大传》，团结出版社 2006 年版。

王人博：《中国近代的宪政思想》，法律出版社 2003 年版。

王凌霄：《中国国民党新闻政策之研究（1928—1945）》，台北近代中国出版社 1996 年版。

王新常：《抗战与新闻事业》，商务印书馆 1938 年版。

王洪钧：《台湾新闻事业发展证言》，台北市新闻记者公会 1998 年版。

王祯和：《电视·电视》，台北远景出版社 1977 年版。

王润泽：《北洋政府时期的新闻业及其现代化》，中国人民大学出版社 2010 年版。

王奇生：《党员、党权与党争》，华文出版社 2011 年版。

翁秀琪：《台湾传播学的想像》，台北巨流出版社 2004 年版。

翁秀琪、蔡明诚编：《大众传播法手册》，政治大学新闻所 1992 年版。

吴道一：《中广四十年》，"中国广播公司" 1968 年版。

汪学启、是韩生：《第四战线：国民党中央广播电台掇实》，中国文史出版社 1988 年版。

徐咏平：《革命报人别记》，台北正中书局 1984 年版。

徐矛：《中华民国政治制度史》，上海人民出版社 1992 年版。

西北政法学院法制史教研室：《中国近代法制史资料选辑》，1985 年版。

萧同兹：《在兹集》，萧同兹文化基金会筹备委员会 1974 年版。

中华文化出版事业委员会：《新闻学论集》，1955 年版。

许焕隆：《中国现代新闻史简编》，河南人民出版社 1988 年版。

薛化元：《〈自由中国〉与民主宪政》，台北稻乡出版社 1996 年版。

薛化元：《台湾历史》，台北"大中国"图书公司 2001 年版。

殷啸虎：《近代中国宪政史》，上海人民出版社 1997 年版。

杨光斌：《制度的形式与国家的兴衰》，北京大学出版社 2005 年版。

余家宏、宁树藩、叶春华：《新闻学基础》，安徽人民出版社 1985 年版。

杨秀菁：《台湾戒严时期的新闻管制政策》，台北稻乡出版社 2005 年版。

《王惕吾先生纪念集》，联合报系创办人王惕吾先生纪念集编辑委员会 1997 年版。

袁昶超：《中国报业小史》，新闻天地社 1957 年版。

闫润鱼：《自由主义与近代中国》，新星出版社 2007 年版。

周策纵：《五四运动：现代中国的思想革命》，江苏人民出版社 1999 年版。

周阳山：《李登辉执政十年》，台北风云论坛出版社 1998 年版。

郑大华：《民国思想史论》，社会科学文献出版社 2006 年版。

张隆栋：《传播学教程》，中国人民大学出版社 1999 年版。

张育仁：《自由的历险》，云南人民出版社 2002 年版。

曾虚白：《中国新闻史》，台湾三民书局 1984 年版。

曾虚白：《曾虚白自传》，联经出版事业公司 1988 年版。

曾虚白：《旧酿新焙》，台湾文史哲出版社 1978 年版。

郑瑞城：《解构广电媒体》，台北澄社 1993 年版。

张静庐：《中国现代出版史料乙篇》，中华书局 1955 年版。

张静庐：《中国现代出版史料丁篇》，中华书局 1959 年版。

张静庐：《中国出版史料补编》，中华书局 1957 年版。

张九如：《战时言论出版自由》，台北独立出版社 1938 年版。

张令澳：《我在蒋介石侍从室的日子》，台北周知文化事业公司 1995 年版。

张茂桂：《社会运动与政治转化》，台北业强出版社 1994 年版。

张晋藩：《中国百年法制大事纵览》，法律出版社 2001 年版。

邹韬奋：《经历》，生活·读书·新知三联书店 1978 年版。

邹鲁：《中国国民党史稿》，中国出版集团东方出版中心 2011 年版。

邹韬奋：《抗战以来》，韬奋出版社 1941 年版，第 128 页。

中共中央党史研究室编：《共产国际、联共（布）与中国革命文献资料选辑（1917—1925）》，北京图书馆出版社 1997 年版。

邹景雯：《李登辉执政告白书》，台北印刻出版社 2001 年版。

赵玉明：《中国现代广播简史》，中国广播电视出版社 1987 年版。

赵建新：《新闻政策》，国民出版社1941年版。

周培敬：《中央社的故事——民国二十一年到六十一年》，台北三民书局1991年版。

周玉蔻：《李登辉的一千天》，台北麦田出版股份有限公司1993年版。

周伟：《历史草稿——新闻头条中的事实真相》，光明日报出版社2003年版。

中共中央马克思、恩格斯、列宁、斯大林著作编译局译：《马克思恩格斯论中国》，人民出版社1997年版。

朱佑慈、杨大宁著，王文钧、俞振基译：《何廉回忆录》，中国文史出版社1988年版。

朱传誉：《中国民意与新闻自由发展史》，台北中正书局1974年版。

甄树青：《论表达自由》，社会科学文献出版社2000年版。

《珍藏美丽岛》（第三册），台湾时报文化出版社1999年版。

浙江省政协文史资料研究委员会编：《从名记者到幕僚长——陈布雷》，浙江人民出版社1988年版。

中国第二历史档案馆编：《中国国民党第一、第二次全国代表大会会议史料》（上册），江苏古籍出版社1986年版。

中国国民党中央委员会党史委员会：《革命文献》（第七十六辑），中央文物供应社1978年版。

中国国民党中央委员会党史委员会：《革命文献》（第七十九辑），中央文物供应社1979年版。

"中国广播公司"研究发展考训委员会编：《中国广播公司大事记》，台湾空中杂志社1978年版。

"中央出版事业管理委员会"：《出版法规汇编》，台北正中书局1944年版。

中央通讯社编：《中央社六十年》，1984年版。

译文专著

［美］易劳逸著，陈谦平、陈红民等译：《流产的革命——1927—

1937年国民党统治下的中国》，中国青年出版社1992年版。

［美］费约翰著，李恭忠、李里峰等译：《唤醒中国》，生活·读书·新知三联书店2004年版。

［美］费正清：《剑桥中华民国史》，中国社会科学出版社1994年版。

［美］埃德加·斯诺著，董乐山译：《西行漫记》，外语教学与研究出版社2006年版。

［美］费正清、刘广京编：《剑桥中国晚清史》，中国社会科学出版社1993年版。

［美］利贝卡·鲁宾、艾伦·鲁宾、琳达·皮尔，黄晓兰等译：《传播研究方法——策略与资料来源》，华夏出版社2000年版。

［美］格里德著，鲁奇译：《胡适与中国的文艺复兴》，江苏人民出版社1995年版。

［美］亨廷顿著，王冠华译：《变化社会中的政治秩序》，生活·读书·新知三联书店1989年版。

［美］伊恩·罗伯逊：《社会学》，商务印书馆1994年版。

［美］约翰·罗尔斯著，何怀宏等译：《正义论》，中国社会科学出版社1988年版。

［美］昂格尔著，吴玉章等译：《现代社会中的法律》，中国政法大学出版社1994年版。

［美］斯科特·戈登著，应奇等译：《控制国家——西方宪政的历史》，江苏人民出版社2001年版。

［英］约翰·弥尔顿：《论出版自由》，商务印书馆1959年版。

［法］托克维尔，董果良译：《论美国的民主》（上卷），商务印书馆1988年版。

［法］基佐著，程洪逵等译：《欧洲文明史》，商务印书馆1998年版。

［英］弗里德里希·冯·哈耶克著，冯克利译：《哈耶克文选》，江苏人民出版社2007年版。

［古希腊］亚里士多德：《政治学》，商务印书馆1965年版。

博硕士论文

陈冠兰:《近代租界的新闻传播》,中国社会科学院研究生院新闻传播系博士学位论文,2006年。

郭达鸿:《中国国民党公众关系政策与执行(民国三十九年—民国七十八年)》,台北东海大学公共行政研究所硕士论文,1991年。

杨肃民:《限证政策下"我国"报业问题研究》,台湾政治大学新闻所硕士论文,1984年。

林果显:《"中华文化复兴运动推行委员会"之研究(1966—1975)》,台湾政治大学历史系研究部硕士论文,2001年。

纪慧君:《"我国"元首论述中价值观之呈现与转变——民国三十九年到八十三年元旦文告之语艺批评》,台湾私立辅仁大学大众传播研究所硕士论文,1994年。

张辰源:《南京十年国民党的文化统制政策》,吉林大学硕士论文,2004年。

刘娜:《南京国民政府出版政策研究》,山东师范大学硕士论文,2006年。

王静:《国民党统治前期(1927—1938)新闻政策研究》,山东大学硕士论文,2007年。

期刊论文

蔡铭泽:《中国国民党党报发展述略》,《新闻与传播研究》1992年第1期。

蔡铭泽:《论抗战时期国民党党报的发展》,《新闻大学》1993年第2期。

蔡铭泽:《四十年代国民党党报企业化经营管理概述》,《新闻大学》1994年第2期。

蔡铭泽:《论三十年代初期中国的舆论环境》,《中国人民大学学报》1994年第3期。

蔡铭泽：《大陆时期国民党党报管理体制的变化》，《新闻与传播研究》1995年第2期。

蔡铭泽：《三十年代国民党新闻政策的演变》，《新闻与传播研究》1996年第2期。

蔡铭泽：《论抗日战争时期国民党人的新闻思想》，《新闻与传播研究》1998年第2期。

陈业劭：《从国民党档案看对新华日报的迫害》，《新闻与传播研究》1980年第3期。

陈独秀：《旧思想与国体问题》，《新青年》第3卷3号。

陈独秀：《吾人最后之觉悟》，《新青年》第1卷6号。

陈鼓应：《七十年代以来台湾新生一代的改革运动（上）》，《中报月刊》1982年5月第28期。

冯建三：《国家与传媒社会责任：从〈报业四种理论〉出版50年谈起》，《中华传播学刊》2006年第9期。

冯建三：《国家解放媒体，市场束缚新闻？》，《新闻学研究》2003年第74期。

冯建三：《意识形态与大众媒介——关于决定论的问题》，《新闻学研究》1990年第42期。

高一涵：《非君师主义》，《新青年》第5卷6号。

高华：《关于南京10年（1928—1937）国民政府的若干问题》，《南京大学学报》1992年第2期。

黄瑚：《以上海为例探析战后国民党新闻统制制度的变化》，《新闻大学》2006年第2期。

贺越明：《台湾"报禁"来龙去脉初探》，《新闻与传播研究》1988年第1期。

蒋介石：《今日新闻界之责任》，《新闻学季刊》1930年第1卷第3期。

蒋中正：《怎样做一个现代新闻记者》，《新闻学季刊》1930年第1卷第3期。

《林主席对新闻工作人员的指示》，《新闻战线》1942年第2卷第2、3期合刊。

李瞻：《三民主义新闻政策之研究》，《新闻学研究》1981年12月第28期。

李瞻：《"中华民国"新闻政策之研究》，《新闻学研究》1985年10月第35期。

李瞻：《"我国"报禁问题及其解决之道》，《报学》1987年6月第7卷第8期。

李瞻：《新闻自由理论的演进及其趋势》，《新闻学研究》1967年第1期。

李煜：《抗战期间国民党政府的有关广播宣传管理的政策法规》，《中国广播电视学刊》2005年第2期。

李瞻：《国父与"总统"蒋公之传播思想》，《新闻学研究》1986年第37期。

李金铨：《从权威控制下解放出来：台湾报业的政经观察》，《传播与社会发展》，1992年。

梁伟贤：《为谁服务：老板、集团、党派、还是读者？——传媒操守的个案与理论》，《新闻学研究》2003年第74期。

林丽云：《台湾威权政体下"侍从报业"的矛盾与转型：1949—1999》，《台湾产业研究》2000年12月第3期。

罗世宏：《自由报业谁买单？新闻与民主的再思考》，《新闻学研究》2008年4月第95期。

刘昌德、罗世宏：《电视置入性营销之规范：政治经济学观点的初考察》，《中华传播学刊》，2005年8月。

赖祥蔚：《新闻自由的临摹与反思》，《新闻学研究》2003年第74期。

马星野：《三民主义的新闻事业建设》，《青年中国》创刊号，1939年9月30日。

马星野：《蒋公论新闻道德》，《新闻学研究》1982年第29期。

马星野：《给青年记者——新闻采访应守什么原则》，《新闻学研究》1983年第32期。

马光仁：《战后国民党对申、新两报的控制》，《新闻与传播研究》1985年第3期。

马光仁:《战后国民党对申、新两报的控制》,《新闻研究资料》(第33辑),中国社会科学出版社1985年版。

南方朔:《中国自由主义的最后堡垒——大学杂志阶段的量底分析》,《夏潮》1978年2月第4卷第2期。

彭坚汶:《三民主义与台湾政治发展之策略》,《成功大学社会科学学报》1990年12月。

沈剑虹:《五年新闻局长的回忆》,《传记文学》1987年版第50卷第3期。

沈锜:《论战时言论出版自由》,《新闻学季刊》1939年11月第1卷第1期。

沈宗琳:《记者生涯四十年(二)》,《报学》1982年第6卷第9期。

杨淑珍:《报业开放后,报界的现状与展望》(大众传播教育协会庆祝中国新闻教育70年学术研究会之一),《报学》1988年6月第7卷第10期。

石永贵:《迎接一个心怀社会报业新时代》,《报学》1987年6月第7卷第8期。

石君讷:《国民党的新闻检查(1934—1945年)》,《新闻与传播研究》1985年第1、2期。

应未迟:《电视与电视问题》,《报学》1987年第7卷第9期。

孙云:《台湾政治转型后政党体制的演变及发展趋势》,《台湾研究集刊》2004年第4期。

苏正平:《新闻自主的理论和实践》,《新闻学研究》1996年1月第52期。

汪学启、是韩生:《国民党中央广播电台史实简编》(1928—1949),中国社会科学院新闻所编《新闻研究资料》(第41辑)1988年版。

王惕吾:《办报十五年》,《报学》1964年第3卷第3期。

王茹:《李登辉的权威人格与台湾的新强人政治》,《台湾研究集刊》1999年第4期。

王晓岚:《第一次国共合作时期中国共产党新闻宣传策略思想研究》,《党史研究与教学》1994年第6期。

王晓岚:《抗战时期国民党排共、反共的新闻谋略与手段》,《新闻与传播研究》1997 年第 4 期。

王文彬：《解放战争时期新闻出版界的反抗斗争》，《新闻研究资料》（第 21 辑），中国社会科学出版社 1983 年版。

秦保民：《广播新闻工作十八年》，《报学》1975 年第 5 卷第 4 期。

许纪霖：《现代文化史上的"五四怪圈"》，《文汇报》1989 年 3 月 21 日。

许孝炎：《本党的宣传机构及其运用》，《新闻季刊》1941 年 11 月第 2 卷第 1 期。

薛化元：《从"反共救国"会议到阳明山会谈（1949—1961）：对朝野互动的一个考察》，《法政学报》1997 年第 7 期。

夏倩芳：《解严前后台湾广播观念之变迁》，《新闻与传播研究》1998 年第 2 期。

袁风华、林宇梅：《抗战时期国民党政府设立"中央文化驿站"有关史料选》，《民国档案》1987 年第 10 期。

易骏：《公论报夺产事件看张详传横行霸道》，《自由中国》第 23 卷第 3 期。

尤英夫：《从"宪法"出版自由探讨"我国"现行出版法制》，《新闻学研究》1991 年第 44 期。

张朋园：《清代咨议局议员的选举及其出身之分析》，《思与言》1968 年 3 月。

曾虚白：《我们需要一个新的新闻制度理论》，《新闻学研究》1972 年 5 月第 9 期。

《中央社广播新闻》，《战时记者》1939 年 8 月第 12 期。

张化冰：《1935 年〈出版法〉修订始末之探讨》，《新闻与传播研究》2007 年第 1 期。

张克明：《国民党政府对斯诺著作的查禁》，《复旦学报》1985 年第 1 期。

张仁善：《国民党政府〈出版法〉的滥施及其负面效应》，《民国档案》2000 年第 4 期。

报纸

陈独秀：《敬告青年》，《青年杂志》1915年创刊号。

钱端升：《民主政治乎？极权国家乎？》，《东方杂志》1934年1月1日第31卷第1号。

丁文江：《民主政治与独裁政治》，《独立评论》1934年12月30日第133号。

丁玄养：《王惕吾为何惹火李登辉？联合报面临空前压力》，《财讯》1993年第130期。

胡适：《政治统一的途径》，《独立评论》1934年1月21日第86号。

胡适：《答丁在君先生论民主与独裁》，《独立评论》1933年12月30日第133号。

管中祥：《党政军退，谁接手？》，《台湾立报》2003年2月20日。

胡适等：《争自由的宣言》，《东方杂志》第十七卷第十六号。

胡汉民：《民报之六大主义》，《民报》第3期。

胡适：《汪蒋通电里提到的自由》，《独立评论》1934年12月第131号。

胡汉民：《建设不尚虚饰》，《中央党务月刊》1930年4月第20期。

罗世宏：《传统报业 另类出路》，《苹果日报》2003年6月27日。

罗世宏：《让报纸有尊严的存活》，《中国时报》2006年11月30日。

钱端升：《党治与舆论》，《现代评论》1927年8月6日第6卷第139期。

谢秩禄：《箝制媒体 恶灵重现》，《自由时报》2009年1月21日A15版。

遁公：《集权与分职》，《现代评论》1927年10月22日第6卷第150期。

《尊重舆论与改善检查》，重庆《大公报》社论1944年5月31日。

《梁部长对记者报告新颁出版检查办法》，重庆《中央日报》1944年7月1日。

《战时出版品书刊审查办法》，重庆《中央日报》1944年6月21日。

《战时书刊审查规则》，重庆《中央日报》1944年6月23日。

《党报社论委员会所作社论，应免于检扣》，《新检通讯》1930年第3期。

《协进会决议，发动全国人士研究宪草，言论检查办法应予改善》，重庆《大公报》1943年11月13日。

《国民大会与宪政》，《国闻周报》1937年6月7日第14卷第22期。

《宣传品审查条例》，《中央党务月刊》1929年3月第8期。

《读新出版法》，《国闻周报》第12卷第29期。

《三中全会开会以前》，天津《益世报》1932年11月3日。

《中国国民党周刊》1924年3月30日第14期。

《日报登记办法》，《中央党务月刊》1929年10月第14期。

《舆论政治时代的来临》，《中央日报》1945年10月1日。

《中央通讯社组织规程》，《中央党务月刊》1933年第56期。

《中央广播无线电台训练收音员计划》，《中央党务月刊》1930年第8期。

《中央广播无线电台管理处组织条例》，《中央党务月刊》第49期。

《函国民政府》，《中央党务月刊》1933年第56期。

《说明书》，《中央党务月刊》1928年12月第5期。

《广播教育实施办法》，《中央党务月刊》1937年第104期。

《战时新闻检查局熊斌潘公展任正副局长》，《战时记者》1939年7月第11期。

《大公报》，1943年10月1日。

《大公报》，1945年10月13日。

《大公报》，1948年8月13日。

《大公报》，1947年11月11日。

《联合报》，1958年4月13日。

《联合报》，1958年5月14日。

《民立报》，1912年3月26日。

《申报》，1912年3月6日。

《申报》，1936年11月28日。

《申报》，1920年2月24日。

《申报》，1928年2月24日。
《台湾新生报》，1949年5月21日。
《台湾新生报》，1949年5月28日。
《新闻报》，1916年7月7日。
《东方杂志》，1908年2月26日。
《中央日报》，1963年4月1日。
《中央日报》，1955年4月22日。
《中央日报》，1951年9月19日。
《中央日报》，1958年4月16日。
《中央日报》，1939年3月12日。
《中国时报》，1980年3月18日。
《中央党务月刊》，1928年12月第3期。
《自由中国》，1955年6月16日第12卷第12期。

档案

《河北省党部宣传要点第一次至第五次》，1946年2月25日，铅排本，国民党党史会藏，档号：6.2/68/3—3。

《管理申报新闻报办法》，1945年9月19日，重庆，钢笔原件，国民党党史会藏，档号：6.3/19.10—2。

《抗战胜利后伪中宣部接管汪伪报纸、杂志、通讯社的情况报告及汪伪新闻报停止代印汪伪报纸的文字》，第4—15页，申报新闻报档案，上档馆藏，档号：Q430：1—266。

《上海申报新闻报附逆之处理问题》，重庆，1945年9月19日，毛笔原件，国民党党史会藏，档号6.3/19.10—1。

《申报新闻报改组办法及人员名单》，潘公展致陈布雷函，1946年3月19日，毛笔原件，军管会新闻出版署档案，上档馆藏，档号：Q431：76。

《上海各报动态，各报负责人及编辑采访名单，申报驻外人员通讯录》，京中一览，1946年9月，铅排本，申报新闻报档案，上档馆藏，档号：Q430：1—13。

《申报新闻报改组办法及人员名单》，1946年，毛笔原件，军管会新闻出版署档案，上档馆藏，档号：Q431：76。

《河北半月刊》，第1期，1946年2月16日，铅排本，第35—36页，国民党党史会藏，档号：6.2/68.3—13。

《该部42、45、46年度工作检讨和政绩比较表》，钢笔原件，第35页，国民党中央宣传部档案，第二档案馆藏，档号：718：123。

《六届三中全会中央宣传部工作报告》，南京，1947年，毛笔原件，国民党党史会藏，档号：6.2/62.4。

《南京中央日报社股份有限公司章程》，1947年5月30日通过，铅排本，国民党党史会藏，档号：546/62.1。

《对于广播事业前途之意见》，重庆，1945年6月7日，毛笔原件，国民党党史会藏，档号：6.3/5.6—2。

《"中国广播股份有限公司"条例案》，1946年2月，钢笔原件，"国防最高委员会"档案，国民党党史会藏，档号：003/3721。

《上海各报动态、各报负责人及编辑采访名单，申报驻外人员通讯录》，上海各报动态，1948年12月20日，申报新闻报档案，上档馆藏，档号：Q430：1—13。

《指导党报条例》，中国第二历史档案馆，全宗722，卷号400。

《补助党报条例》，中国第二历史档案馆，全宗722，卷号400。

《管理收复区报纸通讯社杂志电影广播事业暂行办法》，1945年9月27日，藏于上海市档案馆，全宗号6，卷号193。

《上海各报动态，各报负责人及编辑采访名单，申报驻外人员通讯录》，1948年2月8日，申报新闻报档案，上档馆藏，档号：Q430：1—13。

《实施新闻自由案》，1945年10月11日，"国防最高委员会"档案，国民党党史会藏，档号：003/3563。

《宣传大纲和标语办法》，中国第二历史档案馆，全宗号722，卷号400。

国民党党史会藏，《中央宣传部年度工作检讨报告》，油印本。

国民党党史会藏，《中国国民党中央执行委员会宣传部办事章程》，油印本。

国民党党史会藏，《中央出版事业管理委员会三十二年度工作检讨报告草案》，油印本。

《河北半月刊》，第1期，清苑，1946年2月16日，铅排本，第35—36页，国民党党史会藏，档号：6.2/68.3—13。

《宣传部改隶行政院实施办法要点》，附中央秘书处呈总裁文，重庆，1945年6月22日，毛笔抄件，国民党党史会藏，档号：6.3/5.6—1。

《宣传部改隶行政院实施办法案》，附国民党宣传部组织法，1945年7月10日，钢笔原件，"国防最高委员会"档案，国民党党史会藏，档号：003/3170。

《吴秘书长铁城陈部长立夫呈蒋总裁》，南京，1947年3月13日，大溪档案，革命文献，戡乱时期，戡乱时期之党务，编号8，"国史馆藏"。

政府公报

《临时政府公报》第49号，1912年3月27日。

《临时政府公报》第30号，1912年3月6日。

《临时政府公报》第1号，1912年3月17日。

《湖南公报》，1913年11月10日。

《台湾省政府公报》，1951年3月16日第63期。

《台湾省政府公报》，1947年5月19日第3期。

《台湾省政府施政报告》，1951年6月。

《台湾省政府施政报告》，1951年12月。

《台湾省政府施政报告》，1950年6月。

《"立法院"公报》，1973年7月28日第62卷第57期。

《台湾省政府施政报告》，1971年11月。

《台湾省政府施政报告》，1970年5月。

《中央广播事业指导委员会组织大纲》，第91期，1936年。

中国国民党中央委员会第四组编，《第二次新闻工作会谈实录》，1965年。

秘书室纪录，《本局三个月来工作报告》，《新检通讯》1940年3月第4期。

国民党中央宣传委员会编印,《关于新闻事业之法令规章》,1933 年 5 月。

《新闻业务手册》(1952 年、1968 年、1983 年)

年鉴

《中国新闻年鉴》

《中国出版年鉴》

《中国广播电视年鉴》

《中国国民党年鉴》(1929 年、1934 年)

《台湾年鉴》

《"中华民国"广播年鉴》

《"中华民国"电视年鉴》

《"中华民国"出版年鉴》

外文文献

Edwin A. Winckler, "Institutionalization and Participation on Taiwan: From Hard to Soft Authoritarianism". The China Quarterly, No. 99, September, 1984.

Guillermo A. O'Donnell and Philippe C. Schmitter, "Transition from Authoritarian Rule: Tentative Conclusion about Uncertain Democracies". Baltimore: The Johns Hookins University Press, 1986.

Graber, D., "Mass Media and American Politics". (3rd edition). Washington D. C.: Congressional Quarterly Inc, 1997.

Lee-hsia Hsu Ting, "Government Control of the Press in Modern China 1900—1949". Harvard University Press, 1974.

Lin yu-tang, "A History of the Press and Public Opinion in China". The University of Chicago Press, 1936.

Snow Edgar, "The Ways of the Chinese Censors". Current History, 1935.

S. Huntington, "Social and Institutional Dynamics of One-Party Systens", in S. Huntington and Moore, eds., "Authoritarian Politics in Modern Social: The Dynamics of Estabilished One-Party Systens". New York: Basic Books, inc., 1970.

Shoemaker, P. I., & Reese, S. D., "Mediating the message: Theories of influences on mass media content". New York: Longman, 1991.

Theodore H. White, "In Search of History: A Personal Adventure". New York Harper & Row, Publishers, 1978.

Thomas Gold, "State and Society in the Taiwan Miracle", New York: M. E. Sharpe, Inc., 1986.

Touraine, Alain, "What is Democracy?" Boulder, CO: Westview, Translated by David Macey, 1997.

Fairbank, John K., "Chinese thought and institutions". Chicago: University of Chicago Press, 1957.

Fogel, Joshua A. and Rowe, William T., "Perspectives on a changing China" essays in honor of Professor C. Martin Wilbur. Boulder, Colo, Westview Press, 1979.

Fewsmith, joseph, "Party, state, and local elites in Republican China: merchant organizations and politicals in Shanghai, 1890—1930". Honolulu: University of Hawaii Press, 1984.

Freyn Hubert, "Free China's New Deal". New York: Macmillan, 1943.

Grey, Jack, Ed. "Modern China's search for a political form". London: Oxford University Press, 1969.

Harrell, Stevan. "Plough share village: culture and context in Taiwan". Seattle: University of Washington Press, 1982.

Heinlein, Joseph H. Jr. "Political warfare: the Chinese Nationalist model". American University, PH. D. Dissertation, 1974.

Huntington, Samuel P. "Political order in changing societies". New Haven: Yale University Press, 1968.

Young, Ernest P. "The presidency of Yuan Shih-k'ai: liberalism and dictatorship in early Republican China". Ann Arbor: University of Michigan Press, 1977.

网络

http：//news3. xinhuanet. com/tai_ gang_ ao/2006—06/01/content_ 4630852. htm 新华网

http：//www. e-journalism. org. tw/modules/news002/article. php？ story-id = 65 卓越新闻网

www. gio. gov. tw "中华民国行政院新闻局" 全球资讯网

http：//baike. baidu. com/view/248020. htm 百度百科

http：//blog. chinatimes. com/chao/archive/2006/11/24/131301. html 中时部落格

http：//www. twmedia. org/modules/xoopsfaq/index. php？ cat_ id = 3 媒体改造学社

http：//www. feja. org. tw/modules/news007/article. php？ storyid = 65 卓越新闻奖基金会

http：//blog. ifeng. com/article/2137053. html 凤凰网

http：//www. kmt. org. tw/ 中国国民党全球资讯网

http：//www. ncc. gov. tw/ "国家通讯传播委员会" 网站

http：//www. cnki. ne 中国期刊网

http：//www. jour. nccu. edu. tw 台湾政治大学《新闻学研究》网站

http：//www. mediaresearch. cn/传播研究网

http：//www. mediachina. net 中华传媒网

http：//www. nlc. gov. cn/中国国家图书馆

后　　记

　　2007年傍晚，台北，天色已暗，我从出租车上取下行李，呼吸到政治大学空气中弥漫着一种熟悉的味道，心想："这不是厦门吗？"看看周围根茎盘绕的榕树，我恍若回到厦门母校。

　　次日清晨，台湾影像在我眼前渐次展开。我换了台币，银行柜台并没有玻璃和栏杆的遮挡，柜员与顾客共享长长的台面，这种开敞式的银行服务让我很不习惯；我在门房问楼管阿姨："垃圾（la ji）扔哪儿？"她回答："你说什么？"再问，她仍一脸茫然。我举起手中的垃圾袋，她顿时欢快地大笑："哦，垃圾（le se）啊？"建筑、食物、语言、人的面孔，都似曾相识，但又时时不停地提醒我，这里是台北。

　　住在政大的"庄敬"楼，周先生告诉我名字可能来源于以前"庄敬自强，反攻大陆"的口号，但此一时彼一时，历史境遇变了，社会环境变了，政治话语也变了。每次经过"四维堂"，都好奇它平平的外表下是什么让它在政大的地位这么显著，闲暇时仔细去读了简介，名字是取自管子的"礼义廉耻，国之四维"，是政大永久荣誉校长蒋介石推广至各级学校的共同校训，原来"平平"的外表下是"伟大"蒋公的支撑。

　　去龙应台文化基金会当了一次义工，来者众多，义工只能在讲堂的后面或者边上站着将就一下。论坛的观影加上互动，5个小时下来还是相当辛苦。论坛结束后，十几个义工马上积极主动、动作迅速地将现场清理干净，大家并没有明确的分工，也没有人在旁边指挥和领导，但大家默契地齐心协力地完成了所有工作。我体会到做义工意味着要有主动参与的积极心态和行动，无私的付出，尽可能地照顾他人，从中找寻奉献的快乐。基金会的法人龙应台是一位自然亲切的知识女性，她创办的"思沙龙"

所涉大部分都是国际议题，旨在培养具有全球视野的新青年。活动结束的时候，她走过来问候我们，和她临别拥抱的一刻，我感觉到她瘦小身体传达出来的力量。

记得回到北京的某天，出门坐地铁，看见先进的贩卡和刷卡的机器都已经用上了，地铁的等候处人们自觉地排队。我忽然想到在《野火集》中疾呼文明时的龙应台，20 世纪 80 年代中期她返回台湾看到了一个糟糕的台湾，她说台湾是她生了梅毒的母亲，"生了梅毒，还是我的母亲。台湾，是生我育我的母亲；肮脏、丑陋、道德败坏的台湾是我生了梅毒的母亲。你说台湾没有那么糟，我觉得你在做梦；你说，治文学的人不应该为这种凡间琐事费神，我觉得你麻木；我坐在书房里，受噪音的折磨；吃一顿饭，有中毒的危险；出门上街，可能被车子撞死；走进大自然，看不见一片净土……我的母亲生了梅毒，但是至少她还没有死去，她还有痊愈的希望"。她的疾呼和焦灼，触动了读者的心，也触动了所谓环境、社会、交通、消费问题下面隐藏的政治的锁，因为言辞的激烈也招来某些人的奇特谩骂，但龙先生一把野火烧燃了人们内心隐匿的火种——文明的火种开始在小岛蔓延，自由的精神得到伸张。当我从海岛回到大陆，当文明不期而至，我成为文明的受益者时，真心感谢这个社会中像龙先生一样为推进文明做出贡献的人，从心底佩服有揭穿"皇帝新衣"勇气的人，希望文明的火光照亮我们社会的未来。我突然发现在台湾的时候，龙先生的一颗种子种在了我的心里，我梦想有一天自己也能通过文化基金会的形式畅谈文化、促进文明、改善社会，成为文明的呐喊者。

环岛七日游，感受台湾的美丽，花莲蔚蓝澄清的太平洋，阿里山晨雾萦绕中的神木，魔幻般穿行在森林中的红皮火车，散发宝蓝色粼粼波光的日月潭，充满热带海洋气息的垦丁，傍晚时云蒸霞蔚的高雄港……

看过了美丽，再回到台北，似乎开始感受到台湾淡淡的哀愁。在台北的最后时光，也许是我走动的范围大了，看见的人类型多了，离开我所住的文教区，发现人们思想差异还是很大的，这种差异有时候甚至会影响心情。在地铁上曾遇到一位带着小孩的外省女人，她分外亲切地向我诉说思乡情愫，抱怨自己在台湾被排挤。在此之前，一直以为经过这么多年的融合，在不论政治的时候，台湾普通民众应该不再为外省人身份而烦恼，而这次意外的相遇让我第一次这么真切地感受到台湾省籍矛盾的根深蒂固。

还有一次坐出租，出租车司机是一位政治上"深绿"的中年男子，我友好地告诉他我来自大陆，他开始出言不逊，在狭小的车里，我感觉有一道厚厚的墙壁隔离在我和他之间，下车时我如释重负。

我曾设想，如果在台湾不是做短暂的停留，我也一定会有找不到归属的漂泊感，生出格格不入的怨恨。许多所谓外省人的感受可能就是这么来的，很无奈也很辛酸。如果交流的开始就预设偏见的语境，彼此哪能好好相处呢？顺畅的、没有隔阂、没有颜色、没有误解的交流需要漫长的时间来培养！当然，一些外省人会说自己的处境尴尬，但也有些外省人却不承认自己受到过什么身份歧视，我想这可能跟社会地位、经济状况甚至文化水平都有一定关系。

台湾民众普遍感觉到近年来经济的不景气，最直观的就是工资水平下降。他们时常感慨三十年河东三十年河西，他们会说你们看现在大陆的发展情况和我们经济好的时候很像，发展的过程中遇到的问题台湾和大陆都一样。有时，会有台湾人为台湾极力辩白，每遇到这种状况我都只是笑着旁听，不去跟人争执，可能真的是大陆现在发展了，我们也变得不再那么敏感，反倒觉得他们是否因为偏踞一隅显得过于促狭了？

要离开了，一些以前觉得是优点的地方变成了缺点，是缺点的地方也还没变成优点；要离开了，以前觉得人很少的台北不知道怎么突然变得拥挤起来，可能是人的心境变化了吧？是的，当选择在远行的地方驻留，远行就变成了你的另一种生活，随之而来的是生活原本的狰狞，不管你是在哪里。

回想起来，台湾的点滴融入到我的过去、现在和未来的生活中。从厦门大学开始我就频繁接触台湾议题，写就这本书似乎成了水到渠成的事情。我怀着浓厚的兴趣，在现实和历史的隧道中乐此不疲地穿梭，探根溯源——国父孙中山、极具争议的蒋介石、革自己命的蒋经国、为国人不齿的李登辉、沦为阶下囚的陈水扁和以清廉著称的马英九共同构成了台湾历史的图景。国民党对台湾的影响是深远的，选择自己熟稔的新闻与传播的角度来探析国民党与国民党人、国民党与台湾、国民党与其他党派、大陆与台湾，并用"大历史观"的视角反观国民党新闻传播史，从100多年的历史中去把握、爬梳国民党新闻传播制度的结构性变动和发展趋势。在写作之初，我希望自己未来的叙述能尽量做到如钱穆先生所讲的那样，对历史抱持一种适度的温情与敬意,达到一种"同情性的理解",不要动辄以至善或极恶的笔端来粗暴地针砭历史。做到这一点很难,但我在尽力。

写作期间,国民党重新上台执政且得以连任、卸任领导人陈水扁深陷家庭洗钱案及"国务机要费"案、海协会与海基会在"九二共识"共同基础上恢复中断近10年的商谈、两岸"三通"基本实现、赴台旅游全面开放、两岸两会领导人互访制度化、台湾各党代表(吴伯雄、宋楚瑜、陈菊等)相继来访大陆、两岸签订"海峡两岸经济合作框架协议"(ECFA)、《富春山居图》合璧展佐证两岸文化血脉贯通……两岸关系取得了重大进展,展现出和平发展的前景。因为两岸关系的重要性,我也越来越清晰地感觉到我所从事的研究的时代意义。

在本书即将出版之际,要特别感谢尹韵公老师在我研究过程中以他的治史眼界给予的耐心指导和宝贵建议,他一再让我注意从政治的层面做整体把握,并不断提醒我此项研究的完成只是万里长征的第一步。

感谢远在天国的李斯颐老师,老师是肝胆无私的人,他曾经给予我无数不求回报的帮助。他的治学态度和学术追求,感染着我,影响着我,薪火相传。斯人已逝,但他永远活在了我的书里。

感谢新闻所的唐绪军老师、宋小卫老师、卜卫老师、王怡红老师对我研究的支持和帮助!感谢新闻所的老师们!

感谢厦门大学的许清茂老师!感谢暨南大学的蔡铭泽老师!感谢清华大学的李彬老师!感谢中国社会科学出版社的李炳青老师为本书出版所付出的辛勤劳动!

感谢爱护我、支持我、帮助我的家人和朋友!

山在那里,我将继续攀登!

作 者

2012年10月于北京